MANUAL DE ENTRENAMIENTO DE FÚTBOL

Planificación y realización de 144 programas de entrenamiento

Gerhard Zeeb

3ª Edición

EDITORIAL PAIDOTRIBO

Título original de la obra:
Fußball-Training
Limpert Verlag Gmbh

Director de colección y revisor: Manuel Fernández Pombo

Traducción: Marge

© Limpert Verlag Gmbh

© Gerhard Zeeb
 Editorial Paidotribo
 E-mail:paidotribo@paidotribo.com
 http://www.paidotribo.com
 C/ Consejo de Ciento, 245 bis, 1º 1ª
 08011 Barcelona
 Tel. 93 323 33 11 – Fax. 93 453 50 33

Tercera edición:
ISBN: 84-8019-135-X
D.L.: B-38.531-98
Fotocomposición: Vicgraf, S.L.
Impreso en España por Carvigraf, S.L.

CONTENIDO

PREFACIO

Hoy en día se ofrecen multitud de excelentes manuales de fútbol. Este texto no pretende ser uno más.

Sí constituye, en cambio, una especie de guía y manual, tanto para el entrenador principiante como para el practicante, que le permite confeccionar un plan de entrenamiento para una temporada y realizarlo en forma de sesiones de entrenamiento sobre el campo.

Este libro pretende ofrecer estímulos para ampliar el caudal de ideas propio y como complemento a los programas de entrenamiento elaborados por cada uno. Intenta ofrecer ayudas al entrenador y al preparador físico, especialmente en aquellas áreas donde el tiempo disponible no es suficiente para valorar la gran cantidad de literatura especializada existente en torno al tema "fútbol" y aplicarla al propio trabajo práctico.

La planificación de los entrenamientos descrita a continuación, con las correspondientes sesiones de entrenamiento, se basa en:

- experiencias personales como jugador en la categoría superior de aficionados,

- los conocimientos de métodos adquiridos mediante la obtención de la licencia de clase B y los correspondientes cursillos de ampliación de la Federación de Fútbol de Baden del Sur seguidos bajo la dirección del entrenador de la federación, el Sr. Klaus Niemuth,

- un estudio exhaustivo de la bibliografía existente,

- los conocimientos y experiencia adquiridos en años de actividad como entrenador de clubes de aficionados.

Este libro está dirigido principalmente a los entrenadores y preparadores físicos de todas las categorías que busquen ideas para diseñar sus sesiones de entrenamiento de una forma planificada, sistemática y variada. Desde la aparición de este libro, la evolución del fútbol ha sido constante. La introducción de la pausa larga de invierno ha hecho necesaria una nueva periodización del entrenamiento. Deben considerarse igualmente los nuevos conocimientos de los médicos deportivos y de los fisioterapeutas en cuanto al entrenamiento de la resistencia, la enseñanza de la movilidad, la alimentación, etc., así como el hecho de que se entrena más y de forma más efectiva. También desde el punto de vista táctico se han hecho visibles nuevos progresos mediante la introducción y la aplicación de nuevos sistemas de juego, de defensa en zona y de pressing, entre otros.

El eco que ha encontrado este libro en el mercado, motivo de gran satisfacción para el autor, demuestra que los entrenadores de fútbol están muy interesados en las ayudas prácticas para la preparación de los entrenamientos. Por esta razón, la editorial y el autor han decidido incluir los nuevos progresos y conocimientos en una edición completamente revisada y ampliada.

Quiero aprovechar la ocasión para dar las gracias a los muchos colegas entrenadores y especialistas por las valiosas y útiles ideas e indicaciones, que he incluido con agrado en esta edición.

Mi agradecimiento en particular a los clubes, el FV Kehl, el Spfrd. Goldscheuer, el TuS Legelhurst, el FV Zell-Weierbach, así como el VfR Elgersweier, que me han permitido reunir conocimientos, profundizar en los mismos y aplicarlos.

Aparte de esto quisiera expresar mi agradecimiento más afectuoso al entrenador de la Federación de Baden del Sur, el Sr. Klaus Niemuth, que me animó a realizar este texto y que me dio buenos consejos para el mismo. Quiero dar las gracias también a mi amigo en el deporte y Presidente de la Unión de Entrenadores de Suiza, el Sr. Kurt Schadegg, por su asesoramiento técnico.

En la primera parte del libro se describen las condiciones previas, los principios, los procedimientos y muchos otros aspectos de la planificación y realización del entrenamiento. En la segunda parte se ofrecen 144 sesiones de entrenamiento, comenzando con los ejercicios de preparación, la primera vuelta de la competición, pasando por el período intermedio hasta la conclusión de la segunda vuelta de la competición.

Kehl-Goldscheuer

INTRODUCCIÓN

El entorno y las condiciones del entrenamiento en el fútbol aficionado han experimentado cambios fundamentales en los últimos años. Si en los años 50, e incluso durante los 60, en las categorías superiores de aficionados todavía se entrenaba sólo dos veces a la semana, hoy en día se trabaja en condiciones que ya se acercan mucho a las de las ligas profesionales.

Pero también en las categorías inferiores de aficionados, las ligas regionales, ha habido cambios importantes. El entrenar dos veces a la semana y más se ha convertido aquí en la regla, cuando antes se entrenaba como máximo una vez a la semana.

Quien quiere alcanzar más (por ejemplo, en las ligas regionales) no puede prescindir de tres o cuatro entrenamientos semanales, mientras que en la primera categoría de la liga de aficionados el entrenamiento diario se da casi por supuesto. Pero también han mejorado las condiciones de los entrenamientos, ya que hoy en día casi cada pequeña población, no sin orgullo justificado, dispone de su campo amplio y cuidado.

Han quedado algunos problemas, que precisamente resultan típicos en las categorías inferiores:

- Irregularidad en la asistencia de los jugadores a los entrenamientos por motivos laborales, privados o por otros intereses y necesidades, pero también por motivo de una disposición variable. El fútbol no tiene aquí el valor y la importancia pública como lo tiene en las categorías superiores.

- La climatología desfavorable y las precipitaciones reducen aún más la asistencia a los entrenamientos.

- Medio campo de entrenamiento o terrenos disponibles en cantidades insuficientes reducen la variedad de los ejercicios.

- El entrenador no dispone, por diversos motivos, de tiempo para planificar las sesiones de entrenamiento con vistas a cumplir sus objetivos y de forma organizada y variada. Los entrenamientos realizados espontáneamente y los esfuerzos hechos extrayéndose de un contexto general no dejan entrever una línea de trabajo clara.

- Los jugadores se han vuelto más críticos y son ya mayores, y ya no aceptan sin más todo lo que el entrenador dice y exige. Quieren estar convencidos y motivados, quieren conocer la meta y el sentido de los ejercicios y ver también fomentada su creatividad.

Pero es justamente bajo estas condiciones cuando el entrenador puede ponerse a prueba. Con un programa de entrenamientos variado y sistemático, utilizando adecuadamente los medio campo de entrenamiento disponibles, el entrenador tiene que estar en condiciones de motivar a los jugadores, de fomentar su disposición y así mejorar el rendimiento. De esta forma se sentarán las bases del éxito.

EXPLICACIÓN DE LOS SÍMBOLOS Y ABREVIATURAS

⟶	Desplazamiento/trayectoria del jugador sin el balón
╌╌→	Desplazamiento/trayectoria del balón
∿∿→	Dribling
∿M→	Dribling con finta - Finta
╱╌╌→	Centro
===⟹	Tiro a portería
●O X	Jugador, contrario
●● O● X●	Jugador con el balón
AC	Ancho del campo
CC	Centrocampista
CCP	Cuarto del campo
CDC	Centro del campo
CE	Centro
CJ	Creador de juego
DC	Delantero centro
DCL	Defensa central
DDC	Diagonal del campo
der	derecha
DF	Defensa
DL	Delantera, delantero
DR	Defensor
ED	Extremo derecho
EI	Extremo izquierdo
ET	Entrenador
GM	Portero
hd	hacia delante
hl	hacia un lado
ht	hacia atrás
izq	Izquierda
LB	Libre
LC	Largo del campo
LM	Línea de medio campo
MC	Marcador
MDC	Mitad del campo
PR	Pared
SE	Sesión de entrenamiento

TÉCNICA Y TÁCTICA DE LAS DIFERENTES POSICIONES DE LOS JUGADORES EN EL EQUIPO

ASPECTOS GENERALES

La **técnica futbolística** comprende el grado de capacidad de controlar el balón correctamente en cualquier situación del juego, esto significa recibir y llevar el balón, conducirlo, driblar, jugarlo y tirar a portería con seguridad.

Por **táctica** se entiende el saber utilizar de forma adecuada en una situación de enfrentamiento los medios humanos y técnicos, teniendo en cuenta las influencias ambientales, para alcanzar el mejor resultado posible.

La forma física, técnica y táctica, sin olvidar tampoco la preparación, son los factores a tener en cuenta en el rendimiento de jugadores y equipo.

Mientras que en las categorías inferiores de aficionados se otorga en muchas ocasiones demasiada importancia al trabajo de preparación física, por regla general la enseñanza de la técnica y de la táctica se queda corta. Esto es comprensible, ya que los pocos días de entrenamiento semanales sólo permiten hasta cierto punto una enseñanza específica de los principios técnicos y tácticos.

En la planificación del entrenamiento, esta carencia se compensa integrando estos elementos técnicos y tácticos en los diferentes ejercicios complejos adecuados al juego de las sesiones de entrenamiento. Esto supone, por ejemplo, que en los partidillos la recepción y la entrega del balón sólo se permiten con la pierna "mala". También puede procurarse que para los problemas tácticos, por ejemplo, sólo se permite culminar una jugada con disparo a portería tras un centro atrasado, constituyendo los puntos fuertes de estos ejercicios.

Ya en la edad infantil es en muchos casos el biotipo, pero también las cualidades técnicas, las decisivas para decidir en qué posición se va asentando un futbolista con el tiempo. No es necesario señalar aquí las exigencias técnicas a un portero, un defensa, un centrocampista o un delantero, pues ya son conocidas.

Pero sí parece conveniente dar algunas indicaciones sobre las exigencias tácticas de las diferentes posiciones en el equipo, ya que aquí cada entrenador tiene determinadas expectativas, que debería comunicar a sus jugadores.

TÁCTICA DEL PORTERO

El buen portero se caracteriza en primer término por su posicionamiento, que consiste en intuir aparentemente la esquina, en cubrir a tiempo el ángulo y en controlar el área de penalti. Un viejo dicho de los porteros dice que toda parada que se ha hecho necesaria viene precedida de un error de posición.

Un portero debería ser también director de la defensa, ya que disfruta de una mejor visión del juego que se desarrolla delante de él. En este sentido, debería estar en condiciones de reconocer y corregir los fallos de colocación o errores tácticos de la defensa.

Si está en posesión del balón, representa la situación que inicia el ataque. Esto exige que reconozca la necesidad de un desplazamiento del juego y requiere que haga una entrega precisa mediante el envío con la mano y el servicio de bote pronto o a balón parado. Como anotación al margen cabe señalar que deberá saber controlar el tiempo durante el partido en función de las necesidades tácticas.

TÁCTICA DEL LATERAL

Una situación adecuada le evitará más de una intercepción, así como el uno contra uno, y esto es válido sobre todo para el lateral. Él debe conservar la así llamada "línea interior", es decir, debe procurar estar siempre más cerca de la portería que el jugador contrario. Junto al marcaje al hombre el fútbol moderno pide que el lateral domine también perfectamente la defensa en zona (por ejemplo, cuando el contrario sólo juega con dos puntas y deja un carril libre).

Su comportamiento en el uno contra uno se reflejará en lo bien que domine la intercepción, en su velocidad, en su juego de cabeza y en su seguridad en el disparo.

Pero no sólo en la defensa, sino también en el ataque se le exige bastante al lateral en el fútbol moderno. Él decide mediante su comportamiento lo rápido y eficaz que puede ser un equipo en el cambio de la defensa al ataque. Aquí se caracteriza sobre todo por su juego de pases largos o cortos precisos o por sumarse él mismo al ataque.

Aquí debe valorar qué riesgo (por ejemplo el dribling en el campo contrario) puede asumir. Por regla general debería, por su parte, concluir el ataque sin riesgos con un disparo a portería bien dirigido, un pase largo hacia las bandas o una entrega precisa para conseguir suficiente tiempo para recuperar su posición en la defensa.

TÁCTICA DEL DEFENSA CENTRAL

La táctica del defensa central es similar a la del lateral, con la diferencia de que ocupa su posición en el centro de la defensa. Aquí no siempre es posible mantener de forma consecuente la línea interior, pero en este caso sirve como regla básica que el marcaje de un contrario debe hacerse desde el lado donde el balón queda más cerca.

TÁCTICA DEL LIBRE

El llamado "hombre libre" en la defensa debe dominar por igual el marcaje de zona y el marcaje individual. Cubre el espacio que deja libre el defensor al sumarse al ataque y los carriles cuando se producen contraataques y acude en ayuda de los defensas que han sido rebasados.

Seguridad en el pase, dominio del juego de cabeza y una buena visión del juego son las cualidades indispensables en esta posición.

Del libre, que no sólo se limita a las labores defensivas, se espera que él mismo se sume al juego de ataque. En muchos equipos asume, como figura central, el papel de jefe de la defensa: es responsable de mantener la línea del fuera de juego y de la organización de la defensa.

TÁCTICA DEL CENTROCAMPISTA

En el caso ideal (presuponiendo un sistema 4:3:3), aquí hay que distinguir entre 3 tipos diferentes de centrocampistas, cada uno con diferentes cometidos tácticos.

Tenemos al llamado creador de juego, el cerebro del equipo, uno que "piensa" el juego. De él parten las ideas que generan una jugada, él es responsable de imprimir el ritmo del juego y de cambiar rápidamente de la acción defensiva a la ofensiva (y viceversa).

El centrocampista defensivo es emparejado en la mayoría de casos al creador de juego contrario y debe impedir precisamente aquello que se espera que haga un creador de juego de un equipo.

El centrocampista ofensivo es el cuarto punta (junto a los dos extremos y al delantero centro) y debería ante todo realizar los disparos desde la segunda línea.

Los tres tipos de centrocampistas deben dominar por igual el marcaje en zona y el marcaje individual y distinguirse sobre todo por una buena técnica con el balón. Ya que se suponen el nexo entre la defensa y la delantera se espera de ellos buenas cualidades en los desplazamientos. Además de esto se requiere una muy buena visión tanto global como periférica del juego, así como el dominio del pase corto, largo y en diagonal y del disparo a portería desde la segunda línea.

TÁCTICA DEL DELANTERO CENTRO

De él se espera ante todo capacidad de resolución, es decir, que debe ser bueno en el dribling, en el disparo y en el juego de cabeza. Su cualidad para intuir ocasiones de gol es igualmente importante para crear situaciones peligrosas en el área contraria.

TÁCTICA DEL EXTREMO

Los extremos se distinguen sobre todo por su rapidez en las internadas por los extremos, su capacidad de maniobra y su habilidad para el dribling y el regate. El desbordamiento de los defensas por las bandas por velocidad forma parte de su repertorio al igual que la fuerza en el disparo a portería como conclusión de una jugada de ataque.

TÁCTICA DEL EQUIPO

ASPECTOS GENERALES

La táctica del equipo incluye el sistema de juego (disposición inicial), el comportamiento de la defensa (por ejemplo, marcaje individual o en zona, pressing) y de la delantera (por ejemplo, al contraataque) de un equipo.

Aquí el entrenador debe partir de las posibilidades de cada uno de sus jugadores y de fijar en base a las mismas los objetivos y conceptos tácticos para que el equipo pueda dar el mejor resultado.

Para ello deben tenerse en cuenta los siguientes factores:

- ¿Deben introducirse nuevos jugadores en el equipo y cuáles son sus puntos fuertes y débiles?
- ¿Qué sistema de marcaje es más indicado para el equipo? ¿Es capaz de poner en práctica la forma buscada de defensa individual y de zona combinadas?
- ¿Qué objetivos pueden marcarse para el comportamiento de ataque buscado para la delantera; se dispone de los jugadores adecuados para ello?
- ¿Se ha previsto el practicar la trampa del fuera de juego y existe para ello un "organizador" en la defensa?
- ¿Está el equipo en condiciones desde el punto de vista tanto psíquico como físico de realizar el pressing?
- ¿Son adecuados determinados jugadores para determinadas situaciones estándar?

ELECCIÓN DEL SISTEMA DE JUEGO ADECUADO

El sistema de juego fija una disposición básica, que en caso de posesión o de pérdida del balón se modificará en función de la acción de ataque o de defensa buscada.

Las posiciones, las funciones y los espacios de juego se repartirán entre los jugadores de acuerdo con sus cualidades a fin de obtener un rendimiento del equipo óptimo, es decir, para que pueda esperarse la máxima efectividad posible en el ataque y en la defensa.

Aquí deberán planificarse los máximos espacios de juego posibles para los jugadores, que les permitan aportar sus propias ideas y que puedan adaptarse ellos mismos intuitivamente a las diferentes situaciones del juego mediante el cambio de posición o de función.

Los jugadores deben sentirse a gusto dentro del sistema y estar convencidos de sus posibilidades. El sistema de juego no debe encorsetar al equipo, sino que debe constituir una ayuda para conseguir el mejor resultado para el equipo.

Los sistemas de juego actuales se caracterizan por:
- una óptima división de los espacios (reparto de las zonas y de los carriles de juego);
- la participación de todos los jugadores en las funciones de defensa y de ataque;
- un cambio rápido y adaptado a cada situación de la defensa al ataque y viceversa;
- un comportamiento táctico de grupo, que imponga al contrario acciones, obligándole a reaccionar;
- grados de libertad para los jugadores, para tomar decisiones y actuar de forma adecuada a cada situación.

No vamos a profundizar aquí más en los sistemas de juego habitualmente empleados hoy en día, porque no es tanto el sistema en sí decisivo para el éxito, sino el aplicarlo bien o no, es decir, cómo cumplen los jugadores sus diferentes cometidos.

COBERTURA DE ESPACIOS/MARCAJE EN ZONA

Distinguimos claramente dos posibilidades de organizar la defensa, radicando su diferencia en la zona de medio campo: el marcaje individual y el marcaje en zona.

La mayoría de las veces encontramos, no obstante, formas mixtas, en las que se utiliza mayormente o el marcaje individual o el marcaje en zona.

El marcaje en zona significa que cada defensa vigila una determinada zona del espacio defensivo cuando el contrario está en posesión del balón y cubre o ataca al contrario que entra en su zona de control.

Como ventaja cabe señalar que el marcaje en zona es más económico, es decir, que exige menor esfuerzo físico a la defensa que cuando se tiene que perseguir a unos contrarios que cambian constantemente de zona.

Como desventaja cabe señalar que los defensas, ante los constantes cambios de posición de los atacantes, no pueden adaptarse a la forma de juego de determinados jugadores, que se producen problemas de disponibilidad al permutar sobre todo en los límites de las zonas y que el orden se rompe.

En el ámbito amateur se utiliza la forma mixta de marcaje individual/ en zona, para así conciliar los pros y contras de las dos formas ya conocidos. Por ejemplo, mientras los puntas son marcados individualmente, en el centro del campo se practica el marcaje de zona. Es de esperar una efectividad aún mayor cuando a este marcaje combinado individual/en zona se le une un buen pressing.

Aquí tampoco se imponen barreras a la creatividad del entrenador, y por ello mismo la forma básica combinada de marcaje individual/en zona que exponemos a continuación es sólo una de las muchas posibilidades.

Los dos puntas contrarios se marcan individualmente; el libre juega detrás de la defensa. El defensa libre se encarga del espacio no ocupado por los puntas, pero puede ser también una especie de "centrocampista-libre" ubicado antes de la línea defensiva y atacar allí, donde el marcaje en zona ha sido superado por el contrario.

Si dividimos imaginariamente el campo de juego en cuatro zonas longitudinales, se crean en el centro del campo espacios que pueden ser ocupados por sendos jugadores.

Dependiendo de en qué banda del campo construya el contrario su ataque, la cadena de 4 jugadores se desplazará paralelamente a la línea de fondo, con los jugadores moviéndose en dirección hacia el límite de su zona de cobertura más cercano al balón.

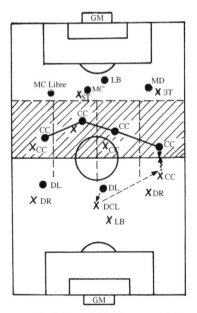

Fig. 1: *Forma básica de un marcaje combinado individual/en zona*

De esta forma, cada jugador es responsable de una determinada zona y deberá marcar a aquel jugador que entre en su zona, atacando inmediatamente al jugador contrario que lleve la pelota.

Si se rompe la cadena, por ejemplo un centrocampista ha perdido la pelota en el área de penalti contraria, la cadena se desplaza hacia las 3 zonas de cobertura más cercanas a la pelota y ocupa la cuarta zona, más alejada del balón, en último lugar (p. ej. con el marcador libre o con un delantero).

La condición previa para que el marcaje en zona funcione en el centro del campo es la "cesión" y "recepción" de los contrarios en los límites de las zonas de marcaje colindantes, lo cual requiere un elevado grado de coordinación y trabajo colectivo.

En las sesiones de entrenamiento que seguirán se ofrecen ejercicios para tal fin.

EL PRESSING - UNA FORMA DE COMPORTAMIENTO OFENSIVO DE LA DEFENSA

Aspectos generales

El significado del término pressing (del inglés "to press") es "presionar, obligar, apretar" y ha sido adoptado del baloncesto.

En el fútbol, el pressing representa el comportamiento táctico de un equipo que acaba de perder el balón en el campo contrario e intenta ahora recuperarlo con la mayor rapidez posible, llevando al contrario a una estrechez de espacio y falta de tiempo.

En este sentido podemos aprender del juego de los más pequeños, cuya forma de jugar y de comportarse (todavía) está orientada a que la mayoría de jugadores se aglomeren allí donde la pelota está en juego. Esto es el pressing en su forma más primitiva.

Los entrenadores nos ocupamos de "ordenar" el juego, enseñamos a los más jóvenes cómo deben repartirse las funciones y los espacios: ponemos sistema en su juego.

Posteriormente, con el **pressing** intentaremos provocar nuevamente el **"desorden organizado"**.

Formas de pressing

En dependencia de la zona en que se aplique el pressing se distingue entre **pressing de ataque** y **pressing en el mediocampo**.

> **El pressing de ataque tiene el objetivo de poner bajo presión al equipo contrario dentro de su propio campo, impedir y perturbar la organización de su juego y de recuperar lo más rápidamente posible el balón.**

Para ello se desplazará al contrario en dirección hacia la línea de fondo y las bandas.

El pressing de ataque es adecuado sobre todo cuando existen jugadores técnicamente débiles en la defensa del contrario o cuando jugando en casa el visitante persigue claramente un empate sin goles, intentando ganar tiempo desplazando el balón dentro de su campo sin correr riesgos.

Su desventaja radica en que el propio equipo se ve obligado a practicar un marcaje rápido y agresivo o el uno contra uno cerca del balón, de forma que la velocidad de desplazamiento debe ser superior a la del contrario.

Si el contrario consigue superar el pressing mediante una buena división de los espacios en la defensa, mediante un hábil desplazamiento del juego o mediante buenos driblings, seguramente encontrará mucho espacio libre para contraatacar.

> **Con el pressing en el mediocampo, el propio equipo retrocede en caso de pérdida del balón a las inmediaciones de la línea central e intenta desde allí retardar la construcción del juego por parte del contrario y, al mismo tiempo, organizar su propia defensa.**

En principio, el equipo adopta una actitud a la expectativa, actuando cuando la situación de juego se torna favorable para el pressing o cuando se puede provocar que ésta lo sea mediante un rápido marcaje: por ejemplo, un delantero obliga mediante un ataque inmediato a que el libre que lleva la pelota haga un pase horizontal al lateral.

También los saques desde la banda cercanos a la línea central, así como los envíos del portero hacia un lateral constituyen una situación de partida favorable para el pressing.

El contrario debe ser "empujado" hacia las bandas, poniéndole bajo presión de tal modo, que se vea obligado a realizar una entrega arriesgada (p. ej. un pase horizontal hacia el interior), un dribling sin garantía de éxito o un despeje impreciso.

Esta forma de pressing es frecuentemente practicada en los partidos fuera de casa, aunque aquí se añade a los menores riesgos del pressing de ataque el hecho de que el contrario queda libre en su tercio de la defensa.

Cuando el pressing se aplica de forma consecuente y sistemática, cuando se dan las condiciones necesarias para el mismo dentro del propio equipo, entonces las ventajas del pressing superan a los riesgos.

Y puesto que la meta manifiesta de todo equipo es recuperar el balón lo más rápido posible en caso de pérdida, este sistema de defensa ofensiva debería incluirse en el bagaje táctico de todo equipo.

Es labor del entrenador el sopesar las ventajas y desventajas de las dos formas básicas de pressing, no hay límites puestos a las posibilidades de variación y a la creatividad. Naturalmente, lo ideal sería que un equipo fuera capaz de poner en práctica ambas formas de pressing según la situación del juego y en dependencia del campo (en casa/fuera).

Condiciones previas para el pressing

El tristemente desaparecido entrenador alemán Hennes Weisweiler hizo las siguientes afirmaciones con respecto al pressing: "Para jugar al **pressing**, sobre todo **debo acortar y estrechar el mediocampo**. Esto se produce, sobre todo, mediante el avance de la defensa de cuatro hasta el campo contrario. Esto me da la posibilidad de atacar el área pequeña del contrario incluso sólo con 2 delanteros y un centrocampista."

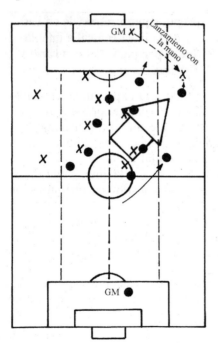
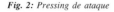
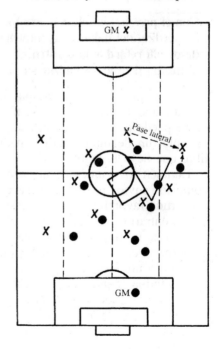

Fig. 2: *Pressing de ataque*   **Fig. 3:** *Pressing en el mediocampo*

El centro del campo sigue quedando bien repartido por un defensa interior (central o libre). En general, la **clave** del **pressing** es el **marcaje en zona en el centro del campo**."

El pressing impone grandes exigencias al equipo desde el punto de vista atlético y mental: junto a una buena forma física y capacidad en el uno contra uno deben citarse sobre todo una gran capacidad de cambio y adaptación. El saber reconocer cuándo la situación del juego es favorable para el pressing o, mejor aún, la capacidad de prever cuándo puede darse, exige una buena visión del juego, un poder de asimilación rápida, una capacidad de concentración grande, así como un comportamiento de servicio al equipo.

A ello se le añade una cierta disposición al aprendizaje y algo que crea dificultades sobre todo en las categorías de aficionados inferiores suficiente tiempo para preparar a un equipo para el pressing y de seguir mejorando y perfeccionando en el curso del proceso de entrenamiento el nivel alcanzado.

Una posible forma básica de pressing de ataque

Con un marcaje en zona es como mejor pueden realizarse los desplazamientos necesarios dentro del equipo a lo largo y ancho del campo de juego.

Para ello se divide mentalmente el campo en 4 zonas longitudinales (ver Fig. 2). El equipo que ejerce el pressing renuncia enteramente a la zona más alejada del balón, produciéndose un "desplazamiento" inmediato de los jugadores hacia las zonas longitudinales más cercanas a la pelota.

En aras de una mayor simplicidad nos basaremos en el sistema de juego 4:4:2, pero el pressing puede practicarse también con cualquier otro sistema, es decir, que es independiente del mismo.

Todo el equipo tomará parte en el pressing. También el portero, que deberá estar en su puesto en la frontera del área de penalti, cuando se efectúen pases a gran distancia.

El libre jugará en línea con la defensa, retornará si es necesario al mediocampo o cubrirá los huecos en la defensa que pudieran abrirse por un defensa adelantado.

Los dos puntas del equipo contrario serán marcados individualmente.

En el mediocampo cada jugador cubrirá al contrario que se encuentre más cerca del mismo en la dirección del balón.

Un delantero se ocupará de neutralizar con una posición adelantada al portero contrario y andará al acecho de posibles pases atrasados.

El segundo punta o un centrocampista bloquea el espacio a los defensas interiores e intenta evitar los pases horizontales o interceptarlos para hacerse con el balón.

El contrario que lleva el balón será abordado inmediatamente de forma agresiva por el jugador más cercano, creándole una falta de espacio y de tiempo.

El objetivo es la situación de pressing, en la que 2 delanteros y 2 centrocampistas actúan contra 4 defensas.

Situación de partida para un pressing en el mediocampo

A diferencia del pressing de ataque, el pressing en el mediocampo se inicia cerca de la línea de medio campo, dejando libre al contrario en su tercio de defensa.

Por lo demás, el procedimiento es el mismo que en el pressing de ataque, con la diferencia de que el centro del campo puede sumarse con un delantero, ya que se elimina la neutralización del portero.

En caso de darse la situación de pressing (ver Fig. 3) y éste es, por regla general, en el que el contrario está en posesión del balón en las bandas cerca de la línea de medio campo, entonces se organizará el desplazamiento del equipo a lo largo y a lo ancho hasta las 3 zonas longitudinales cercanas al balón.

Entrenamiento del pressing

En las siguientes sesiones de entrenamiento del período de puesta a punto se describen algunos ejemplos de ejercicios, con los cuales un equipo puede realizar el pressing y mejorar el nivel alcanzado.

Es recomendable realizar al principio los ejercicios en pequeños grupos (por ejemplo 2:2, 3:2, 3:3, 4:3, 4:4, etc.) y aumentarlos gradualmente hasta llegar a 11:11. Aquí se ejercitarán al mismo tiempo la preparación física y el uno contra uno a alta intensidad.

Es ventajoso que el entrenador explique inicialmente a nivel teórico sobre una pizarra qué objetivos se persiguen con el pressing, qué formas estructurales básicas existen, qué condiciones previas han de cumplirse y qué riesgos trae consigo el pressing, motivando y convenciendo con ello a los jugadores de que el pressing "vale la pena".

OBJETIVOS PARA LA DIRECCIÓN DEL EQUIPO

Dirigir a un equipo significa dirigir a un grupo de personas y es éste uno de los problemas más difíciles que puedan darse. Para ello no existen recetas, en todo caso unos principios a tener en cuenta. La dirección del equipo persigue el objetivo de crear un clima y un entorno que influya positivamente en la disposición y la voluntad de los jugadores para rendir. Intentar formar a partir de jugadores individualistas un equipo combativo, capaz de entusiasmarse, que se quede sobre la tierra tras las victorias y demuestre una buena moral después de las derrotas.

Todo esto nos lleva a que un buen entrenador no tiene que ser sólo un buen futbolista y un táctico avispado, sino también un poco pedagogo, psicólogo y sociólogo, esto unido a una autoridad natural, que le permita ser reconocido como líder (persona de referencia).

Los principios para una dirección de equipo exitosa son, entre otros:

- Hay que marcarse unas metas básicas que además sean realizables. Por el cumplimiento de estas metas conseguidas se medirá al equipo y a su entrenador.
- Tratar por igual a todos los jugadores no concediendo privilegios independientemente de su origen, sus diferentes puntos de vista o caracteres.
- Mantener la distancia suficiente, pero llevar una relación de confianza y colaboración.
- Hablar siempre unos con otros, buscar el diálogo con los jugadores.

- No sólo hablar, sino también saber escuchar.
- Fomentar todo lo que contribuya al compañerismo y al espíritu de equipo.

ANTES DEL PARTIDO

Una preparación psíquica y física suficiente para un partido requiere que el equipo se reúna por lo menos una hora antes del mismo. Cuando se trate de partidos en campo contrario deberá procurarse que los jugadores no tengan que trasladarse ellos mismos con su coche. La mentalización y la concentración para el encuentro inminente empiezan en el vestuario con una corta conversación entre el entrenador y los jugadores, donde se recordarán la táctica a seguir y el reparto de las funciones respectivas.

Si es posible, en este momento el entrenador tendría que conocer ya la alineación del equipo contrario, con el fin de realizar cambios de última hora en el equipo o tomar medidas tácticas (por ejemplo, asignar) con vistas a jugadores destacados del equipo contrario y también a poder describir sus debilidades.

Para seguir fomentando la disposición al rendimiento es necesario que el entrenador se ocupe especialmente de los jugadores nerviosos y sensibles, les infunda valor y ejerza una influencia tranquilizadora en ellos y que rebaje las tensiones acumuladas al grado necesario para obtener un buen rendimiento.

Antes del calentamiento hay que decidir con el capitán del equipo y el portero la mitad que se va a escoger:
- ¿Dónde se encuentra el sol?
- ¿En qué dirección sopla el viento?

Otra pregunta importante es:
- ¿Cuál es el estado del terreno de juego?

En lo que se refiere a los tacos tendría que ser el jugador mismo el que tomara la última decisión, aunque el entrenador, por supuesto, debería hacerse cargo de la revisión de las botas de fútbol.

Finalmente, el entrenador se ocupará de que en el descanso estén preparadas las bebidas adecuadas.

¡PROCURAR QUE EL CALENTAMIENTO SEA SUFICIENTE!

Precisamente en las categorías inferiores de aficionados se observa con frecuencia que al calentamiento no se le da la suficiente importancia, que muchas veces los jugadores salen a jugar fríos y, en consecuencia, mal preparados.

Muchos fallos en el juego, pero también contracturas, roturas de fibras musculares y de músculos tienen su origen por un calentamiento insuficiente antes del partido. El calentamiento supone una fase importante de la preparación física para el partido. Sobre todo debe prestársele mayor atención a estirar correctamente durante suficiente tiempo la musculatura. Esto tendría que durar entre 20-30 minutos. Ya que la disposición de los jugadores para un calentamiento intensivo varía, se recomienda un trabajo de calentamiento en grupo. Se han hecho buenas experiencias cogiendo como mínimo una vez a cada jugador por separado dentro del marco de una sesión de entrenamiento durante la fase preparatoria y enseñarle la forma de calentar, dándole ideas, pero sin limitar demasiado su creatividad. De esta forma se puede enseñar a calentar a un jugador distinto cada domingo.

DURANTE EL PARTIDO

El lugar ideal para colocarse el entrenador es al borde del terreno de juego, en su medio campo y cerca de la línea central. Aquí se tiene la mejor visión y es posible un contacto acústico y visual con su equipo. Es una ventaja el que se obligue al cerebro del equipo a buscar con frecuencia el contacto visual con el entrenador, para así facilitar el entendimiento mutuo.

Las indicaciones y los gestos durante el juego deben ser concisos, entendibles y no debe haber lugar a variaciones libres, que influirán negativamente en el juego. El partido requiere también del entrenador una concentración total, decisiones rápidas y medidas eficaces, ya que deben
- reconocerse las debilidades propias y del rival,
- ordenar los cambios de posición y de funciones correspondientes,
- dar indicaciones tácticas,
- estimular a los jugadores dándoles voces y consignas
- ocuparse de los jugadores lesionados,
- e indicar el tiempo de juego que queda.

EN EL DESCANSO

Los descansos en la media parte sirven para la recuperación y la reflexión, pero también para la preparación física y táctica de cara a la segunda parte. Comentarios como "¡los jugadores salieron totalmente cambiados del vestuario!" prueban que muchas veces los cambios decisivos en el curso de un partido se han fraguado en el descanso. Lo que se tenía antes del partido en forma de supuestos e informaciones sobre el rival queda confirmado o desmentido tras 45 minutos de juego.

Según sea la moral que haya en el descanso, las negligencias y presunciones (fomentadas de forma inconsciente) pueden provocar un cambio hacia el fracaso; o con un estímulo eficaz y los cambios tácticos oportunos salvar todavía un partido.

¡Aquí el entrenador juega un papel decisivo! Tiene que

- procurar, en primer lugar, que haya tranquilidad, hacer desaparecer las alteraciones nerviosas y las tensiones;
- ocuparse (antes del partido) de que haya refrescos preparados. Aquí lo adecuado es: si fuera posible tendría que haber en función de los gustos de los jugadores por lo menos dos bebidas para el descanso, que sean digestivas, de sabor agradable y ligeramente templadas. Son especialmente recomendables:
- agua mineral poco carbonatada, té, preparado con agua poco carbonatada y endulzado con miel o glucosa;
- tratar a los lesionados o delegar esta tarea;
- dar instrucciones cortas y concisas;
- motivar nuevamente al equipo y a los eventuales sustitutos para el segundo tiempo.

ENFRIAMIENTO DESPUÉS DEL PARTIDO

Paulatinamente se impone también en el fútbol la enseñanza de que el partido termina con el pitido final, pero que el organismo se encuentra aún en un estado de disposición para un rendimiento máximo. Como es habitual desde hace tiempo en otras disciplinas deportivas **después del partido** debería iniciarse sobre el mismo terreno de juego la **fase de regeneración activa**.

Aquí se ha generalizado la utilización del término inglés **"cool down"**, que se refiere a **"enfriamiento"**, es decir, a un **descanso activo**. Sirve para relajar las tensiones musculares y mentales y para que el organismo tenga posibilidad de volver a su estado normal.

Desde un punto de visto médico-deportivo, una carrera relajada combinada con la gimnasia y los ejercicios de estiramiento llevan a la eliminación de toxinas (degradación de los lactatos) y contribuye así a acortar la fase de recuperación.

Con seguridad, desde el punto de vista psicológico no resulta fácil para los jugadores, por ejemplo, después de un partido perdido, moverse activamente haciendo ejercicios durante 10-15 minutos más sobre el terreno de juego, si además se exponen a la crítica y a las observaciones despectivas de los espectadores.

Pero, al igual que el calentamiento es una parte fundamental de la preparación para el partido, también el enfriamiento después del partido, después de una cierta fase de familiarización, será algo normal tanto para los jugadores como para los espectadores.

DESPUÉS DEL PARTIDO

"Después del partido es antes del partido", dijo una vez Sepp

Herberger. Por eso mismo, todo entrenador debería reunirse después del partido con su equipo en el vestuario.

En esta fase después del partido se trata de
- eliminar las tensiones,
- evitar las observaciones despectivas sobre los compañeros, los contrarios o el árbitro,
- no permitir ningún tipo de crítica (dar uno mismo ejemplo de ello),
- ocuparse de los lesionados,
- consolar en las derrotas y
- preparar los refrescos

con el fin de fomentar la armonía de tal modo que se hayan creado las primeras condiciones previas para el siguiente partido.

Después de haberse distanciado suficientemente del partido, pero con el desarrollo del mismo y sus incidencias más decisivas aún frescos en la memoria, es decir, transcurridas algunas horas, el entrenador debería anotar los puntos fuertes y los puntos débiles del contrario en forma de palabras clave. Estas anotaciones deberían hacerse de tal forma que representen informaciones útiles para el partido de vuelta.

Por ejemplo:
- Sistema de juego del contrario (4:4:2 o 4:3:3).
- Disposición para el juego.
- Jugadores destacados, creadores de juego.
- Ejecución de saques de esquina, golpes francos y penaltis.
- Dominio del marcaje de zona o individual.
- Transición ataque/defensa.
- Comportamiento ofensivo de los defensas.
- Dominio del portero del área de penalti.
- Reparto de zonas en el mediocampo.
- Cambio de posiciones.
- Táctica de las diferentes posiciones en el equipo.
- etc.

REUNIONES DEL EQUIPO

Las reuniones periódicas del equipo son un buen sistema para fomentar la comunicación y el entendimiento entre el entrenador y los jugadores y se constituyen así en una componente importante de la dirección de equipo.

Las reuniones del equipo incluirán un repaso crítico del último partido jugado, un avance sobre el siguiente encuentro y se aprovecharán las mismas para informar también sobre otros aspectos relacionados con el club. En este sentido, se presta llevar a cabo el repaso del último partido jugado a continuación de la primera sesión de entrenamiento de la semana siguiente, porque así la distancia a lo acontecido entonces es lo suficientemente grande y, por otra parte, aún se pueden comentar las medidas correctivas y comportamientos de cara al futuro e integrarse en las siguientes sesiones de entrenamiento.

El avance del siguiente partido se hará la noche después del entrenamiento final, puesto que entonces el futuro encuentro estará próximo.

Teniendo en cuenta que después de un entrenamiento la capacidad de concentración y la receptividad de los jugadores es menor, una reunión del equipo no debería prolongarse durante más de 20-30 minutos.

Análisis del juego y crítica de los jugadores
- Primero lo positivo, después lo negativo.
- Pasar de la crítica del equipo a la de los diferentes escalones (por ejemplo comportamiento de la defensa, juego de los mediocampistas y de los delanteros, cambios de juego, etc.) y finalmente a la crítica individual (actitud durante el partido y frente al contrario, grado de cumplimiento de las funciones tácticas, etc.).
- Repasar las situaciones decisivas en la pizarra.
- La alabanza y la crítica deberían estar equilibradas.
- La crítica debe ser constructiva, reforzar la confianza en uno mismo y motivar; hay que aprender de los fallos y reducir su grado de repetición.
- Fomentar la toma de posturas, provocar el diálogo con los jugadores.
- Los jugadores especialmente sensibles es mejor criticarlos en conversaciones privadas.
- Mencionar e incluir también en la exposición los jugadores que han jugado poco tiempo durante el partido.
- Motivar a los reservas no alineados.

Avance del partido
- El siguiente partido es siempre el más difícil (Sepp Herberger).
- Dar a conocer al equipo y a los diferentes jugadores lo que se espera de ellos.
- Explicar la táctica propia y la que se espera del contrario.
- Asignar tareas especiales (por ejemplo formación de pares de marcaje).
- Tener en cuenta los factores ambientales (por ejemplo, un terreno de juego pequeño).

- Crear alicientes para el próximo partido (motivar a los jugadores contra el equipo contrario).

CLASE DE TEORÍA

La enseñanza de la teoría, aunque en general se considera necesaria, sigue en la sombra.

Uno de los motivos podría hallarse seguramente en que muchos entrenadores se inhiben a la hora de hablar distendidamente a sus jugadores. Pero precisamente la pizarra, sobre la que pueden anotarse las palabras clave de los temas a tratar (también, por ejemplo, como preparación para una reunión con los jugadores) puede ser una buena ayuda en el arte del discurso libre.

Para la enseñanza teórico-táctica deberían tratarse principalmente situaciones de juego, la distribución de los espacios, sistemas de juego, el juego de posiciones, etc., temas de los que seguro que cada entrenador tiene mucho que contar.

Al comienzo de la temporada se recomienda utilizar tres o cuatro noches después de los entrenamientos para explicar por encima las expectativas y comportamientos tácticos básicos, repitiéndolos varias veces en el transcurso de la temporada y enriqueciéndolos con las experiencias acumuladas.

La parte teórica no debería durar nunca más de 20 o 30 minutos, ya que la capacidad de concentración y la receptividad de los jugadores después de un entrenamiento y además de noche naturalmente son muy limitadas. Los siguientes temas, entre otros, son indicados para la enseñanza teórica:
- Los sistemas de juego 4:4:2 y 4:3:3 y sus consecuencias para la asignación de funciones en un equipo, así como la movilidad y la distribución de los espacios.
- ¿Cuándo marcaje individual, cuándo en zona?
- cerca/lejos de donde se encuentra el balón
- el defensa libre
- línea interior
- comportamiento defensivo en los saques de esquina
- protección de la portería
- colocación de la defensa
- inclusión de los centrocampistas y la delantera
- comportamiento ofensivo en los saques de esquina
- ponerse de acuerdo en la ejecución de las variantes
- colocación de los delanteros
- ocupación del espacio que queda a sus espaldas
- formación de una barrera
- ¿quién se coloca en la barrera?
- organización y colocación de la barrera y de los jugadores que la forman (lateralmente, frontalmente)

- ejecución de los golpes francos
- variantes
- inclusión de los restantes jugadores
- colocación de los jugadores en los lanzamientos de penalti
- ejecución asignada
- lanzamiento "velado" con finta
- forma de actuar cuando se produce una baja durante el partido (por ejemplo, por expulsión)
- de un jugador propio
- de un contrario
- táctica frente a una defensa reforzada

ALIMENTACIÓN DEL FUTBOLISTA

Principios de dietética

La alimentación de un futbolista juega un papel importante para su disposición al rendimiento y su capacidad de rendimiento. Su influencia como medida complementaria al entrenamiento y a la competición es subvalorada con demasiada frecuencia.

El organismo necesita en cantidad suficiente
- nutrientes (hidratos de carbono, grasas, proteínas)
- sustancias activas (vitaminas y minerales)
siendo los hidratos de carbono los más importantes para el futbolista.

Los hidratos de carbono equivalen a la "gasolina de los músculos", lo que quiere decir que los hidratos de carbono acumulados en los músculos tienen un efecto decisivo para la capacidad de rendimiento.

Investigaciones médico-deportivas han arrojado como resultado que, por ejemplo, con una alimentación normal pueden transcurrir hasta 72 horas antes de que los depósitos de hidratos de carbono del cuerpo humano vuelvan a estar cargados. Con una dieta específica rica en hidratos de carbono este tiempo puede reducirse a 24 horas. Este ejemplo demuestra que una alimentación específica para la disciplina deportiva puede contribuir a una recuperación más rápida de la capacidad de rendimiento perdida como consecuencia de un esfuerzo.

Especialmente ricos en hidratos de carbono son los platos, preferidos ya de por sí por la mayoría de jugadores, a base de espaguetis, macarrones, fideos (también el arroz), que se enriquecen con ingredientes proteínicos, como huevos, queso, etc.

Con esta composición se cumplen por ejemplo las recomendaciones de los especialistas en dietética, que aconsejan para los deportes que

ponen un mayor énfasis en la resistencia, es decir, también el fútbol, una composición de nutrientes de:
55 % - 60 % *de hidratos de carbono*
25 % - 30 % *de grasas*
10 % - 15 % *de proteínas.*

En el campo amateur la alimentación viene marcada casi exclusivamente por el menú del comedor de la empresa o por las costumbres culinarias de la familia, de forma que esta composición alimentaria y sus componentes en la mayoría de los casos obviamente no pueden estar hechos a la medida del futbolista como si fuera un deportista de élite. Por este motivo queremos referirnos brevemente a la alimentación antes del partido, ya que en estos casos existen ciertas posibilidades de influir sobre ella.

Alimentación	tiempo medio de digestión
caldo de carne, sopas, pescado hervido, huevos *pasados por agua, puré de patatas, arroz hervido,* *fideos, espaguetis, macarrones*	1-2
huevos revueltos, huevos duros, carne magra *carne magra hervida, patatas hervidas con piel,* *patatas hervidas, zanahorias, pan blanco, plátanos*	2-3
aves hervidas, carne de buey hervida, asado *de ternera, bistec, jamón, patatas fritas,* *ensalada verde, pan integral, queso, manzanas*	3-4
carne de buey, filete de buey, bistec, *carne ahumada, judías verdes, guisantes, lentejas*	4-5
aves asadas, asado de cerdo, tocino, salmón, atún *en aceite, setas, ensalada de pepinos*	5-6

Un **principio básico** importante es que la **última comida** se ingiera **por lo menos 3 horas antes del partido**.

El tiempo que permanecen los alimentos en el estómago es bastante distinto en dependencia de la composición de los alimentos y aumenta a medida que la cantidad ingerida y su contenido en grasas son mayores.

Los alimentos líquidos no hacen trabajar el estómago durante tanto tiempo como las comidas pesadas y masticadas deficientemente. Un estómago vacío es igual de perjudicial para el rendimiento como uno lleno.

Las relaciones observadas por los investigadores en dietética entre los alimentos y su tiempo de permanencia en el estómago se muestran en la tabla.

Bebidas

La antigua creencia de que un futbolista tenía que salir en "seco" es falsa. El líquido que se pierde en forma de sudor con la actividad deportiva debe ser restituido al organismo tanto antes (por ejemplo, después del calentamiento), como durante y después del partido.

Para esto se ofrecen en el mercado una gran cantidad de bebidas deportivas (bebidas con electrólitos), que devuelven al cuerpo los minerales que se pierden durante la práctica del deporte.

Para que puedan ser absorbidas inmediatamente por la sangre tienen que presentar la misma concentración en minerales que ésta, en cuyo caso la bebida se llama isotónica.

La revista alemana *Stern* ha publicado un estudio en el que se demuestra que en muchas marcas la composición y cantidades divergen considerablemente de los valores isotónicos, por lo que el futbolista no debería tomar sin más cualquier bebida.

Deben observarse los siguientes valores (proporciones de sales minerales en un litro de sangre):

Nitrógeno	*3.219 mg*
Cloruro	*3.669 mg*
Potasio	*166 mg*
Magnesio	*22 mg*
Calcio	*95 mg*
Fosfato	*109 mg*

Cuidado, como dice la revista *Stern*, hay que tener con el nitrógeno y el cloruro, que se encuentran en grandes cantidades en la mayoría de estos productos y que, como es sabido, se combinan dando sal común, que provoca en muchas personas hipertensión y la aparición de arterioesclerosis.

Junto a las bebidas con electrolitos se prestan, sobre todo en verano, las aguas minerales convencionales (por lo menos a temperatura ambiente), no carbónicas (y sin sal), a las que se puede añadir sabor con limón.

En invierno debería ampliarse la oferta de bebidas conforme a la zona con té caliente endulzado con miel.

La ingesta de tabletas de calcio o magnesio antes del partido para prevenir tirones musculares no es recomendable desde el punto de vista médico-deportivo, ya que estos componentes minerales pueden producir una sensación de somnolencia que merma las facultades.

LA PERIODIZACIÓN DEL ENTRENAMIENTO DE FÚTBOL

ASPECTOS GENERALES

A nivel de metodología del entrenamiento de fútbol el año se divide en 5 períodos (también llamados macrociclos):

1. *Pretemporada*
2. *Primer período de competición*
3. *Período intermedio*
4. *Segundo período de competición*
5. *Período transitorio (postemporada)*

Esta periodización se aplica por las siguientes razones:

- Un jugador no puede, por motivos biorrítmicos u otros (bajones de moral, lesiones, etc.), mantener constantemente su mejor forma deportiva durante todo un año.

Con la periodización se busca adaptar óptimamente la curva de forma deportiva al rendimiento requerido a lo largo de una temporada.

- Los plazos fijados en el calendario, con las consiguientes pausas, exigen una planificación de los entrenamientos adaptada a aquéllos. Los períodos se distinguen de una parte por su duración y por la otra por las estructuras y contenidos diferentes de los entrenamientos.

- La alternancia sistemática exigida entre actividad y recuperación no es válida únicamente para sesiones de entrenamiento individuales, sino también para espacios de tiempo más amplios, así que la planificación de los entrenamientos ha de tener en cuenta también el aspecto de la periodización.

No obstante, no puede existir un modelo de periodización válido para todos los niveles de rendimiento del fútbol, ya que muchos clubes siguen jugando más allá del primer período de la competición y los jugadores no siempre pueden tomarse vacaciones en el tiempo previsto para ello.

Si al entrenador le quedan por ejemplo sólo 4-5 semanas para la pretemporada, entonces determinados elementos de la pretemporada deberán trasladarse a la planificación del entrenamiento durante el período de competición.

Independientemente de esto, tiene validez el que junto al entrenamiento técnico y táctico de todo el año deberá prepararse también la condición física, con el fin de estabilizar la capacidad de rendimiento de los jugadores a un nivel alto durante toda una temporada.

Con la introducción del período de descanso de invierno, que empieza frecuentemente a mediados de diciembre y dura hasta finales de febrero se han visto modificados los períodos hasta ahora habituales así como sus contenidos.

Esto afecta principalmente al espacio de tiempo y a la configuración del período transitorio en invierno y a la preparación consiguiente para la parte que queda de la segunda vuelta.

Por regla general, la liga empieza para los aficionados a mediados de agosto, interrumpiéndose con el final de la primera vuelta y algunos partidos de la segunda vuelta, entre mediados y finales de diciembre.

Después sigue una pausa de unas cuantas semanas, antes de que a finales de febrero o principios de marzo se reanude la segunda vuelta, que concluirá a finales de mayo.

En junio en general el fútbol descansa, exceptuando los clubes que organizan entonces sus fiestas deportivas, así que la postemporada sirve para el descanso activo de los jugadores.

Y a principios de julio se empieza ya otra vez con la preparación para la nueva temporada.

Como base para la **periodización** se utilizará la metodología que sigue: En beneficio de la planificación de los entrenamientos deberán subdividirse los períodos indicados en el esquema, hablándose aquí de mesociclos y microciclos.

Un **mesociclo** abarca el entrenamiento de varias semanas, y su duración viene determinada por las **metas prioritarias del entrenamiento a medio**

plazo y dura por regla general unas **4-6 semanas**. Varios mesociclos seguidos forman un período, por ejemplo una período de la competición. El **microciclo** describe la planificación y realización de los entrenamientos para **una semana**, con las diferentes sesiones de entrenamiento. En consecuencia, varios microciclos forman un mesociclo.

La estructuración sistemática del proceso de entrenamiento se basa en la variación y en la relación entre el ejercicio y la recuperación. Este principio sirve tanto para la estructuración del año de entrenamiento como también para los mesociclos y microciclos y para cada sesión de entrenamiento individual.

El objetivo es alcanzar el **máximo nivel de capacidad de rendimiento** tanto en el **primer** como en el **segundo período de la competición**. Como entre los dos períodos hay casi tres meses, resulta necesaria una **doble periodización**, para alcanzar dos niveles máximos en el transcurso de la temporada.

¿Qué consecuencias se derivan de esto?

Entre mediados de diciembre y mediados de enero ha surgido un segundo período transitorio que, como la pausa estival (la postemporada), sirve para la regeneración, es decir, para la recuperación tanto pasiva como activa (deportes alternativos).

Para la preparación del segundo período de la competición (algo más corto) se dispone de un tiempo de 5-6 semanas, que llamaremos período intermedio, que tiene unos objetivos comparables a los del período de la pretemporada.

Esta fase debe tener en cuenta en buena medida en la planificación y puesta en práctica de las sesiones de entrenamiento las condiciones meteorológicas propias del invierno.

Pretemporada	Primer período competición	Período transitorio	Período intermedio	Segundo período competición	Postemporada
Julio hasta mediados de agosto	Mediados de agosto hasta mediados de diciembre	Mediados de diciembre hasta mediados de enero	Mediados de enero hasta finales de febrero	Finales de febrero hasta finales de mayo	Junio
6 semanas	aprox. 18 semanas	3-4 semanas	5-6 semanas	aprox. 14 semanas	4 semanas

PLANIFICACIÓN DEL ENTRENAMIENTO DESDE EL PUNTO DE VISTA DE LA CONDICIÓN FÍSICA

Los factores determinantes para el rendimiento en el fútbol ya son conocidos: condición física, técnica y táctica.

En la **pretemporada** se tratará especialmente el entrenamiento de la resistencia, para adquirir una base a partir de la que trabajar las demás capacidades de condición física, así como las técnico-tácticas.

El jugador tendrá que ser capaz de mantener un ritmo constante lo más alto posible durante el juego, sin que por ello se resienta la técnica futbolística específica y que después de correr, hacer esprints y dar saltos recupere rápidamente su capacidad de rendimiento normal, es decir, que se regenere rápidamente.

Por ello, durante las primeras 3-4 semanas serán necesarios en primer término, por lo menos dos veces a la semana, las carreras de baja intensidad (de tal manera que permitan conversar durante las mismas) como base.

Estas carreras deberán ocupar en total de 30 a 40 minutos, y también podrán aligerarse con ejercicios gimnásticos cada 10 minutos.

Como para ello no se precisa el campo de fútbol, correr por el bosque introducirá un factor de motivación y nos permitirá, además, respirar un aire más rico en ozono.

Después de estas 3 semanas de entrenamiento básico de la resistencia se entrenará la resistencia con una intensidad variable, es decir, se elevará el ritmo hasta la falta de aire, aunque no hasta el agotamiento, y se volverá a reducir hasta recuperar el ritmo respiratorio normal.

En esta fase, las carreras también deberán durar entre 30 y 40 minutos.

El entrenamiento se utiliza como medida para la mejora de lo que en la terminología especializada se denomina la resistencia aeróbica, es decir, que el volumen de oxígeno inspirado durante la carrera equivalga en lo posible al gasto del mismo. Como, en consecuencia, no existe un déficit de oxígeno, se habla también del **"steady state"** (equilibrio entre la producción de energía y su consumo).

En la 4ª hasta la 6ª semana de la preparación se trabajan además del entrenamiento básico de la resistencia, las bases de la **velocidad de desplazamiento y de reacción**.

Esto se consigue con esprints de máxima intensidad sobre la distancia más frecuente en el fútbol, que es de unos 15-20 metros, por ejemplo en series de 10, dejando entre las mismas pausas de 1-2 minutos.

Después de varias sesiones de entrenamiento podrá planificarse también la realización de 2 o 3 series.

En este sentido debe tenerse en cuenta que los ejercicios de velocidad deberían hacerse al principio del entrenamiento, cuando los jugadores aún están relativamente frescos.

El entrenamiento de la velocidad incluye también la **capacidad de aceleración** (fuerza de salto), que nos permite arrancar con rapidez. Esto se consigue, por ejemplo, mediante ejercicios con saltos sobre una y dos piernas, combinados con salidas cortas, realizando de 8 a 10 saltos en 2 o 3 series por cada sesión de entrenamiento, intercalando tiempos de recuperación suficientes, que produzcan los efectos deseados.

En el entrenamiento de la resistencia de carrera (resistencia aeróbica) se ha hecho necesario un cambio de mentalidad, que en cualquier caso queda justificado por motivos psicológicos (en un momento dado sirve para adquirir fuerza de voluntad). El ejercicio intenso produce en el jugador una sensación de satisfacción (consigo mismo), ya que la mayoría de las veces un buen entrenamiento sólo se concibe como bueno si es duro.

Está demostrado que las carreras largas de alta intensidad (por ejemplo de 100, 200 o 400 metros) pueden tener consecuencias negativas para la resistencia y la velocidad de aceleración.

Estas pérdidas de rendimiento encuentran su origen en que tras estos esfuerzos el jugador se vuelve "ácido", las pausas ya no resultan suficientes y el siguiente esfuerzo lleva consigo una sobreacidificación adicional (los elevados niveles de lactatos ya no pueden ser degradados en la medida suficiente).

Por este motivo se puede **prescindir** del **entrenamiento de la resistencia de velocidad**.

En la preparación no sólo ocupa un espacio importante la mejora de la flexibilidad; los ejercicios de estiramiento y fortalecimiento también son parte fija del entrenamiento de la condición física.

El **período intermedio** sirve para la preparación de la segunda parte de la competición; los objetivos vienen a ser los mismos que en la pretemporada, de forma que el perfil de carga es similar al de ésta.

En todo caso, para la puesta en práctica del programa de entrenamiento se impone una buena porción de flexibilidad y creatividad al entrenador, ya que las condiciones tanto del terreno de juego como meteorológicas en invierno podrían echar por tierra toda la planificación.

Si por ejemplo empezara a helarse el campo durante el entrenamiento (y esto ocurre a menudo en las últimas horas de la tarde) los ejercicios de saltos naturalmente deberían eliminarse (peligro de lesiones en las articulaciones y los ligamentos); con el suelo helado es casi imposible realizar ejercicios de uno contra uno y con nieve no se obtienen los resultados deseados para un entrenamiento de técnica del balón.

Aquí existe sin duda una diferencia básica entre la pretemporada, que normalmente disfruta de temperaturas veraniegas, en la que se dispone de un césped en buen estado, de la posibilidad de salidas al bosque y al campo (resistencia básica) así como de muchas horas de luz, que son condiciones positivas para realizar un entrenamiento.

Puesto que para muchos seguirá siendo un sueño disponer de un campo de entrenamiento con calefacción bajo el césped, deberá apelarse a la propia inventiva para suplir los huecos de última hora provocados por la nieve y el hielo.

Carga	Pretemporada competición	Primer período	Período transitorio	Período intermedio	Segundo período competición	Postemporada
alta						
media						
baja						

Figura 4. *Dinámica de la carga en la temporada —Volumen de la carga — Intensidad de la carga*

Tampoco el traslado de todos los entrenamientos al pabellón cubierto constituye una solución enteramente satisfactoria, puesto que los partidos puntuables siguen jugándose durante esta época en campos abiertos, de forma que el acondicionamiento de los aspectos técnico-tácticos del juego a las condiciones invernales del terreno de juego es de gran importancia. Por la misma razón, claro que también por motivos de tiempo y dinero, se descarta en los aficionados un traslado del entrenamiento a regiones situadas más al sur.

CARGA FÍSICA DE LOS ENTRENAMIENTOS A LO LARGO DE UNA TEMPORADA

El Centro Deportivo de la Universidad Técnica de Munich en su departamento de fútbol llevó a cabo hace unos años entre los equipos de la liga de fútbol profesional (Bundesliga) y los equipos de aficionados un estudio acerca de la estructuración de los entrenamientos y la carga física que conllevan.

Este estudio demostró entre otras cosas que la curva de carga tiene forma de onda, en la que hay que diferenciar entre el **volumen de un entrenamiento** y la **intensidad de un entrenamiento**. La interacción de estos factores, unida a la frecuencia de los entrenamientos, da la carga del entrenamiento. En cualquier caso, en el momento del estudio todavía era vigente la pausa corta de invierno, así que la temporada se basaba todavía en una periodización simple.

El volumen de la carga resulta de la suma de las cargas individuales del entrenamiento.

La intensidad de la carga se calcula por ejemplo a partir de la velocidad de carrera, en m/s, o del número de saltos por minuto.

Considerando que ahora rige una pausa de invierno larga, en la Figura 4 se muestra la dinámica de la carga deseable, que se basa en una **periodización doble**.

MÉTODOS Y MEDIO CAMPO DE ENTRENAMIENTO EN EL PERÍODO INTERMEDIO

Pretemporada

En las 5-7 semanas que dura la pretemporada se mejorará la capacidad de rendimiento, poniendo el acento durante la primera mitad en el desarrollo y reforzamiento de la **resistencia básica, la velocidad, la fuerza y la flexibilidad**.

En la segunda mitad de la pretemporada se trabajará la capacidad de rendimiento específica en forma de ejercicios técnico-tácticos, junto con elementos de condición física. A esto se le añade que precisamente durante la pretemporada deben encontrarse

el **estilo apropiado**,

el **sistema adecuado**

Preparación física:	Técnica:	Táctica:
paseos por el bosque, juegos de resistencia, trabajo con intervalos, entrenamiento en circuito, relevos, trabajo con el balón medicinal, gimnasia de condición, ejercicios de salto, pequeños juegos	técnica del balón, trabajo con el péndulo, partidos de mini-fútbol, balón-tenis, dribling, juego de cabeza, disparo a portería	teoría en la pizarra, partidos de entrenamiento con asignación de funciones, ejercicios de táctica, experimentar sistemas de juego, juego de defensa y ataque, juego de contraataque, marcaje individual y en zona, pressing, fuera de juego, situaciones estándar

y la **alineación del equipo óptima**, que permita iniciar con buenos resultados la temporada.

Métodos y medio campo de entrenamiento en el **período intermedio** (Ver más abajo)

Primer período de competición

En los primeros 4 meses que suele durar el primer período de competición se perseguirán ante todo la **estabilización de la capacidad de juego a alto nivel**, se mejorarán las **habilidades técnicas y tácticas**, así como la potencia de salto y disparo y se intentará **alcanzar la máxima velocidad de desplazamiento y de reacción posible**.

Período transitorio

Las cuatro semanas del período transitorio sirven principalmente para la **regeneración de los jugadores** y puede iniciarse con una semana de recuperación pasiva. Después vendrán 3 semanas de recuperación activa, que se aprovecharán para la práctica de deportes alternativos (por ejemplo, tenis en pista cubierta, squash, natación, sauna, carreras relajadas, etc.).

Los torneos de fútbol sala frecuentes y a veces inevitables en esta época del año (y queridos por los jugadores) deberían considerarse asimismo parte integrante de la recuperación activa.

La fase de recuperación planificada de esta forma se ajusta en todos los sentidos a la potenciación del entrenamiento después de unas actividades deportivas que se han prolongado durante todo el año, permite estabilizar la capacidad de rendimiento en un determinado nivel y mejora al mismo tiempo la disposición para el rendimiento para el período intermedio que sigue.

Período intermedio

El período intermedio sirve para la **preparación para el resto de la segunda parte de la competición**, que es cuando la lucha por el título y el descenso entran en su fase decisiva.

Para ello se dispone de un espacio de tiempo de 5-6 semanas, que sirve para **restablecer las capacidades de la condición física** así como **a la adecuación técnico-táctica del juego** a las condiciones del terreno imperantes en invierno.

Los objetivos son similares a los de la pretemporada, pero ahora se tienen las experiencias (fuertes/debilidades) de la primera parte de la competición y deben considerarse además en la planificación y la realización de los entrenamientos las condiciones de esta época del año.

Métodos y medio campo de entrenamiento en la **primera vuelta del campeonato**

Preparación física:	Técnica:	Táctica:
ejercicios específicos de fútbol a ritmo máximo, trabajo en circuitos incidiendo en la velocidad, la regularidad del ritmo, la potencia de arrancada y la flexibilidad, trabajo con el balón medicinal	mejora de la técnica con el balón, juegos con funciones variables, remate a portería, juego de cabeza, entradas, pases y centros, pequeñas combinaciones, juego al primer toque, paredes, driblings	enseñanza de las variantes tácticas en base a los partidos de competición pasados (fuertes/debilidades), partidos con alternancia de ritmo y funciones, partidos en superioridad/inferioridad, ataque contra defensa, táctica de las situaciones de juego específicas (golpe franco, saque de esquina, cambio del juego, pressing, marcaje en zona)

Segundo período de competición

La segunda parte de la competición dura 3 meses justos y abarca el punto álgido de la competición así como su desenlace.

Aquí se demuestra si pueden alcanzarse las metas fijadas. En esta fase tiene gran importancia la motivación de los jugadores, debiéndose fijar nuevas metas (alicientes), especialmente cuando ya no puede conseguirse el ascenso y está asegurada la permanencia en la categoría.

Las metas del entrenamiento y con ello también los métodos y los medio campo a tomar en el entrenamiento son iguales a los de la primera parte de la competición. En el ámbito táctico se planificarán y aplicarán mediante ejercicios prácticos de juego los conocimientos adquiridos en los partidos de ida acerca de los contrarios.

Postemporada

Esta fase transcurre bajo la divisa de la recuperación activa, la adquisición de nuevas fuerzas y de crearse ciertas ilusiones y alicientes con vistas a la temporada venidera.

Durante esta época los jugadores deberían aprovechar para planificar sus vacaciones, desconectarse del fútbol y dedicarse a otros deportes alternativos, para adquirir una cierta capacidad de rendimiento básica.

PLANIFICACIÓN Y CONTENIDO DE UNA SESIÓN DE ENTRENAMIENTO

Cada sesión de entrenamiento representa un elemento de la planificación total del entrenamiento para una temporada y debe planificarse siguiendo una metodología.

Planificar significa en este caso que hay que considerar una serie de factores y magnitudes de influencia, pero que también deben fomentarse la improvisación y la espontaneidad.

Cada sesión de entrenamiento se divide en tres partes, orientadas hacia los objetivos del entrenamiento:

¿Qué es lo que quiero enseñar, qué es lo que quiero lograr?
Como principio básico rige que una sesión de entrenamiento se planifica a partir de su parte principal.

Métodos y medio campo de entrenamiento en el **período intermedio** (Pág. 40)

Preparación física:	Técnica:	Táctica:
entrenamiento de resistencia en el campo y en pista cubierta, juegos de resistencia, trabajo con intervalos, entrenamiento en circuito, entrenamiento de fuerza en pista cubierta, trabajo con el balón medicinal, gimnasia de condición, relevos, juegos en pequeños grupos	fútbol-sala, ejercicios de coordinación, pases laterales verticales y en diagonal, remate a portería, centros, driblings, paredes	Teoría, adaptar el juego a las condiciones del terreno en invierno (juego amplio, control del balón, entrega, dribling, entradas, etc.), marcaje apresurado y pressing, combinaciones, uno contra uno, situaciones estándar

1. Introducción o calentamiento

Sirve para la aclimatación física y psicológica con el objetivo de calentar y de motivar a los jugadores para alcanzar la disposición para el rendimiento necesaria para las siguientes fases de esfuerzo físico del entrenamiento.

Los ejercicios deberían comprender todo el cuerpo, carreras suaves con gimnasia y estiramientos así como pequeños juegos con el balón.

La duración del calentamiento depende de las condiciones climatológicas y del consiguiente esfuerzo y debería situarse entre los 20 y los 25 minutos.

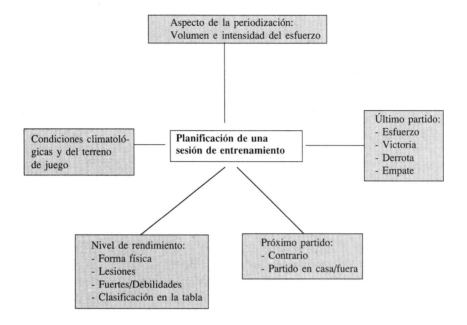

2. Parte principal - Logro de objetivos

Su contenido viene determinado por el objetivo en sí del entrenamiento y abarca el aprendizaje o el asentamiento de los elementos técnico-tácticos y del comportamiento en el juego así como de la mejora y mantenimiento de la condición física.

Aquí deben observarse los siguientes principios:

- Una relación correcta entre recuperación y esfuerzo.

- Un orden lógico de los diferentes ejercicios: los ejercicios técnicos, que exigen una gran concentración, se colocan al principio de esta parte principal. Lo mismo es aplicable a los ejercicios de velocidad y potencia de arrancada, si se desean obtener los efectos deseados. Así, por ejemplo, el entrenamiento de tiros a portería con consideraciones técnicas vendrá al principio de la parte principal. En cambio, los ejercicios de disparos a portería, donde prevalecen las consideraciones tácticas, irán al final de la parte principal.

- No sobrecargar el entrenamiento, es decir, no intentar entrenar demasiados elementos.

Para esta parte se contará con un 60 % del tiempo total del entrenamiento, es decir, unos 40-50 minutos.

3. Final o vuelta a la calma

Aquí se intentará aplicar a la práctica futbolística las formas de juego enseñadas en la parte principal, demostrando lo que se ha aprendido y procurando relajar (enfriar) el organismo.

Para ello son indicados principalmente los partidos con dos porterías o partidillos con incidencia en determinadas tareas, que vendrán seguidos de las carreras con baja intensidad obligatorias.

Tiempo: aprox. 20-30 minutos.

En la planificación del esfuerzo y de los contenidos el entrenador se orienta por una parte en la dinámica de carga perseguida en función de la periodización (Figura 4, pág. 38) y por otra en el nivel actual de rendimiento del equipo, donde además deben considerarse factores de influencia externos. Así, por ejemplo, después de derrotas deberían introducirse ejercicios que sean fáciles y realizados con ganas por los jugadores, para recuperar la moral y elevar los ánimos hundidos.

En cambio, después de las victorias deben evitarse las manifestaciones de superioridad y que el equipo siga "teniendo los pies sobre el suelo".

LA CONCENTRACIÓN EN LA PRETEMPORADA
(stage)

Un creciente número de equipos tiende a incluir una concentración de entrenamiento de varios días como parte fija de la pretemporada. La razón de llevar a cabo una concentración en el marco de la pretemporada es su creciente popularidad entre los jugadores y entrenadores. Viene a ser una buena opción en las pretemporadas no precisamente muy apreciadas entre los futbolistas y permite durante unos días concentrarse completamente en el fútbol.

El cambio de localidad que en la mayoría de casos trae consigo una concentración, el nuevo entorno, las actividades diarias dirigidas enteramente al entrenamiento y al juego, así como la posibilidad de conocerse mejor suponen un estímulo y una motivación adicional para los participantes.

En cualquier caso, para los aficionados la duración de una concentración dependerá menos de las necesidades específicamente futbolísticas que de la disponibilidad de tiempo (a menudo tiene que sacrificarse para ella una parte de las vacaciones anuales) y de los medios económicos.

Pero, independientemente de si sólo se ha previsto un fin de semana largo o, en cambio, una semana, las concentraciones exigen una planificación minuciosa y sistemática.

OBJETIVOS DE UNA CONCENTRACIÓN
La cuestión acerca del objetivo
¿Qué se persigue con la concentración?
viene determinada por los contenidos de la misma.

Son factibles entre otros los siguientes objetivos, no siendo determinante el orden de los mismos:
- Fomentar las relaciones interpersonales y la integración de los nuevos jugadores en el equipo.
- Mejorar las capacidades de la condición física.
- Optimizar el dominio y las capacidades técnico-tácticas individuales y del equipo.
- Poner a punto la alineación más fuerte del equipo con vistas al inicio de la temporada.

En la estructuración del programa deberán preverse además suficientes espacios de tiempo libre para los jugadores, ya que un programa de concentración planificado hasta el último detalle oprime demasiado a los jugadores y posiblemente merme la ilusión con que se acomete.

LA ELECCIÓN DEL MOMENTO CORRECTO

Junto a los objetivos fijados deben tenerse en cuenta los diferentes niveles de forma física entre los jugadores, dependiendo ello de en qué momento de la temporada se haga el stage:

Al principio, a mitad o al final de la pretemporada.

Es ventajoso efectuar la concentración al principio o mejor aún a mitad de la pretemporada, ya que los jugadores tienen una buena condición de base. El final de la pretemporada no es por experiencia tan adecuado, ya que después de una concentración los jugadores se encuentran en un bajón de rendimiento.

LA RELACIÓN CORRECTA ENTRE ESFUERZO Y RECUPERACIÓN

La moderna metodología del entrenamiento fomenta la alternancia sistemática entre esfuerzo y recuperación. Durante una concentración existe el peligro de que las fases de esfuerzo sean muy intensas, y por el contrario las fases de recuperación no estén en consonancia, resulten demasiado cortas e incluso con contenidos de entrenamiento inadecuados.

La fase de recuperación sirve por una parte para la necesaria regeneración y permite una subida del rendimiento. El ejercicio físico tiene como consecuencia el consumo de energía, lo que reduce la capacidad de rendimiento. El cansancio que trae consigo este agotamiento de las reservas de energía obliga al organismo a amoldarse al esfuerzo (adaptación). Si la fase de recuperación es suficientemente larga, el nivel de rendimiento alcanzado volverá a su punto de partida.

Las siguientes medidas contribuyen en buena medida a una recuperación adecuada entre los diferentes esfuerzos:

- Sueño suficiente (imprescindible es un ambiente tranquilo y relajado).
- Pequeños paseos con aire rico en oxígeno (bosque).
- Masajes, baños, sauna.
- Alimentación correcta.

¿QUÉ DEBE OBSERVARSE EN LA PLANIFICACIÓN?

Las concentraciones a menudo se convierten en el núcleo de la pretemporada. **Deporte - Recuperación - Alojamiento - Cuidados - Tiempo libre**: Éstos son los factores que aseguran el éxito de una concentración.

En las concentraciones se combinan diferentes objetivos y en cierta forma son diferentes (jugadores, entrenador y ayudantes). Estos diferentes objetivos deberían ser conocidos, para que puedan ser cumplidos. Los jugadores por ejemplo aprecian además de sus expectativas deportivas la convivencia en el grupo y le conceden gran importancia. Debido a las grandes exigencias físicas son muy críticos con la comida y el alojamiento.

Las mejores posibilidades y condiciones de entrenamiento no sirven cuando hay mucho ruido en el hotel y/o los servicios son malos.

Una buena planificación previa ayuda a eliminar los aspectos negativos y a acabar con supuestos problemas. Pero también debería fomentarse el arte de la improvisación, es decir, la capacidad del entrenador de solucionar problemas imprevistos espontáneamente y con intuición, ya que a pesar de cualquier planificación previa no pueden preverse todas las situaciones.

ANTEPROYECTO DE LA PLANIFICACIÓN *(2 o 3 meses antes)*
- Confirmarlo con la directiva.
- Fijar los participantes (activos, jugadores, entrenador, médico del equipo, masajista, representante, ayudantes).
- Fijar la duración y las fechas (comprobar otros eventos).
- Planificar el lugar de concentración y la forma de transporte (furgoneta, autobús, tren, avión).
- Presupuesto y su aprobación (financiación).

ORGANIZACIÓN *(1 o 2 meses antes)*
Si fuera posible debería combinarse esta fase de la planificación con una visita del lugar previa:
- Elección del hotel con reserva y confirmación. Criterios de elección y motivos a favor podrían ser: número de las habitaciones dobles o individuales con ducha/baño, número de comidas con una posibilidad de conversación cuando se planifiquen las comidas y durante éstas, cuarto

de conversaciones con pizarra, proyector de transparencias, sauna y/o piscina, habitación con televisión, sala de estar, actividades de tiempo libre (tenis de mesa, tenis, gimnasio).

- Elección de las instalaciones deportivas con un chequeo previo por parte de los representantes.

- Elementos importantes del lugar de entrenamiento son: césped, campo de tierra, césped artificial, pabellón deportivo con/sin sala de musculación, zonas de bosque y praderas.

- Determinar los contrarios de similar nivel para los partidos de preparación, fijar las fechas confirmando las horas de final de los partidos.

- Elaborar el programa recreativo: teatro, cine, visitas, excursiones, natación, deportes alternativos.

- Elección del medio de transporte y en todo caso reserva de billetes o de un autobús.

- Información de los jugadores (planificación de las vacaciones)

PLANIFICACIÓN DEFINITIVA *(2 o 3 semanas antes)*

- Planificación definitiva de horarios y contenido de la concentración: Salida, horas de levantarse, horas de acostarse, desayunos y comidas, fijar el menú con el hotel, horas de entrenamiento, reuniones del equipo, pausas, actividades de tiempo libre, programa recreativo.

- Planificación del material: número de balones, balones medicinales, bande-rines, cuerdas para saltar, cintas elásticas.

- Vestimenta para el entrenamiento y los partidos: chándals de entrenamiento, equipo de fútbol dependiendo de los colores de los contrarios.

- Bebidas (agua mineral y bebidas deportivas)

- Distribución en las habitaciones.

- Fijar el conductor y las plazas en el coche.

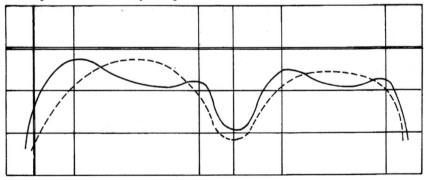

- Información oral y escrita a los jugadores sobre el objetivo, horarios y transcurso de la concentración.

Hora	Primer día (Mi)	Segundo día (Ju)	Tercer día (Vi)	Cuarto día (Sa)	Quinto día (Do)
7.00		Despertarse	Despertarse	Despertarse	Despertarse
7.15		Pequeño desayuno (yogur, requesón)	Pequeño desayuno	Pequeño desayuno	Pequeño desayuno
7.30		Paseo por el bosque	Paseo por el bosque	Paseo por el bosque	Paseo por el bosque
9.00		Desayuno abundante	Desayuno abundante	Desayuno abundante	Desayuno abundante
10.30		1. Sesión de entrenamiento (90 min.)	3. Sesión de entrenamiento (90 min.)	5. Sesión de entrenamiento (90 min.)	6. Sesión de entrenamiento (90 min.)
13.00		Comida	Comida	Comida	Comida
		Tiempo libre	Paseo por el bosque	Paseo por la ciudad	Conversación final y vuelta
17.00		2. Sesión de entrenamiento (105 min.)	4. Sesión de entrenamiento (105 min.)		
18.00	Salida				
19.45	Llegada, reparto de habitaciones, cena	Cena	Cena	Cena	Cena
21.00	Conversación de equipo: Objetivos de la concentración, organización, elección del director de juego	Teoría/Táctica (20 min.) Pase de películas	Teoría/Táctica (20 min.) Noche con concursos	Tiempo libre	
23.00	Acostarse	Acostarse	Acostarse	Acostarse	Acostarse

Tabla 1. Plan diario para una concentración de varios días (ejemplo)

EL ESTIRAMIENTO COMO PARTE DEL CALEN-
TAMIENTO Y EL ENFRIAMIENTO

El estiramiento (stretching) puede clasificarse entre el yoga y la gimnasia y ocupa un lugar fijo junto a la antigua gimnasia dinámica (con
sus flexiones, giros y rebotes).

El estiramiento fomenta la elasticidad y flexibilidad de los músculos
y articulaciones y reduce el peligro de lesiones por un mejor riego sanguíneo de los músculos. Un músculo fuerte y elástico hace frente al
desgaste mejor que uno fuerte y no elástico.

Se distinguen dos métodos de "stretching":

1. El estiramiento estático:
El músculo en cuestión es estirado hasta que se nota una ligera tensión, evitando que se produzca dolor, así oscilar o rebotar el miembro.

Este estado de estiramiento se mantendrá durante 15-25 segundos (dependiendo de cada uno), se relajará durante 2-3 segundos y volverá a
repetirse 2-3 veces dependiendo de la capacidad de estiramiento.

Durante el estiramiento se tendrá que respirar tranquila y relajadamente. Esta
forma del estiramiento es la utilizada más a menudo por los futbolistas.

2. El estiramiento de tensión-distensión
Este segundo método se diferencia únicamente en su conclusión, en
la que el músculo se relaja durante 8-10 segundos, antes de que siga
una fase corta de tensión de 1-2 segundos. Después el músculo (como
en el estiramiento estático) será estirado durante 10-15 segundos.

A continuación el proceso precedente de tensión-distensión-estiramiento será repetido 2-3 veces, en las cuales el estiramiento podrá reforzarse en cada ocasión, notándose así el progreso.

El programa total de estiramientos debería durar 10-12 minutos y abarcar todo el cuerpo.

De la cantidad de ejercicios (encontrados en KNEBEL y ANDERSON) se hizo un programa específico para los futbolistas, que en las próximas sesiones de entrenamiento sólo será mencionado de manera sucinta.

EJERCICIOS DE ESTIRAMIENTO

Es aconsejable empezar con el tronco, después seguir con las piernas y terminar con los muslos, hombros y brazos.

Musculatura del tronco

Con las piernas abiertas ligeramente, poner las manos en la nuca y con los codos hacia atrás girar el tronco (hacia derecha e izquierda).

Fig. 5: *Musculatura del tronco*

Musculatura del hombro/tronco

Postura con las piernas abiertas ligeramente, el codo izquierdo en la nuca, mientras con la mano derecha se presiona el codo derecho y se fuerza el giro lateral (hacerlo a derecha e izquierda).

Fig. 6: *Musculatura del hombro*

Musculatura del hombro/tronco
Postura con las piernas abiertas ligeramente, el brazo izquierdo extendido hacia un lado y estirar el brazo derecho hacia la izquierda, girar el tronco (hacia derecha e izquierda).

Fig. 7: Musculatura del tronco

Musculatura de la espalda
Arrodillado extender el abdomen hasta la posición vertical y estirar la columna vertebral.

Fig. 8: Musculatura de la espalda

Musculatura de la espalda
Estirar el brazo derecho y la pierna izquierda el máximo posible / hasta una posición vertical (hacerlo con izquierda y derecha).

Fig. 9: Musculatura de la espalda

Músculo del glúteo
Llevar la rodilla hacia el pecho con las manos.

Fig. 10: Músculos del glúteo

Abductores
En posición de sentados presionar con los codos las rodillas hacia fuera, mientras la parte superior del cuerpo queda derecha.

Fig. 11: Adductores

Fig. 12a: Adductores

Fig. 12b: Adductores

Abductores
Con las piernas ligeramente abiertas dejar el peso del cuerpo sobre una pierna y doblarla. Estirar la otra pierna (efectuarlo con derecha e izquierda).

Musculatura de los gemelos
Dando un paso hacia delante y dirigiendo el peso del cuerpo hacia delante. Las dos puntas de los pies miran hacia delante, el talón pegado al suelo, estirar la pierna posterior (efectuarlo con derecha e izquierda).

Fig. 13: Musculatura de los gemelos

Músculo cuadríceps (Kniestrecker)
Doblar la pierna hacia el interior cogiendo el talón en posición vertical (efectuarlo con derecha e izquierda).

Fig. 14: Músculo cuadríceps

Músculo bíceps femoral
Estirar una pierna (con ayuda de un compañero o banderín), estirar la punta del pie y estirar la rodilla. Con la mano presionar (efectuarlo con derecha e izquierda).

Fig. 15: Músculo bíceps femoral

Musculatura isquiotibial y bíceps femoral
Con las piernas abiertas, presionar las rodillas hacia atrás y doblar el abdomen.

Fig. 16: Musculatura del peroneo

Músculo cuadríceps y cadera
Dando un paso con la rodilla doblada estirar la otra pierna cogiéndola por el talón hacia delante (efectuarlo con derecha e izquierda).

Fig. 17: Músculo cuadríceps y cadera

Musculatura de la nuca
Con las piernas ligeramente abiertas, las dos manos unidas en la nuca y presionando la cabeza hacia delante.

Fig. 18: Musculatura de la nuca

Musculatura lateral de cuello/nuca

Con las piernas ligeramente abiertas, la mano derecha empuja la cabeza a un lado, el brazo izquierdo se estira en dirección al suelo (efectuarlo con derecha e izquierda).

Fig. 19: Musculatura lateral de cuello/nuca

Musculatura de los hombros

Con las piernas ligeramente abiertas, tirar los brazos hacia delante hasta que los codos estén completamente estirados.

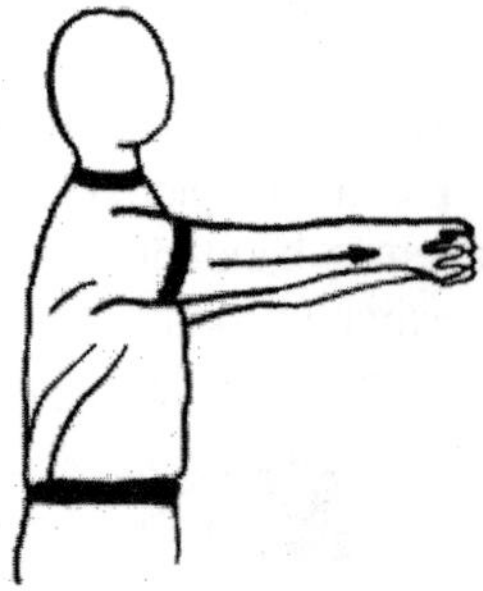

Fig. 20: Musculatura de los hombros

Musculatura del tronco/hombros

Con las piernas ligeramente abiertas, unir las dos manos y estirar hacia arriba con las palmas mirando hacia fuera. Estirar con el tronco y los brazos hasta el máximo posible.

Fig. 21: Musculatura del tronco/hombros

Musculatura de los hombros

Con las piernas ligeramente abiertas, poner un codo detrás de la nuca y con la otra mano tirar del codo hacia la espalda (efectuarlo con derecha e izquierda).

Fig. 22: Musculatura de los hombros

SESIONES DE ENTRENAMIENTO PARA UNA TEMPORADA

ASPECTOS GENERALES

A continuación se presenta un programa de entrenamiento completo para una temporada, que se divide en
- Pretemporada SE 1-SE 24 (6 semanas)
- Primer período de competición SE 25-SE 78 (18 semanas)
- Período intermedio SE 79-SE 102 (6 semanas)
- Segundo período de competición SE 103-SE 144 (14 semanas)
con sus respectivas sesiones de entrenamiento.

En la planificación y estructuración de las sesiones de entrenamiento se ha partido de la base de que (al igual que en el fútbol de élite) en la pretemporada debería entrenarse cuatro veces por semana y el resto del año tres.

La carga física que conllevan debe entenderse como una especie de valor medio, cuyo alcance e intensidad se orienta en la curva de la Figura 4 y que cada entrenador podrá variar hacia arriba o hacia abajo dependiendo del nivel de rendimiento de su equipo.

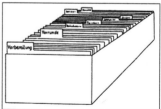

Fig. 23: Fichas de entrenamiento

Los contenidos y horarios indicados en las siguientes sesiones de entrenamiento deben entenderse como normas orientativas, que cada entrenador según su propio criterio y experiencia personal podrá modificar.

Aquí también deben considerarse las capacidades individuales de rendimiento (capacidad de carga, forma física) de los jugadores. Lo que es indicado para uno, puede ser contraproducente para otro. En todo caso superaría el marco de este libro el ofrecer indicaciones específicas para distintos grupos según su rendimiento.

Se ha comprobado en la práctica que lo esencial de estas sesiones de entrenamiento puede anotarse en una ficha DIN A6 para disponer así de una ficha con el entrenamiento básico.

De esta forma se sienta, junto con otras aportaciones (de la literatura especializada, entrenamientos, partidos, etc.), la base para una recopilación de informaciones en crecimiento, que incluirá todo lo que vale la pena saber y guardar sobre el entrenamiento, dirección de equipo, táctica, contrario, etc.

Los índices alfabéticos y las fichas necesarias para ello pueden encontrarse en cualquier papelería.

Como propuesta se da la siguiente posibilidad de división:

1. *Pretemporada*
2. *Primer período de competición*
3. *Período intermedio*
4. *Segundo período de competición*
5. *Postemporada*
6. *Entrenamiento especial*
7. *Entrenamiento de fuerza*
8. *Velocidad*
9. *Resistencia*
10. *Gimnasia, estiramiento*
11. *Pases en pared*
12. *Trabajo con el péndulo*
13. *Entrenamiento del juego de cabeza*
14. *Ejercicios con la cuerda*
15. *Ejercicios de tiro a portería*
16. *Variantes de golpe franco*
17. *Minipartidos*
18. *Formas de calentamiento*
19. *Relevos*
20. *Trabajo con el balón medicinal*
21. *Entrenamiento en círculo / rondos*
22. *Entrenamiento especial de la técnica*
23. *Entrenamiento en polideportivo cubierto*
24. *Entrenamiento especial para el portero*
25. *Entrenamiento especial para los defensas*
26. *Entrenamiento especial para los centrocampistas*
27. *Entrenamiento especial para los delanteros*
28. *Táctica*
29. *Dirección del equipo*
30. *Señalar los puntos fuertes/débiles del contrario*

SESIONES DE ENTRENAMIENTO PARA LA PRETEMPORADA

Semana	SE	Nº corr. SE	Página	Objetivo del entrenamiento
01	1	001	60	Inicio de la temporada familiarización con el balón
	2	002	62	Entrenamiento básico de la resistencia
	3	003	63	Entrenamiento básico de la resistencia
	4	004	65	Mejora de la técnica de balón, saques de esquina ofensivos
02	1	005	66	Entrenamiento básico de la resistencia
	2	006	68	Mejora de la fuerza de salto y de la fuerza-velocidad
	3	007	70	Mejora del juego al contraataque
	4	008	72	Mejora de la técnica del balón, saques de esquina en situaciones de defensa/ataque
03	1	009	73	Entrenamiento básico de la resistencia
	2	010	75	Mejora de la velocidad y del juego por las bandas
	3	011	77	Mejora del uno contra uno y del marcaje rápido defensivo
	4	012	79	Mejora de la organización de la defensa en el marcaje defensivo, del uno contra uno y del contraataque
04	1	013	81	Mejora de la velocidad
	2	014	82	Mejora de la capacidad de aceleración y de la resistencia
	3	015	85	Mejora del remate de remate a portería
	4	016	87	Enseñanza del fútbol-rápido
05	1	017	88	Mejora de la velocidad con y sin balón
	2	018	91	Enseñanza del pressing
	3	019	92	Mejora del remate después de combinaciones
	4	020	95	Enseñanza del juego en amplitud
06	1	021	97	Mejora de las capacidades de la condición física y de la técnica con el balón
	2	022	99	Asentamiento de la resistencia mediante ejercicios prácticos
	3	023	101	Mejora del remate a puerta mediante combinaciones
	4	024	103	Enseñanza del pressing

Semana: 1	SE	Nº corr. SE: 001	Duración: 95 min

Objetivo del entrenamiento: Inicio de la temporada, familiarización con el balón

Material para el entrenamiento: Cada jugador 1 balón, 4 banderines
Contenido del entrenamiento:

Calentamiento (25 min): Correr sin balón a lo ancho del terreno de juego
- Trote suave
- Dar saltos con rotación del tronco, rotación de brazos hacia delante/detrás
- Correr elevando las rodillas, con los talones juntos (skipping)
- Correr lateralmente, correr cruzando las piernas
- Cabecear saltando en cuclillas
- Cada 15 metros ponerse de puntillas, extendiendo el cuerpo y los brazos, aguantar durante 5 seg, seguir corriendo (repetir 5 veces)
- Carreras hacia delante y hacia atrás con frenada brusca, fintas y súbitos cambios de dirección
- El entrenador enseña un programa de estiramientos completo y corrige su ejecución

Técnica (35 min): Volver a familiarizarse con el manejo del balón mediante la combinación de ejercicios de técnica del balón y tipos de desplazamiento (Fig. 24)
Cada jugador tiene un balón y se mueve en y entre las cuatro zonas convenientemente marcadas A-D.

Serie 1:
- Zona A: Llevar el balón (30 seg)
- Con el pitido: conducción hasta la zona B
- Zona B: Llevar el balón (30 seg)
- Con el pitido: conducción hasta la zona C
- Zona C: Depositar los balones, correr hacia

delante/atrás y esquivar a los demás jugadores
- Con el pitido: conducción hasta la zona D
- Zona D: Correr lateralmente sin el balón, esquivar los balones y demás jugadores
A continuación "correr haciendo de sombra" por parejas durante 3 min con el balón por todo el terreno de juego.

Serie 2:
- Zona A: Hacer habilidades con el balón (1 min)
- Conducción hasta la zona B
- B: Llevar el balón hacia delante y hacia atrás con la suela combinando con conducciones hacia derecha e izquierda
- Conducción hasta la zona C
- C: Hacer habilidades con el balón (1 min)
- Conducción hasta la zona D
- D: Diversas fintas con el balón
A continuación correr por parejas (sin balón) durante 4 min alternando con conducción de balón.

Serie 3:
- Zona A: Conducción con fintas (1 min)
- Ir hasta la zona B haciendo habilidades con el balón
- B: Adelantar el balón y volver a elevarlo; a continuación golpearlo sobre la marcha con el interior o el exterior (1 min)
- Ir hasta la zona C haciendo habilidades con el balón
- C: Adelantar el balón y volver a elevarlo, controlándolo con la cabeza o el muslo (1 min)
- Ir hasta la zona D haciendo habilidades con el balón
- D: Adelantar el balón y volver a elevarlo, depositarlo delante de uno, esprintar esquivando a los demás jugadores
A continuación 2 min de pausa andando

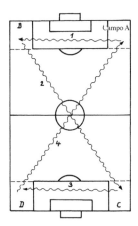

Fig. 24: Ejercicios técnicos con el balón y formas de desplazamiento entre las 4 zonas

Serie 4:
- Zona A: El jugador 1 le va pasando en carrera balones al jugador 2, que se los devuelve a medida que A corre (cambio después de 1 min)
- Cambio de las parejas de jugadores en la zona B con pases a un toque
- B: El jugador 1 lanza balones con la mano al jugador 2, que se los devuelve con la cabeza (cambio después de 1 min)
- Cambio de las parejas de jugadores en la zona C con pases al primer toque
- C: El jugador 1 lanza en carrera balones con la mano al jugador 2, que se los devuelve con el interior del pie (cambio después de 1 min)
- Cambio de las parejas de jugadores en la zona D con pases al primer toque
- D: Juego uno contra uno con contrario parcialmente activo (cambio después de 1 min)
A continuación 3 min de pausa andando y ejercicios de estiramiento

Para finalizar (25 min): Partido sobre todo el terreno de juego (sin asignar tareas fijas)
Organización:
- Nuevas incorporaciones contra el equipo antiguo
- Los mayores contra los más jóvenes o
- Solteros contra casados, etc.

Enfriamiento (10 min): Correr con el objetivo de un descanso sistemático (cool down) y con ejercicios gimnásticos de relajación

Semana: 1	SE 2	Nº corr. SE: 002	Duración: 95 min

Objetivo del entrenamiento: Entrenamiento básico de la resistencia

Material de entrenamiento: Ninguno

Contenido del entrenamiento:

Calentamiento (5 min): Trote suave

Condición física (80 min): Entrenamiento básico de la resistencia a través de carreras por el bosque (prado) sobre un circuito de aprox. 2.500 m. Deberá elegirse el ritmo de tal manera que los jugadores corran con la respiración forzada. Ritmo de referencia: 4 pasos inspirar, 4 pasos espirar.

1ª carrera: 2.500 m con trote relajado. Duración: 16 min. A continuación 5 min andando.

2ª carrera: 2.500 m con trote relajado. Duración: 15 min. A continuación 10 min de estiramientos.

3ª carrera: 2.500 m con trote relajado. Duración: 14 min. Un jugador se pone en cabeza cada 200 m. A continuación 5 min andando.

4ª carrera: 2.500 m con trote relajado. Los jugadores salen por parejas a intervalos de 20 sec. Duración: 13 min.

Para finalizar (10 m): Enfriamiento con una carrera a baja intensidad con ejercicios gimnásticos.

Semana: 1	SE 3	Nº corr. SE: 003	Duración: 95 min

Objetivo del entrenamiento: Entrenamiento básico de la resistencia

Material de entrenamiento: 10 balones, 8 banderines

Contenido del entrenamiento:

Calentamiento (25 min): Rondo 5:2 al primer toque, seguido de ejercicios de estiramiento, en los cuales el entrenador enseñará un programa de estiramientos específico para la competición.

Condición física (40 min): Entrenamiento básico de la resistencia en circuito. Dividir a

Fig. 25: Entrenamiento básico de la resistencia mediante un circuito de entrenamiento

los jugadores en 3 grupos. 1 min de pausa entre los cambios de zona (Fig. 25)

Zona 1 (12 min): Correr a paso ligero alrededor del terreno de juego, los jugadores se van relevando a la cabeza.

Zona 2 (12 min): Partido 3:3+1 con 4 porterías abiertas (3 m de ancho) en el centro del campo. Juego libre, en el que el jugador neutral juega con el equipo que posee el balón.

Zona 3 (12 min): Disparo a portería sobre las dos porterías normales (con PO).

Lado 1: Empezando desde la línea de fondo llevar el balón con rapidez y disparar a portería en el área de penalti contraria. Después de recoger el pase del portero cambiar al lado contrario.

Lado 2: Hacer habilidades con el balón a lo largo del terreno de juego y concluir en la portería contraria con un disparo.

Para finalizar (30 min): Partido entre 2 líneas (25 m de ancho) en una mitad del terreno de juego (2 campos de juego - 4 equipos) (Fig. 26).

Consiste en: "Se consigue un gol cuando un jugador consigue pasar la línea con el balón controlado". El equipo se queda en posesión del balón, contraataca inmediatamente hacia la meta contraria.

Punto fuerte: Juego de contraataque, si es posible jugar al primer toque.

A continuación carrera suave con ejercicios gimnásticos.

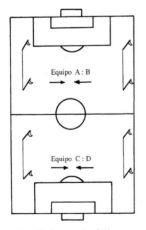

Fig. 26: *Juego entre 2 líneas*

Semana: 1	SE 4	N° corr. SE: 004	Duración: 90 min

Objetivo del entrenamiento: Mejora de la técnica del balón, saques de esquina en el ataque

Material de entrenamiento: Cada jugador 1 balón, material para balón-tenis

Contenido del entrenamiento:

Calentamiento (25 min): Rondo 3:1 al primer toque (15 min)

A continuación ejercicios de estiramientos (10 min) - 10 jugadores hacen un ejercicio de estiramiento distinto cada uno.

Técnica (10 min): Enseñanza del saque de libres directos

Para determinar el (los) especialista(s) disparando los jugadores lanzan alternativamente, empezando por el punto de penalti, y por encima del travesaño de la portería. Aumentar metro a metro la distancia. Los jugadores que no sean capaces de superar el larguero quedan eliminados y se dedican a hacer habilidades con el balón.

Quién tiene el disparo más potente.

Técnica (30 min): Mejora del manejo del balón

Balón-tenis dividiendo el terreno de juego en varios campos. 5-6 jugadores forman un equipo. El balón sólo puede botar en el suelo una vez, y cada jugador tocarla una vez. Por lo demás: saque con el pie, puntos y cambios de posición según las reglas del balonvolea.

Táctica: (25 min): Enseñanza del saque de esquina en el ataque (sin contrarios, pero con PO) (Fig. 28)

En la ejecución del saque de esquina hay implicados junto con el ejecutante 7 jugadores. Un jugador se coloca junto al primer poste jun-

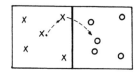

Fig. 27: Balón-tenis; Campo de aprox. 20 x 10 m; red de 1,5 m de altura

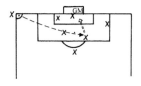

Fig. 28: Una posible disposición básica para el saque de esquina en un ataque

to al área pequeña y debe devolver los balones en corto hacia atrás. Un segundo jugador se coloca delante del portero contrario y está al acecho de fallos en la recepción. Un tercer jugador se encuentra en el límite contrario del área de penalti para aprovechar los balones que superen la defensa. Dos jugadores que van bien de cabeza se apostan en los límites del área de penalti a la altura del primer y del segundo poste. El sexto jugador (de disparo potente) se mantiene a unos 25 m de la portería con el propósito de convertir los balones rechazados en corto desde una segunda línea.

El entrenador designa a 2 ejecutantes (selección de especialistas del saque de esquina), que lanzarán los saques de esquina alternativamente desde la derecha y la izquierda. Realizarlo en las dos porterías.

Variante: Mediante un signo convenido se lanza el saque de esquina en corto, es decir, el jugador apostado en el área pequeña se dirige hacia el ejecutante, recibe el balón raso y lo devuelve. A continuación sigue pase largo por encima de la defensa al jugador más exterior, que centra. Los jugadores que no tomen parte en este ejercicio jugarán en el área de penalti contraria un rondo 5:3 con dos toques de balón.

Para finalizar, carrera suave.

Semana: 2	SE 1	Nº corr. SE: 005	Duración: 105 min

Objetivo del entrenamiento: Entrenamiento básico de la resistencia

Material de entrenamiento: 4 balones, 16 banderines

Contenido del entrenamiento:

Calentamiento (25 min): Correr con y sin balón en grupos de 2

- Carrera suave por grupos de dos por todo el terreno de juego
- Gimnasia en grupos de dos: 1 jugador muestra un ejercicio cada vez
- En grupos de 2, pases en carrera, modificando constantemente la distancia
Para finalizar ejercicios de estiramiento, en los que cada jugador muestra un ejercicio y el entrenador controla su correcta ejecución.

Condición física (55 min): Entrenamiento básico de la resistencia en grupos de cinco

Ejercicio 1 (10 min): Carrera de resistencia por todas las instalaciones deportivas
Ritmo recomendado: 4 pasos inspirar - 4 pasos espirar

Ejercicio 2 (5 min): Realizar técnica individual por grupos, obligatoriamente con 2 toques de balón

Ejercicio 3 (10 min): Carrera de resistencia por todas las instalaciones deportivas

Ejercicio 4 (5 min): Rondo 4:1 al primer toque sobre un campo delimitado (10 x 10 m)

Ejercicio 5 (10 min): Carrera de resistencia por todas las instalaciones deportivas

Ejercicio 6 (5 min): Gimnasia de estiramientos: El jugador mayor (o más joven) de cada grupo muestra los ejercicios

Ejercicio 7 (10 min): Carrera de resistencia por todas las instalaciones deportivas

Para finalizar (25 min): Partido con 3 equipos sobre todo el terreno de juego (Fig. 29)
El equipo A ataca al equipo B, que defiende, mientras que C descansa. Si el equipo B se hace

Fig. 29: Partido con 3 equipos

con el balón, el equipo A intentará recuperarlo con un pressing agresivo hasta la línea de medio campo. Si el equipo B llega a la línea de medio campo intentará hacer un gol al equipo C, mientras que ahora el equipo A descansa. A continuación, carrera de recuperación.

Semana: 2	SE 2	Nº corr. SE: 006	Duración: 85 min

Objetivo del entrenamiento: Mejora de la potencia de salto y de la flexibilidad

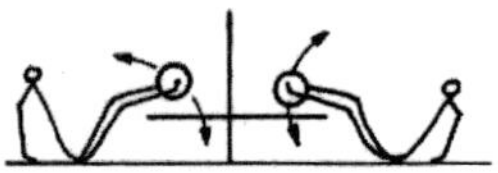

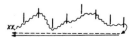

Fig. 30a: Reforzamiento de la musculatura abdominal

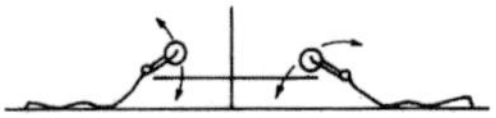

Material de entrenamiento: Cada jugador 1 balón, 30 banderines

Fig. 30b: Reforzamiento de la musculatura lumbar

Contenido del entrenamiento:

Calentamiento (25 min): Correr con el balón
- Conducir el balón con la parte interior del pie, con la exterior y con la planta del pie
- Malabarismos con el balón, elevación y golpeo y después correr detrás del mismo
- Con las piernas ligeramente separadas, pasar el balón alrededor del cuerpo a la altura de la cadera
- Con las piernas ligeramente separadas y el tronco flexionado pasarse el balón entre las piernas describiendo un ocho
- Sujetar el balón con ambas manos detrás del cuerpo, lanzarlo hacia delante por encima de la cabeza y recogerlo
- Conducción del balón con fintas y fintas
Para finalizar, estiramientos

Fig. 31: Hacer slalom con el balón

Condición física (50 min): Mejora de la potencia de salto y de la fuerza-velocidad mediante un circuito de entrenamiento en grupos de 2 (4)
Duración del trabajo: 2 min/zona
Pausa: 1 min (cambio de zona)
2 series (3 min de trote de recuperación entre la primera y la segunda serie)

Zona 1: Reforzamiento de la musculatura abdominal y dorsal (Fig. 30a; Fig. 30b)
- Coger el balón entre las piernas y desplazarlo a izquierda y derecha por encima de una barra (1 min)
- En decúbito supino, agarrar el balón con las manos y desplazarlo a izquierda y derecha por encima de una barra con los brazos extendidos (1 min)

Fig. 32: Mejora de la potencia de salto

Zona 2: Hacer slalom con el balón (Fig. 31)
- El primer jugador hace slalom con el balón entre los banderines colocados a intervalos de 2 m. El cuerpo estará siempre entre el balón y el banderín. Tras recorrer los banderines pasar el balón atrás al segundo jugador que se encuentra esperándolo, y correr detrás del balón.

Fig. 33: Juego de pases con vuelta alrededor de un banderín

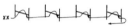

Fig. 34: Mejora de la potencia de salto con multisaltos sobre vallas

Zona 3: Mejora de la potencia de salto alternando pierna izquierda/derecha (Fig. 32)
- Salto lateral (con una pierna) desde la izquierda/derecha de la línea de banderines dispuestos a altura creciente.

Zona 4: Juego de pases con vuelta alrededor de un banderín (Fig. 33)
- Un jugador es activo durante 1 min, a continuación el otro. El jugador 1 pasa desde 15 m de distancia al jugador 2, que corre hacia el balón, lo devuelve, se gira y da la vuelta alrededor del banderín para encaminarse nuevamente hacia el balón.

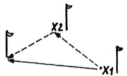

Fig. 35: Juego de pases en triángulo

Fig. 36: Mejora de la potencia de salto

Zona 5: Mejora de la potencia de salto (Fig. 34)
- Salto con las dos piernas por encima de las vallas colocadas a intervalos de 2 metros (con pausas de recuperación) con alturas crecientes.

Zona 6: Juego de pases en triángulo (Fig. 35)
- El jugador 1 pasa raso al jugador 2, que la desvía a la esquina libre, donde el jugador 1 la

intercepta. Cambio después de 5 pases.

Zona 7: Mejora de la potencia de salto (Fig. 36)
- Salto sobre una valla (que representa a un contrario) y cesión con golpeo de cabeza al otro jugador.

Zona 8: Partido 1:1 con 2 porterías abiertas (2 m de ancho, separadas 15 m)

Para finalizar (10 min): Carrera de recuperación (enfriamiento) por todo el terreno de juego

Semana: 2	SE 3	Nº corr. SE: 007	Duración: 105 min

Objetivo del entrenamiento: Mejora del contraataque

Material de entrenamiento: 10 balones, portería portátil normal, 8 banderines

Contenido del entrenamiento:

Calentamiento (25 min): Correr sin el balón a lo ancho del terreno de juego
- Trote relajado varias veces a lo ancho del terreno de juego varias veces
- Trote intercalando saltos (3 anchos del campo)
- Andar con rotación hacia delante/atrás de los brazos (2 anchos del campo)
- Skipping los talones (1 ancho del campo)
- Correr elevando las rodillas (1 ancho del campo) Skipping normal
- Ir andando y cada 10 m ponerse de puntillas durante 10 seg, con los brazos extendidos (1 ancho del campo)
- Correr de lado (1 ancho del campo)
- Correr cruzando las piernas (1 ancho del campo)
- Correr dando multisaltos con/sin giro del tronco (2 anchos del campo)

Fig. 37: Contraataque después de defender un saque de esquina

- Correr dando saltos (zancadas largas - 1 ancho del campo)
- Trote relajado con saltos de cabeza sobre varios anchos del campo.
Para finalizar, estiramientos

Táctica (25 min):. Enseñanza del cambio del juego por medio de la pared (al mismo tiempo entrenamiento de la resistencia)

Ejercicio 1 (12 min): Partido 8:8 en una mitad del campo con marcaje fijo al hombre. Cada pase de 30 m conseguido por un equipo significa 1 punto.

Ejercicio 2 (12 min): Partido 8:8 en una mitad del campo con marcaje fijo al hombre. Cada pared conseguida por un equipo significa 1 punto.

Táctica (40 min): Enseñanza del contraataque (rapidez del cambio)

Ejercicio 1 (20 min): Contraataque después de defender un saque de esquina (Fig. 37)
El equipo A (atacante) realiza 10 saques de esquina desde la derecha y 10 desde la izquierda e intenta rematar. Si el equipo defensor B recupera el balón, pasa rápidamente al ataque e intenta pasar a los dos puntas marcados y adelantar líneas (ganar espacio rápidamente).
El equipo A podrá, con excepción de los dos marcadores, perseguirles sólo hasta la línea de medio campo (obstaculizar). Después el equipo B culmina el ataque con superioridad numérica con el remate a la portería contraria.
Intercambio de los papeles después de 20 saques de esquina

Ejercicio 2 (20 min): Enseñanza del contraataque después de conseguir la defensa la pose-

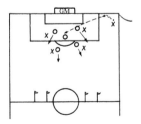

Fig. 38: Contraataque cuando la defensa se hace con el balón o por pase del portero

sión del balón o por saque del portero (realizar en las dos mitades del campo a la vez) (Fig. 38) El equipo A intenta convertir los centros desde la der/izq. Si el equipo B recupera con el balón intentará con un rápido contraataque marcar un gol en una de las dos porterías que están en el medio campo.
Intercambio de los papeles después de 10 min.

Para finalizar (15 min): Partido sobre todo el campo aplicando el contraataque, sobre todo tras los saques de esquina y cuando el portero se hace con el balón.

Semana: 2	SE 4	Nº corr. SE: 008	Duración: 90 min

Objetivo del entrenamiento: Mejora de la técnica del balón, saques de esquina en la defensa/ataque

Material de entrenamiento: 20 balones, material para balón-tenis

Contenido del entrenamiento:

Calentamiento (25 min): Balonmano 4:4 con juego de cabeza (15 min)
Partido de balonmano 4:4 en un campo marcado de 20 x 20 m. Se consigue un punto cuando un jugador del equipo que posee el balón o del equipo que defiende logra pasar el balón que recibe a otro jugador con la cabeza. Seguirá un programa de estiramientos de 10 minutos.
Técnica (25 min): Mejora de la técnica individual con balón
Balón-tenis en varios campos. 5-6 jugadores forman un equipo. El balón sólo puede botar una vez en el suelo, y cada jugador tocarlo sólo una vez.

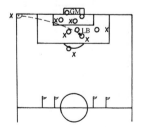

Fig. 39: Una posible disposición básica para el saque de esquina en la defensa

Por lo demás: Sacar el balón con el pie, puntuación y cambio de campo según las reglas del balonvolea (ver Fig. 27, pág. 65)

Táctica (30 min): Enseñanza del saque de esquina en la defensa/ataque (Fig. 39)
Disposición básica de los atacantes (ver Fig. 28, pág. 66)

Para defender un saque de esquina el equipo defensor tiene 9 jugadores dentro de su propia área de penalti. Un punta se queda delante, se mantiene alejado del libre contrario a fin de enlazar como mínimo con dos jugadores de la defensa.

Ocupar y cubrir los dos ángulos de la portería. Cada jugador marca a un contrario, mientras el libre cubre el espacio en peligro.

El equipo atacante lanza los saques de esquina alternativamente desde la derecha y la izquierda. En caso de hacerse con el balón el equipo defensor contraataca hacia las dos porterías abiertas de 3 m de ancho dispuestas en la línea de medio campo (es decir, desprenderse del contrario cuando se controla el balón). Se seguirá el remate en uno de los dos lados.

Para finalizar, carrera de recuperación

Semana: 3	SE 1	N° corr. SE: 009	Duración: 100 min

Objetivo del entrenamiento: Entrenamiento básico de la resistencia

Material de entrenamiento: Cada jugador 1 balón, una portería portátil normal, 12 banderines

Contenido del entrenamiento:

Calentamiento (25 min): rondo 6:3 al primer toque
Los jugadores forman 3 tríos, cuando uno de

Fig. 40: *Circuito en una mitad del campo con ejercicios técnico-tácticos*

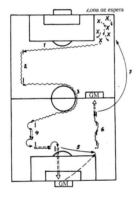

Fig. 41: *Circuito sobre todo el campo con ejercicios técnico-tácticos*

ellos comete un error pasan los tres al centro. Para finalizar, estiramientos

Condición física (45 min): Entrenamiento básico de la resistencia en un circuito de entrenamiento.

Ejercicio 1 (20 min): Circuito en una mitad del terreno de juego con ejercicios técnico-tácticos (Fig. 40)

Los jugadores van conduciendo el balón (malabarismos, conducir el balón, gimnasia) en una zona de espera y recorren el circuito saliendo a intervalos de 20 metros.

1. Autopase por el círculo central, rodeándolo por afuera
2. Slalom (con el balón pegado a los pies) entre los banderines
3. Amago de disparo al primer poste y picar al segundo poste
4. Cambiar al otro lado y recoger la entrega del portero
5. Avanzar, hacer una pared con el entrenador y terminar con un disparo a la segunda portería en la línea de medio campo
6. Ejercicios con el balón en la zona de espera

A continuación 2 min de estiramientos

Ejercicio 2 (20 min): Circuito por todo el campo realizando ejercicios técnico-tácticos (Fig. 41)

Los jugadores están con el balón en la zona de espera y salen a intervalos de 20 m

1. Conducciones rápidas sobre 30 m
2. 15 min de malabarismos con el balón (cabeza, pies)
3. Conducción rápida alrededor del círculo central
4. Al llegar a los banderines elevar el balón, adelantárselo con un golpe y recuperarlo. Después de la tercera marca tirar a portería.
5. Cambiar de lado y recoger la entrega del portero

6. Conducción rápida entre los banderines y concluir con tiro a portería en la segunda portería de la línea de medio campo
7. Ejercicios con el balón en la zona de espera
A continuación, 3 min de trote suave

Para finalizar (30 min): Enseñanza del juego con superioridad/inferioridad numérica en un partido 6:3 (6:4) en ambas mitades del campo (Fig. 42)

Los equipos de seis jugadores inician sus ataques desde la línea del medio, pero sólo pueden jugar el balón con 2 toques. Si es el equipo que defiende en inferioridad numérica el que posee el balón, tratan de hacer tiempo (aguantar el balón) jugando libremente. Después de 10 min 3 jugadores se pasan al equipo en inferioridad numérica. ¿Cuál es la mejor defensa?

A continuación, andar para recuperar

Fig. 42: Enseñanza del juego con superioridad/inferioridad numérica en un partido 6:3

Semana: 3   SE 2   Nº corr. SE: 010   Duración: 105 min

Objetivo del entrenamiento: Mejora de la velocidad y del juego por las bandas

Material de entrenamiento: Cada jugador 1 balón, 12 banderines, una portería portátil normal

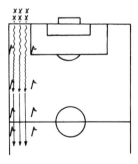

Contenido del entrenamiento:

Calentamiento (25 min): Partido de balompié-balonmano-baloncabeza

2 equipos juegan con 2 porterías normales (2 porterías en la línea de medio campo).

Deberá jugarse obligatoriamente con el pie, mano, cabeza y donde un gol podrá materializarse únicamente con la cabeza o el pie.

Fig. 43: Mejora de la velocidad con y sin balón

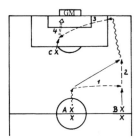

Fig. 44: *Pase hacia la banda con cambio de posición*

Fig. 45: *Pase hacia la banda con desdoblamiento por atrás*

Fig. 46: *El punta entra por la banda*

El jugador 1 conduce el balón con el pie y se lo pasa a otro compañero de tal manera que éste lo pueda coger con las manos. El lanzamiento con la mano de este último será cabeceado por el siguiente jugador, a partir de entonces podrá proseguirse el juego nuevamente con el pie.

El equipo que defiende sólo podrá defender el balón con el mismo sistema de juego.

Para finalizar, estiramientos

Condición física (20 min): Mejora de la velocidad con y sin balón en grupos de tres (Fig. 43)

Ejercicio: 2 series de 8 carreras cada una con 1 min de pausa entre cada repetición

2 min de pausa con estiramientos entre cada serie

Recorrido 1: Conducir el balón con un ritmo medio (16 m)

Recorrido 2: Conducir el balón a ritmo máximo (25 m) y dejarlo

Recorrido 3: Trotar sin el balón (20 m)

Recorrido 4: Esprint (10 m) y carrera relajada hasta la línea de fondo contraria

Táctica (45 min): Enseñanza del juego por las bandas como condición previa para el remate a portería.

Ejercicio 1 (15 min): Pase hacia la banda con cambio de posición (Fig. 44)

El jugador A pasa hacia la banda al jugador B (1), que inmediatamente hace un pase en profundidad al jugador A (2). El jugador corre a recoger el pase y centra desde la línea de fondo al jugador C (3), que remata directamente (4).

A continuación A se cambia a la posición de C, C a la de B y B a la de A.

Realizarlo en ambas bandas.

Ejercicio 2 (15 min): Pase hacia la banda con apoyo desde atrás (Fig. 45)

El jugador A pasa al exterior hacia B, que conduce el balón hacia el centro y a continuación cede hacia la banda al jugador A que viene desde atrás. A centra desde la línea de fondo a C, que concluye con un tiro a portería.
A se cambia a la posición de C, C a la de B y B a la de A.
Realizarlo en ambas bandas.

Ejercicio 3 (15 min): El punta entra por la banda (Fig. 46)

El jugador A pasa hacia la banda a B (1), que rápidamente la sirve en profundidad (2) al punta C que se cambia a la banda. C conduce el balón hasta la línea de fondo y centra (3) a los jugadores que le han acompañado, siendo A el que cubre el ángulo largo y B el corto.

A continuación, B se cambia con C, C con A y A con B. Realizarlo en ambas bandas.

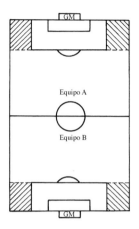

Fig. 47: Fomento del juego por las bandas mediante zonas prohibidas en las dos mitades del campo

Para finalizar (20 min): Partido por todo el campo poniendo el acento en el juego por las bandas marcando zonas prohibidas en las dos mitades del campo (Fig. 47).

En las zonas prohibidas el jugador que lleva el balón no puede ser atacado, por lo que podrá centrar sin obstáculos. Los goles que se consiguen como resultado de un centro valen por dos.

Para finalizar, carrera de recuperación

Semana: 3	SE 3	Nº corr. SE: 011	Duración:·100 min

Objetivo del entrenamiento: Mejora del uno contra uno y del marcaje rápido defensivo

Material de entrenamiento: 15 balones, una portería portátil normal, 8 banderines

Contenido del entrenamiento:

Calentamiento (25 min): Correr sin el balón en grupos de dos

- Correr a la sombra: Un jugador corre de diferentes formas, que su "sombra" reproduce
- Saltos de carnero (saltar-deslizarse entre las piernas)
- Saltar repetidas veces con una/dos piernas sobre el compañero puesto en cuclillas
- Boxeo ficticio
- Juego a tocar y parar: 2 jugadores se cogen de la mano e intentan tocar a otras parejas
A continuación ejercicios de estiramiento

Táctica (60 m): Mejora del uno contra uno y del marcaje rápido con cuatro zonas / 2 min de pausa con estiramientos antes de cambiar de zona (Fig. 48)

Zona 1: Juego 2:2 con 2 porterías normales y con dos porteros en un área de penalti doble (12 min)
Debido a la cercanía de las dos porterías se producen muchos uno contra uno, alternándose constantemente el comportamiento defensivo y ofensivo. Tener preparados balones de reserva. 3 partidillos de 4 min cada uno.

Zona 2: Conducción 1:1 (12 min)
3 jugadores con balón formando un triángulo contra un defensa. Los 3 jugadores intentan desde una distancia de 15 m sortear alternativamente al defensa y alcanzar el lado contrario haciendo uso de conducciones. Cambio del defensa después de 3 min.

Zona 3: Juego 1:1 (12 min)
3 jugadores con balón driblan en un espacio marcado (15 x 15 m) a un defensa.
Cambio del defensa después de 3 m.

Zona 4: Juego 2:2 (12 min)
2 jugadores con balón driblan en un espacio marcado (15 x 15 m) a 2 defensas.
Cambio de papeles después de 6 m.

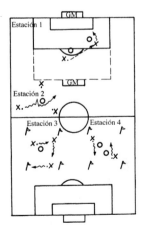

Fig. 48: *Mejora del uno contra uno y del marcaje rápido con 4 zonas*

Para finalizar (15 min): Partido sobre todo el campo poniendo el acento en el marcaje rápido. El jugador que lleva el balón en el equipo atacante debe ser atacado inmediatamente por 2 jugadores del equipo defensor.

Para finalizar, carrera de recuperación

Semana: 3	SE 4	Nº corr. SE: 012	Duración: 95 min

Objetivo del entrenamiento: Mejora de la organización de la defensa en el marcaje en zona, del uno contra uno y del contraataque

Material de entrenamiento: 5 balones, 12 banderines

Contenido del entrenamiento:

Calentamiento (25 min): Correr sin balón

- Un jugador designado por el entrenador realiza un calentamiento sin balón. Tras concluirlo, el entrenador llama la atención sobre eventuales errores y da indicaciones.

Táctica: Comportamiento de la defensa en el marcaje en zona, uno contra uno, contraataque (35 min)

Ejercicio 1: Partido 4:3 + 1 con 3 porterías abiertas (18 min)

Separadas entre sí 25 m hay 3 porterías abiertas dispuestas en formación de triángulo. El equipo A defiende con 4 jugadores dos porterías abiertas de 3 m. El equipo B defiende una portería abierta de 5 m, vigilada por un jugador, que no puede utilizar las manos y que después de cada ataque se cambiará con un compañero.

En el campo se da entonces la relación de superioridad numérica de 4:3. Lejos de la portería, el equipo defensor deberá frenar al contrario, pero cerca de la misma deberá atacar con

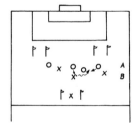

Fig. 49: Partido 4:3 + 1 con 3 porterías abiertas

agresividad y reaccionar adecuadamente a las conducciones y cesiones. Después de 10 m los equipos se cambian de lado. (Fig. 49)

2 min de pausa para hacer estiramientos

Ejercicio 2: Partido 4:4 sobre 2 líneas en un campo de 40 x 30 m (13 min)

Se consigue un punto cuando el equipo que posee el balón, consigue pasarlo a un compañero que se encuentre detrás de la línea de fondo contraria para que éste pueda cederlo a otro compañero dentro del campo. El equipo sigue en posesión del balón y contraataca inmediatamente hacia la línea de fondo contraria. El equipo defensor intenta mediante la contención o el marcaje rápido evitar el rápido contraataque y hacerse él mismo con el balón. (Fig. 50)

2 min de pausa para estiramientos

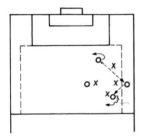

Fig. 50: *Partido 4:4 sobre 2 líneas*

Para finalizar (35 min): Partido 6 + 6 atacantes contra 4 defensores + PO

Desde el círculo central 6 delanteros inician el ataque contra los defensores, que forman una cadena de 4. La cadena de defensores debe desplazarse allí donde el contrario construye su ataque, es decir, atacar con agresividad cerca de la portería y únicamente contener lejos de ella. Si la defensa llega a hacerse con el balón, deberá cederlo inmediatamente a un jugador del otro equipo de 6 hombres, que se mantiene en el círculo central. Si lo logra superando la oposición de los anteriores atacantes, éstos obtendrán un punto negativo.

A continuación ataca el segundo equipo de 6 hombres (Fig. 51)

Para finalizar, carrera de recuperación

Fig. 51: *Partido 6 + 6 atacantes contra 4 defensores + PO*

Semana: 4	SE 1	Nº corr. SE: 013	Duración: 100 min

Objetivo del entrenamiento: Mejora de la velocidad

Material de entrenamiento: 10 balones, 4 banderines

Contenido del entrenamiento:
Calentamiento, (25 min): Rondo 5:3 con 2 toques de balón en un terreno de juego de 25 x 25 m
Para finalizar, carrera individual con ejercicios de estiramiento

Condición física (30 min): Mejora de la velocidad de reacción y de la de desplazamiento mediante carreras de persecución por grupos de dos (1 min de pausa entre cada esprint)

Ejercicio 1: Vel. de reacción en la salida y persecución después de una señal óptica (12 repeticiones) (Fig. 52)
2 jugadores se encuentran uno junto al otro a una distancia de 1 m y mirando los dos al entrenador. A los lados de los jugadores se marcan sendas distancias de 15 m.
Los jugadores reaccionan ante una señal del entrenador, que indica de repente con el pulgar la dirección a seguir. Si un jugador es capaz de tocar a su compañero antes de llegar al final del recorrido, éste tendrá que correr un recorrido extra.
A continuación 3 min de trote con ejercicios de estiramiento

Ejercicio 2: Velocidad de reacción en la salida y persecución después de una señal óptica (12 repeticiones) (Fig. 53)
2 jugadores se encuentran uno detrás del otro a una distancia de 1 m y mirando los dos al entrenador. Según la dirección de marcha de los jugadores se marca una distancia de 15 m.

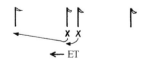

Fig. 52: Velocidad de reacción en la salida sobre 15 m a una señal con el pulgar del entrenador

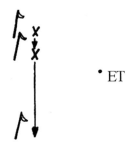

• ET

Fig. 53: Velocidad de reacción en la salida sobre 15 m a una señal con el balón del entrenador

Los jugadores reaccionan ante una señal del entrenador, que sostiene un balón con las dos manos y lo deja caer de repente. Si el jugador más atrasado logra tocar a su compañero antes de que éste llegue al final del recorrido, éste tendrá que correr un recorrido extra. En la siguiente salida se intercambian las posiciones.

A continuación 3 min de trote con ejercicios de estiramiento

Táctica (25 min): Mejora del uno contra uno mediante un partido 4:4 en un cuarto del campo (al mismo tiempo entrenamiento de la resistencia)

Ejercicio 1 (12 min): Partido 4:4 sin límite de contactos de balón. Si un equipo logra conservar el balón durante más de 5 toques, consigue un punto.

1 min de pausa

Ejercicio 2 (12 min): Partido 4:4 sin límite de contactos de balón. Cada pared conseguida supone un punto a su favor.

Para finalizar (20 min): Entrenamiento de las situaciones tipo (golpe franco, saque de esquina en el ataque y en la defensa, lanzamiento de penalti, saque de banda)

A continuación carrera de recuperación

Semana: 4	SE 2	Nº corr. SE: 014	Duración: 90 min

Objetivo del entrenamiento: Mejora de la velocidad y de la resistencia

Material de entrenamiento: 3 balones, 1 balón medicinal, 1 cinta elástica, 9 banderines, cada jugador una cuerda para saltar

Contenido del entrenamiento:

Calentamiento (25 min): Jugar a coger en el área de penalti

- Los jugadores se pondrán la cuerda de saltar detrás con las manos a la altura de la raya del pantalón y la cuerda tocando el suelo. 1 jugador intenta en 1 min coger todas las cuerdas posibles pisándolas

- 1 jugador hace de cazador, cada jugador puede librarse de ser cazador haciendo cinco flexiones antes de que lo toquen

- 1 jugador hace de cazador, el jugador que ha sido tocado debe colocarse la mano en el lugar donde ha sido tocado e intentar cazar a otro de esta manera.

Para finalizar, estiramientos

Condición física (35 min): Mejora de la velocidad y de la resistencia mediante un circuito de entrenamiento en grupos de dos

Ejercicio: 45 seg, pausa 60 seg; un jugador activo, mientras que el segundo descansa (función de soporte al otro)

Zona 1: Salto a la comba (impulso con una/dos piernas)

Los dos jugadores practican al mismo tiempo

Zona 2: Esprint sin balón en torno a 2 banderines separados 6 m. El jugador pasivo cuenta en voz alta el número de esprints.

Zona 3: Saltos de cabeza

El jugador pasivo sostiene el balón con las dos manos aprox. 30 cm sobre la cabeza de su compañero. Éste cabecea enérgicamente el balón con la frente. El jugador pasivo cuenta los cabezazos.

Zona 4: Describir ochos con el balón

Rodear los banderines colocados a intervalos de 4 m el máximo número de veces posible. El jugador pasivo cuenta las vueltas.

Zona 5: Saque con el balón medicinal

Con un lanzamiento conforme a las reglas, pasar el balón al jugador pasivo (y que cuenta los lanzamientos), que lo devuelve rodando por el suelo.

Zona 6: Tackling de deslizamiento (piernas separadas)

Practicar en 2 banderines colocados con una separación de 3 m alternativamente el tackling de deslizamiento sin balón. El jugador pasivo cuenta los intentos.

Zona 7: Carrera por la cinta elástica

Disponer a lo largo de la línea de banda del campo una cinta elástica y dentro del campo un banderín, que el jugador (con la cinta en el pecho) justo pueda alcanzar con la máxima tensión de la cinta. ¿Qué número de veces logra alcanzar la distancia desde el banderín hasta la marca?

Zona 8: Puntería desde el límite del área de penalti

En el centro de una portería se monta con 2 banderines (con un banderín haciendo de travesaño) una portería de 2 m de largo, donde el jugador debe meter el máximo número de goles posible. Sólo hay un balón en juego, así que el jugador en activo tiene que recoger él mismo el balón. ¿Cuántos goles puede conseguir?

Zona 9: Sentarse sobre el balón

Con 2 balones colocados con una separación de 3 m, el jugador activo se mueve rápidamente de un balón a otro, debiendo sentarse cada vez sobre éste.

¿Cuántos contactos de balón es capaz de conseguir?

Zona 10: Saltar por encima/arrastrarse por debajo de la valla lateral

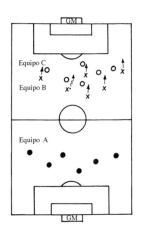

Fig. 54: *Partido 6:6:6 utilizando el pressing de ataque*

El jugador activo salta por encima de la valla lateral (barrera) y vuelve arrastrándose por debajo de la misma.

¿Cuántos saltos es capaz de conseguir?

A continuación trotar durante 10 min con ejercicios de estiramiento por todas la instalaciones deportivas.

Para finalizar (30 min): Partido con 3 equipos 6:6:6 (7:7:7) sobre todo el campo con dos porterías (Fig. 54)

El equipo A descansa, el equipo B ataca al C que defiende e intenta rematar a gol.

Si el equipo C se hace con el balón, el equipo B debe ejercer el pressing de ataque hasta la línea de medio campo, para recuperarlo. Después de la línea de medio campo, el equipo C intenta hacer un gol contra el equipo defensor A que defiende, mientras que el equipo B ahora descansa.

A continuación carrera de recuperación

Semana: 4	SE 3	Nº corr. SE: 015	Duración: 100 min

Objetivo del entrenamiento: Mejora del remate a portería tras un centro

Material de entrenamiento: 20 balones, una portería normal portátil, 12 banderines

Contenido del entrenamiento:

Calentamiento (25 min):

- Rondo 5:3 a 2 toques de balón en un terreno de juego delimitado (15 m)

- Trote relajado a lo ancho del campo (dando multisaltos, apoyando sobre los talones, elevando las rodillas, con rotación de los brazos hacia delante/atrás, velocidad de reacción y fintas con la parte superior del cuerpo); ejercicios de estiramiento para la musculatura de las piernas, abdominal y dorsal (10 min)

Observación: Los porteros calientan por separado

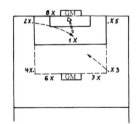

Fig. 55: Remate de centros en un área de penalti doble

Remate a portería (65 min): Remate de centros

Ejercicio 1: Doble área de penalti con 2 porterías normales, 8 jugadores y 2 porteros (Fig. 55).

Los jugadores 2, 3, 4 y 5 centran por este orden a balón parado al jugador 1, que remata a portería (a ser posible de volea).

Los 3 jugadores que no toman parte recogen los balones y se intercambian después de 90 seg.

¿Cuántos goles consigue el jugador en 90 seg?

El segundo grupo (8 jugadores) realiza una carrera de resistencia de 12 m. Después se cambia con el grupo 1.

Ejercicio 2: Como en el ejercicio 1, pero con la participación de 2 jugadores en el remate, que deberán enfrentarse a 1 defensa (Fig. 56).

Los jugadores 3, 4, 5 y 6 centran por este orden a los jugadores 1 y 2, que se desplazan alternativamente hacia el ángulo corto y el largo.

¿Cuántos goles consiguen los 2 jugadores contra 1 defensa en 90 seg?

El segundo grupo juega al mismo tiempo en la otra mitad del campo un 4:4 con 4 porterías pequeñas, poniendo el acento en el fútbol-rápido (12 min). Después se cambia con el grupo 1.

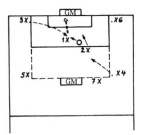

Fig. 56: Remate de centros en un área de penalti doble contra un defensa

Fig. 57: Partido 4:4 con 4 jugadores de recambio

Ejercicio 3: La mitad del campo con 2 porterías normales, líneas de banda prolongando las líneas del área de penalti (Fig. 57). Partido 4:4 con 4 jugadores de recambio.

Los jugadores de recambio se sitúan en las bandas. Pueden entrar en juego en cualquier momento, pero sólo podrán jugar al primer toque. A la orden del entrenador se sustituirá a un jugador. Los goles conseguidos por pase de un jugador de recambio valen por dos.

Para finalizar (10 min): Enfriamiento con carrera de recuperación por todo el terreno de juego

Semana: 4	SE 4	Nº corr. SE: 016	Duración: 90 min

Objetivo del entrenamiento: Enseñanza del fútbol-rápido

Material de entrenamiento: 4 balones, 20 banderines

Contenido del entrenamiento:

Calentamiento (25 min): Pases en grupos de 4 con el balón
- Pases en carrera desde la mitad del terreno de juego
- El jugador que recibe pasa directamente al siguiente jugador a medida que éste corre
- Ir a recibir el balón hacia el compañero que hace el pase.
- Sólo al primer toque
- Después de pasar el balón el jugador esprinta al espacio libre
- El jugador conduce el balón en esprint en dirección al espacio libre
Para finalizar, ejercicios de estiramiento

Táctica (45 min): Enseñanza del fútbol-rápido

Ejercicio 1: (Partido 5:3 con una portería triangular con PO en una MDC (15 min.) (Fig. 58)
Los goles sólo pueden conseguirse con un tiro directo a portería. El trabajo de la defensa deberá dificultarse mediante la utilización de frecuentes cambios de juego por parte del equipo atacante con superioridad numérica.

Ejercicio 2: Partido 5:3 con 2 porterías abiertas (6 m de ancho) con PO en una MDC con líneas de banda marcadas (15 min.) (Fig. 59)
Los goles del equipo con superioridad numérica sólo cuentan cuando se ha jugado el balón una vez en la zona derecha y en la zona iz-

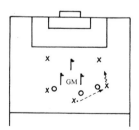

Fig. 58: Juego 5:3 con portería triangular

Fig. 59: *Juego 5:3 con 2 porterías abiertas*

Fig. 60: *Juego 8:8 con 4 porterías*

quierda antes del remate. El equipo con inferioridad numérica contraataca hacia la otra portería, pero el equipo con superioridad numérica sólo puede defenderse con 3 jugadores.

Si se juega sin portero, se estrecharán las porterías abiertas a 3 m.

Ejercicio 3: Partido 8:8 con 4 porterías (2 porterías normales con PO + 2 porterías abiertas de 3 m de ancho en las bandas) en una MDC (15 min) (Fig. 60).

El equipo atacante debe conseguir la superioridad numérica y rematar en una de las dos porterías (portería normal o abierta) mediante cambios rápidos del juego. Un gol después de un cambio de juego vale por dos.

Para finalizar (20 min): Partido 8:8 con 4 porterías

Como en el ejercicio 3, pero el equipo atacante puede marcar en cualquiera de las 4 porterías, con lo que después de cada tanto sólo podrá atacarse una de las 3 porterías restantes.

A continuación carrera de recuperación

Semana: 5	SE 1	Nº corr. SE: 017	Duración: 100 min

Objetivo del entrenamiento: Mejora de la velocidad con y sin balón

Material de entrenamiento: Cada 2 jugadores un balón, 4 banderines

Contenido del entrenamiento:

Calentamiento (25 min): Correr individualmente con/sin balón

Cada jugador realiza su programa de calentamiento por separado; él mismo decide su forma de carrera, la dirección y las combinaciones de saltos, al principio sin balón. Después de 15 min se empieza el trabajo de calentamiento con el balón.

A continuación ejercicios de estiramiento por parejas

Condición física (50 min): Mejora de la velocidad con el balón en grupos de 2

Ejercicio 1: Esprint después de pasar el balón
El jugador 1 lleva el balón y lo pasa a raso. El jugador 2 debe interceptar el balón en carrera y devolvérselo al jugador 1. Cambio de papeles después de 5 pases.
Pausa (2 min): Juego de cabeza

Ejercicio 2: Pases en pared
El jugador 1 lleva el balón y efectúa 10 paredes con la máxima intensidad con el jugador 2. Después, intercambio de papeles.
Pausa (2 min): Juego de cabeza desde la posición de sentado.

Ejercicio 3: Recogida de un balón parado
El jugador 1 lleva el balón, el 2 le sigue a 10 m de distancia. El jugador 1 para de repente el balón con la suela y se aleja. El jugador 2 corre hacia el balón y lo devuelve a 1. Cambio después de 2 min
Pausa (2 min): Juego de cabeza desde la posición de arrodillado.

Ejercicio 4: Esprint a por el balón
El jugador 1 se coloca con las piernas ligeramente separadas. El jugador 2 se acerca driblando el balón y le hace el túnel, para después correr los dos por el balón. Si el jugador 1 alcanza el balón antes que el 2, se cambian los papeles. El jugador 2 dispone de 5 intentos.
Pausa (2 min): Malabarismo con el balón

Ejercicio 5: Conducción en la situación uno contra uno
El jugador 1 dribla con el balón hacia el jugador 2 que recula y de repente se hace un autopase para que los dos corran por el balón. Si el jugador 2 alcanza el balón antes que el 1,

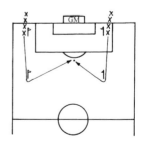

Fig. 61: Competición de tiro

se cambian los papeles. El jugador 1 dispone de 5 intentos.

Pausa (2 min): Saques de banda largos

Ejercicio 6: Carreras tras un globo

El jugador 1 conduce el balón y lo pasa a 2 con un pase alto para correr inmediatamente hacia el balón despejado directamente por 2. Cambio después de 5 pases altos.

Pausa (2 min): Los jugadores están espalda contra espalda y se entregan el balón con un giro del tronco.

Ejercicio 7: Competición de tiro (Fig. 61)

2 equipos: Un jugador de cada equipo se dirige al mismo tiempo a la señal del entrenador hacia el balón que se encuentra a 20 m de la portería, debiendo llegar inmediatamente para rematar luchando uno contra uno. ¿Qué equipo consigue más goles? 3 series.

Para finalizar, ejercicios de estiramiento y relajación.

Para finalizar (25 m): Juego en zonas con 2 equipos sobre todo el campo (Fig. 62)

2 DT:2 DE + 4:4 en el CC + 2 DE:2 DT

En las zonas marcadas del campo los jugadores mantienen sus posiciones, por lo que en cada zona se llega a una situación de 1:1. El equipo que tiene el balón intenta, jugando el balón fuera de la zona de defensa, pasar a uno de sus centrocampistas, que en combinación con sus compañeros debe jugar con los dos puntas marcados individualmente. No puede abandonarse la zona asignada a cada uno.

Después de unos 8 minutos se cambian los papeles, para que cada jugador pueda ejercer una vez la posición de un defensa, un centrocampista y un delantero.

A continuación carrera de recuperación

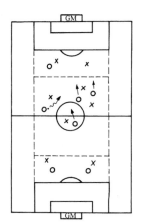

Fig. 62: Juego en zonas 2 DT : 2 DE + 4 : 4 en el CC + 2 DE : 2 DT

Semana: 5 SE 2 Nº corr. SE: 018	Duración: 90 min

Objetivo del entrenamiento: Enseñanza del pressing

Material de entrenamiento: 10 balones, 8 banderines

Contenido del entrenamiento:

Calentamiento (25 min): Rondo 4:2 con 2 toques de balón
Los jugadores forman 3 parejas; cuando uno comete un fallo se va con su compañero al centro.
A continuación estiramientos

Táctica (25 min): Enseñanza del marcaje en zona, del uno contra uno y del cambio de juego realizando un partido 5:5 con 2 porterías abiertas (3 m ancho, separadas 25 m) en cada banda de una MDC (Fig. 63).
El equipo que defiende cubre con 2 jugadores el espacio por delante de las dos porterías y dispone una línea defensiva de 3 hombres al equipo que está en posesión del balón. Esta línea se sitúa siempre cerca del balón e intenta obligar a los atacantes a realizar pases horizontales o conducciones.
El equipo atacante intenta obtener mediante un rápido cambio de juego una superioridad numérica frente a una de las dos porterías y concluir con un gol.
(Variante: tiro a portería directamente)

Táctica (30 min): Enseñanza del pressing de ataque y de mediocampo
El objetivo es crear situaciones de pressing de ataque y de mediocampo y la enseñanza de la consiguiente organización de la defensa (Fig. 64)
Forma de juego: 3 + 3 contra 4 + 2 con 1

Fig. 63: Partido 5:5 con 4 porterías abiertas

Fig. 64: Partido 3 + 3 contra 4 + 2

portería normal y 2 porterías abiertas en la línea de medio-campo (pressing de ataque) o 2 porterías abiertas en el área de penalti más alejada (pressing de mediocampo).

15 min de pressing de ataque

15 min de pressing de mediocampo

La defensa juega con una formación de 3 jugadores (un libre y 2 defensas) 3 centrocampistas con 2 porterías abiertas frente a 2 delanteros y 4 centrocampistas. El equipo que ataca contra la portería normal (con portero) practica en caso de pérdida del balón el pressing de ataque, provocando una apertura a los espacios de las bandas para que el contrario se vea en estrecheces de espacio y tiempo. Si el atacante consigue un gol en la portería normal se inicia un nuevo ataque desde la línea de mediocampo.

La defensa intenta contrarrestar el pressing y contraataca hacia las dos porterías abiertas.

Transcurrido el tiempo estipulado se retrasarán las dos porterías abiertas al área de penalty contraria y se practicará el pressing de mediocampo, iniciando el pressing desde la línea de medio campo.

Para finalizar (10 min): Carrera de relajación y estiramientos

Semana: 5	SE 3	Nº corr. SE: 019	Duración: 100 min

Objetivo del entrenamiento: Mejora del remate a portería después de combinaciones

Material de entrenamiento: 20 balones, una portería normal portátil, 6 banderines

Contenido del entrenamiento:

Calentamiento (25 min): Juegos de pillar en el área de penalti

10 min de trote relajado con ejercicios de estiramiento

Ejercicio 1: 1 jugador hace de cazador. Los jugadores perseguidos pueden salvarse antes de ser tocados si realizan 4 flexiones.

Ejercicio 2: 1 jugador hace de cazador. Hay 2 balones en juego. Quien está en posesión de un balón no puede ser tocado. El objetivo de los jugadores perseguidos es pasar un balón a los jugadores en peligro de ser tocados.

Ejercicio 3: 1 jugador hace de cazador. A excepción de un jugador (el perseguido) todos los demás se encuentran estirados en decúbito prono repartidos por el área de penalti. El jugador perseguido puede evitar que le toquen si logra estirarse al lado de un jugador. Este jugador se convertirá en el cazador, el cazador anterior en el perseguido.

A continuación ejercicios de estiramiento por parejas

Remate a portería (65 min): Diferentes combinaciones

Ejercicio 1: Tiro a portería después de una conducción y un centro rápido (Fig. 65)

En la mitad del campo con 2 porterías normales, 4 jugadores + 2 porteros. El grupo 1 con 8 jugadores (4 activos). Los porteros pasan los balones a sus compañeros de equipo a las bandas con la mano. Éstos conducen el balón con conducciones rápidas hasta la línea de fondo y centran el balón hacia los jugadores colocados en el centro para que rematen a portería.

A continuación cambio de posiciones

Después de 3 min entra en juego el otro grupo de 4

Segunda parte: Jugar por la otra banda. El segundo grupo (8 jugadores) juega al mismo tiempo en la otra mitad del terreno de juego un 4:4, en el que cada pared realizada supone un

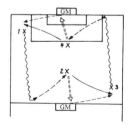

Fig. 65: Tiro a portería después de una conducción y centro rápido

punto (12 min). Después se cambia con el grupo 1.

Ejercicio 2: Tiro a portería después de una pared (Fig. 66)

Como en el ejercicio 1, pero después del pase del portero con la mano, se hace una pared con un jugador que se acerca y a continuación se centra desde la línea de fondo al compañero que se ha colocado en la posición para rematar a portería. Después se produce un cambio de posiciones.

Después de 3 min entra el otro grupo de 4 en el terreno de juego.

Segunda parte: Juego por la banda.

El segundo grupo juega al mismo tiempo en la otra mitad del campo un 4:4, partido en el que cada pase de 30 m conseguido supone un punto (12 min). Después se cambia con el grupo 1.

Ejercicio 3: Partido 6:6 con 2 extremos en cada equipo (Fig. 67). Se juega en una mitad del campo con 2 porterías normales y 2 zonas neutrales (5-6 m de ancho) en las bandas.

En las dos bandas del campo hay sendas zonas neutrales, donde se encuentra un jugador de cada equipo. Los jugadores de esta zona no pueden ser atacados, de forma que pueden centrar sin obstáculos. Los goles como consecuencia de un centro valen por dos. Tras la orden, este jugador se cambiará por otro (15 min).

Para finalizar (10 min): Carrera de recuperación por todo el campo

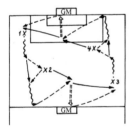

Fig. 66: Tiro a portería después de una pared

Fig. 67: Partido 6:6 con 2 extremos

Semana: 5	SE 4	Nº corr. SE: 020	Duración: 100 min

Objetivo del entrenamiento: Enseñanza del juego en profundidad

Material de entrenamiento: 10 balones, 8 banderines

Contenido del entrenamiento:

Calentamiento (25 min): Correr sin balón por todo el ancho del campo
- Trote relajado con ejercicios de estiramiento
- Andar de puntillas
- Correr con apoyo sobre los talones
- Correr dando multisaltos de altura/longitud
- Correr como si se andara sobre patines
- Velocidad de reacción hacia delante sobre carrera de espaldas.
- Gimnasia de estiramiento (saltos con una/ dos piernas sin moverse del sitio, giros del tronco, rotar los brazos hacia delante y hacia atrás, balancear la pierna a derecha e izquierda
- Estiramientos

Técnica (40 min): Mejora del juego en profundidad

Ejercicio 1: Pase largo en diagonal (10 min) (Fig. 68)
8 jugadores practican en dos grupos en una mitad del campo. Los primeros jugadores de cada grupo driblan con el balón a la altura del área de penalti en dirección al mediocampo y hacen un pase largo en diagonal al siguiente jugador del otro grupo. Para finalizar corren a ritmo medio hasta el final del otro grupo.

Ejercicio 2: Pases largos hacia zonas de juego (20 min) (Fig. 69)
4 jugadores se sitúan en zonas de juego formando un campo grande en una mitad del campo. Los otros 4 jugadores con balón empiezan al mismo tiem-

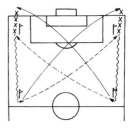

Fig. 68: Pase largo, pase en diagonal

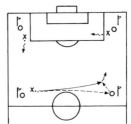

Fig. 69: Pases largos hacia zonas de juego

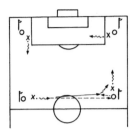

Fig. 70: *Pases profundos en carrera*

Fig. 71: *Tiro a portería después de un centro*

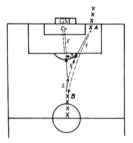

Fig. 72: *Tiro a portería después de una pared*

po con un pase largo hacia la siguiente zona de juego. Las zonas de juego devuelven el balón al jugador que lo recoge sobre la marcha tras controlarlo, lo pasa a la siguiente zona de juego.

Después de 5 min cambio de papeles, 2 series

Ejercicio 3: Pases largos en carrera, a zonas determinadas (10 min) (Fig. 70)

4 jugadores se colocan en zonas de juego formando un campo grande. Los otros 4 jugadores pasan el balón en carrera largo al siguiente compañero y siguen el balón. Cuando el grupo de 4 jugadores ha cubierto todo el campo tras 4 pases, descansa y se cambia con los jugadores que estaban en las zonas.

Tiro a portería (20 min): Ejercicios de tiro a portería en grupos de 2

Ejercicio 1: Tiro a portería después de un centro (Fig. 71)

El jugador A pasa desde el círculo central un pase largo al jugador B, que está corriendo por la banda, después cae a la banda el jugador A. B se dirige al centro tras un pase en profundidad a A y remata el centro de A. Realizarlo por las dos bandas.

Ejercicio 2: Tiro a portería después de una pared (Fig. 72)

El jugador A pasa desde la línea de fondo un balón largo al jugador B que viene corriendo desde la línea de mediocampo y se encamina para hacer la pared con B, que concluye rematando a portería. A continuación, los dos jugadores cambian sus posiciones. Realizarlo por las dos bandas.

Para finalizar (15 min): Partido sobre todo el campo poniendo el acento en el juego en profundidad.

A continuación carrera de recuperación

Semana: 6	SE 1	Nº corr. SE: 021	Duración: 95 min

Objetivo del entrenamiento: Mejora de la condición física y de la técnica con el balón

Material de entrenamiento: 10 balones, 8 balones medicinales, 2 cintas elásticas, 18 banderines

Contenido del entrenamiento:

Calentamiento (25 min): Correr sin balón a lo ancho del campo
- Trote relajado con ejercicios de estiramiento
- Correr dando multisaltos con/sin rotación de ambos brazos hacia delante y atrás
- Correr cruzando las piernas
- "Saltos a la comba"
- Correr elevando las rodillas, apoyándose sobre los talones
- Desde el paso ligero ponerse en cuclillas, rebote y salto de cabeza
- Arrancadas con/sin fintas hacia delante/atrás
- Ejercicios de estiramiento

Condición física (45 min): Mejora de la condición física y de la técnica de balón en un circuito de entrenamiento por grupos de 4 (Fig. 73)
Cada ejercicio 45 seg, pausa 60 seg, 2 series

Zona 1: Pases entre 2 banderines (distancia de 15 m)
2 jugadores se pasan directamente el balón entre 2 banderines. Después de pasar cada jugador da una vuelta en torno al banderín antes de recibir nuevamente el balón.

Zona 2: Ejercicios con el balón medicinal
Cada jugador se coloca con las piernas abiertas y sujeta el balón medicinal entre las mismas, con un brazo por delante y el otro brazo por detrás en torno a una pierna. Cambiar rápidamente los brazos de adelante a atrás.

Zona 3: Esprint-trote sobre un cuadrado (15 m de lado)

Los jugadores rodean el cuadrado, alternando en cada lado el trote y el esprint

Zona 4: En la portería: Saltos de cabeza desde la posición de cuclillas contra el larguero.

Zona 5: Pases con cambio de posición

Los jugadores se colocan por parejas separados 10 m, se pasan el balón y van al final de la otra fila de jugadores.

Zona 6: Lanzamiento del balón medicinal desde la posición de cuclillas

Los jugadores lanzan hacia arriba el balón medicinal desde la posición de cuclillas y lo cogen por encima de la cabeza de un salto.

Zona 7: Correr contra la cinta elástica

Los jugadores se colocan por parejas una banda elástica en torno al pecho y se separan tensando la cinta.

Zona 8: Juego 1:1 en un espacio de 10 x 10 m.

Zona 9: Fútbol-tenis en cuclillas por encima de una portería pequeña.

Zona 10: Trabajo individual con el balón: Conducción rápida del balón (desplazarlo hacia atrás, girarlo, etc.) con fintas y cambios repentinos de dirección.

Para finalizar, 5 min de trote suave con ejercicios de estiramiento

Finalmente (25 min): Partido sobre todo el campo con PO

- 10 min a 2 toques de balón
- 15 min sin límite de toques en la mitad del campo propia sólo al primer toque

Para finalizar, carrera de recuperación

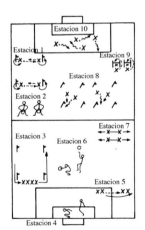

Fig. 73: Mejora de la condición física y de la técnica del balón mediante un entrenamiento en circuito

Semana: 6	SE 2	Nº corr. SE: 022	Duración: 100 min

Objetivo del entrenamiento: Mejora de la resistencia mediante ejercicios adaptados al juego

Material de entrenamiento: 10 balones, 20 banderines, 2 papeleras

Contenido del entrenamiento:

Calentamiento (25 min): Balonmano 4:4 sobre un cuarto del campo con una portería móvil

Un jugador del equipo que posee el balón lleva una papelera e intenta cazar, recoger con ella los lanzamientos de los jugadores del otro equipo. Cada "canasta" supone un punto. En caso de pérdida del balón se pasa la papelera al otro equipo.

A continuación ejercicios de estiramiento.

Tiro a portería (20 min): Carrera con remate a portería en grupos de 2

Ejercicio 1 (10 min): El poseedor del balón dribla desde la banda hacia el interior en dirección al área de penalti y pasa en diagonal al jugador que viene por detrás, que remata a portería. Realizarlo por las dos bandas (Fig. 74).

Ejercicio 2 (10 min): 1 delantero se sitúa en el área de penalti y remata los centros (cambio después de 5 balones). Los jugadores se colocan por parejas en la línea de mediocampo (ocupando la posición central y la banda). El jugador apostado en el círculo central hace un pase lateral hacia la banda y sigue a continuación al jugador que va driblando hacia el interior. Este último pasa al compañero que le sigue por fuera, quien lleva el balón hasta la línea de fondo

Fig. 74: Desdoblamiento por detrás y golpeo a portería

y centra sobre el delantero. Realizarlo por las dos bandas (Fig. 75).

Condición física (48 min): Mejora de la resistencia mediante ejercicios adaptados al juego

Ejercicio 1 (10 min): Partido 4:4 + 1 PO en una MDC

El portero se mueve libremente por la mitad del campo. Cada centro o pase largo que el portero ataja significa un punto para el equipo que tiene la posesión del balón. El juego se reanuda mediante un lanzamiento del portero al equipo que antes había realizado el trabajo de defensa. Antes de cada pase o centro hacia el portero el equipo que lleva el balón debe realizar 3 pases.

2 min de pausa con estiramientos

Ejercicio 2 (10 min): Partido 4:4 con cambio en una MDC

Se forman 4 equipos (2 rojos y 2 verdes) con 4 jugadores cada uno, donde siempre habrá 2 equipos en activo y que juegan un 4:4 en una mitad del campo. Los restantes 8 jugadores corren mientras tanto alrededor del campo. Si el equipo rojo tiene el balón los 4 jugadores de verde fuera del campo deberán acelerar el ritmo, si el equipo verde tiene el balón serán los 4 jugadores de rojo los que deberán acelerar el ritmo. Cambio después de 3 min.

2 partes

2 min de pausa con estiramientos

Ejercicio 3 (10 min): Partido 4:4 + 1 PO con varias porterías abiertas en una MDC

En la mitad del campo se encuentran distribuidas 5 porterías abiertas (4 m de ancho). Los goles puede marcarlos el equipo que tiene la posesión del balón desde delante y desde detrás. El portero tiene que proteger siempre la portería en peligro y cambiar a otra portería según se desplace el juego. No

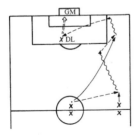

Fig. 75: Desdoblamiento por detrás, centro y remate a portería

está permitido disparar dos veces seguidas a la misma portería. Si el portero coge el balón, lo entrega al equipo que antes defendía.

2 min de pausa con estiramientos

Ejercicio 4 (10 min): Partido 5:3 en una MDC con 3 porterías abiertas (3 m de ancho). El equipo en superioridad numérica juega el balón con 2 toques y defiende 2 porterías abiertas. El equipo en inferioridad numérica juega libremente y defiende 1 portería abierta. Los goles pueden marcarse desde delante y desde atrás.

2 min de pausa con estiramientos.

Para finalizar, carrera de recuperación

Semana: 6	SE 3	Nº corr. SE: 023	Duración: 100 min

Objetivo del entrenamiento: Mejora del remate a portería después de combinaciones

Material de entrenamiento: 20 balones, portería normal portátil, 8 banderines

Contenido del entrenamiento:

Calentamiento (25 min): Balonmano, carrera suave, ejercicios de estiramiento

Ejercicio 1: Partido de balonmano 8:8 con 2 porterías normales en una mitad del campo sin PO. Se remata después de un pase con la cabeza o el pie. No se permite dar más de 3 pasos con el balón en la mano.

Ejercicio 2: Trote suave a lo ancho del campo con ejercicios de estiramiento. Los porteros calientan por separado.

Remate a portería (65 min): Remate a portería después de combinaciones

Ejercicio 1: Medio terreno de juego con 2 porterías normales, 8 jugadores + 2 porteros. Grupo 1 con 8 jugadores (4 activos) (Fig. 76)

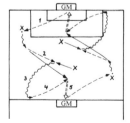

Fig. 76: Tiro a portería después de una internada

Los porteros pasan el balón con la mano a los jugadores que lo solicitan desde las bandas. Éstos pasan el balón al delantero centro que se dirige hacia ellos y corren hasta la posición de éste. El delantero centro se interna driblando por la banda y centra a su compañero, que culmina la jugada con tiro a portería.

Después cambio de posiciones.

Después de 3 min entra el otro grupo de 4 jugadores en el terreno de juego.

Segunda parte: Juego por la otra banda.

El segundo grupo (8 jugadores) juega al mismo tiempo en la otra MC un 4:4 con 2 porterías pequeñas (12 min). Después se cambia con el grupo 1.

Ejercicio 2: Tiro a portería tras centrar por encima de un defensa y abrir espacios de juego (Fig. 77)

La mitad del terreno de juego con 2 porterías normales, 8 jugadores + 2 porteros. Los porteros pasan el balón con la mano a los jugadores que lo solicitan desde las bandas. Éstos llevan el balón, hacen una pared con el delantero centro que se encamina hacia ellos y centran por encima del defensa al compañero apostado frente a la portería, que lo cede al jugador que viene desde atrás.

Después de cada minuto cambio de papeles.

Después de 12 min entra el otro equipo de 8 jugadores en el terreno de juego.

El segundo grupo juega al mismo tiempo en la otra mitad del campo un 5:3 con 2 toques de balón en un espacio delimitado.

Ejercicio 3: Partido 4:4:4 con 2 zonas de juego (Fig. 78)

Una mitad del campo con 2 porterías normales, 3 equipos con 6 jugadores cada uno + 2 porteros. Partido de 4 contra 4 contra 4 con 2 zonas de juego en la zona lateral (5-6 m de ancho). En ambas bandas del campo de juego se señala una zona neutral, donde se apuesta un jugador de cada equipo. El juga-

Fig. 77: Tiro a portería después de centrar por encima de un defensa y abrir el espacio a un jugador que viene desde atrás

dor que se encuentra en esta zona no puede ser atacado y se cambia después de cada ataque. El equipo A ataca al B, mientras que el equipo C descansa. A continuación, el equipo B ataca al equipo C, que defiende, mientras que A descansa. En la zona neutral sólo puede jugarse al primer toque. Un tiro a portería con éxito después de un pase desde la zona neutral vale por dos. Cada ataque debe concluirse en máx. 20 seg.

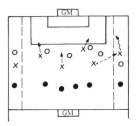

Fig. 78: Partido 4:4:4 con 2 zonas de juego

Para finalizar (10 min): Competición de tiro a portería (Fig. 79)

2 equipos con 8 jugadores cada uno. Los jugadores del equipo A disparan alternativamente desde el límite del área de penalti en una serie rápida a portería. Entonces tira a portería el equipo B (cambio de portero).

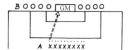

Fig. 79: Competición de tiro a portería

Segunda serie: Sólo con el pie "malo". Después de cada tiro fallado (al lado o por encima de la portería) todo el equipo tiene que esprintar en 10 seg en torno a la portería hasta el límite del área de penalti. 1 gol retirarse.

Para terminar, carrera de recuperación

Semana: 6	SE 4	Nº corr. SE: 024	Duración: 100 min

Objetivo del entrenamiento. Enseñanza del pressing

Material de entrenamiento: 10 balones, 4 banderines

Contenido del entrenamiento:

Calentamiento (25 min): Correr sin balón a lo ancho del campo
- Trote suave (varios anchos del campo)
- Correr dando dobles de triple (salto con zancadas largas)
- Correr de puntillas
- Trote con series de "saltos a la comba"
- Velocidad de reacción hacia delante sobre carrera de espaldas

- Correr sobre los talones
- Trote con saltos de cabeza
- Velocidad de reacción en carrera hacia delante
Para finalizar, estiramientos

Táctica (15 min): Partido 4:4 sobre 2 líneas en un terreno de juego de 40 x 30 m a lo ancho del campo (Fig. 80)

El objetivo es crear contraataques rápidos así como la mejora del uno contra uno. Se consigue un tanto cuando se consigue un gol, cuando el equipo que está en posesión del balón consigue pasar a uno de sus jugadores detrás de la línea de fondo del equipo contrario, de tal modo que pueda ceder directamente a uno de sus compañeros situado dentro del campo. El equipo sigue en posesión del balón y contraataca inmediatamente hacia la línea de fondo contraria. El equipo que defiende intenta frenar el juego mediante el marcaje rápido para evitar contraataques rápidos y recuperar asimismo el balón.

Táctica (30 min): Remate a portería y provocar una situación de pressing y el pressing se realiza con el juego 6:4 + PO con una portería normal en una mitad del terreno de juego (Fig. 81)

El equipo atacante empieza en la línea de medio campo e intenta rematar rápidamente a portería. Si pierde el balón aplica el pressing en el ataque. La defensa intenta conservar el balón, labor en la que puede participar el portero. Después de 7 min se cambian 2 delanteros por 2 defensas, respectivamente.

Para terminar (30 min): Partido sobre todo el campo de juego con 2 porterías poniendo el acento en el pressing

El equipo A practica durante 15 min un pressing en el ataque, mientras que el equipo B inicia su pressing sólo en la línea de mediocampo (pressing de mediocampo). Después de 15 min se cambian

Fig. 80: Partido 4:4 sobre 2 líneas

Fig. 81: Partido 6:4 con remate a portería y provocar una situación de pressing

los papeles. El entrenador vigila que los jugadores sepan reconocer correctamente la situación de pressing, reaccionen rápidamente y se organicen bien. Para finalizar, carrera de recuperación

SESIONES DE ENTRENAMIENTO EN EL PRIMER PERÍODO DE COMPETICIÓN

Semana	SE	Nº corr. de SE	Página	Objetivo del entrenamiento
01	1	025	107	Mejora de la capacidad de aceleración y del contraataque
	2	026	108	Enseñanza del juego en equipo y del uno contra uno
	3	027	110	Enseñanza del juego en equipo, del remate a portería y del marcaje en zona
02	1	028	111	Mejora de la velocidad y del contraataque
	2	029	113	Mejora de la técnica del pase y de la condición física
	3	030	116	Enseñanza de la técnica del balón, del uno contra uno y del remate a portería
03	1	031	118	Mejora del juego de equipo y del uno contra uno
	2	032	120	Enseñanza del pressing
	3	033	122	Mejora del remate a portería, del juego de cabeza y del dribling
04	1	034	125	Mejora de la velocidad
	2	035	126	Mejora del uno contra uno y del marcaje rápido
	3	036	128	Enseñanza del juego con superioridad numérica, mejora de la resistencia
05	1	037	129	Mejora de la velocidad y del uno contra uno
	2	038	131	Mejora de las capacidades generales técnico-tácticas
	3	039	133	Mejora del contraataque
06	1	040	135	Mejora de la velocidad, del uno contra uno y del remate a portería
	2	041	137	Mejora del remate a portería después de un centro
	3	042	139	Mejora del dribling y del remate a portería después de un centro
07	1	043	142	Mejora del juego en equipo así como del juego sin balón
	2	044	143	Mejora del contraataque y del remate a portería
	3	045	145	Mejora del juego contra una defensa reforzada
08	1	046	147	Enseñanza de la técnica del balón y del contraataque
	2	047	149	Mejora de la velocidad de desplazamiento y de juego
	3	048	151	Enseñanza del pressing

Semana	SE	N∫ corr. de SE	Página	Objetivo del entrenamiento
09	1	049	153	Estabilización de la resistencia
	2	050	155	Enseñanza de las capacidades generales técnico-tácticas
	3	051	157	Mejora de la velocidad y del juego por las bandas
010	1	052	159	Mejora de la técnica del balón y del juego en conjunto
	2	053	162	Mejora del remate a portería mediante combinaciones
	3	054	164	Juego después de las oportunidades de gol, pases largos
011	1	055	166	Mejora de la condición física y de la técnica del balón
	2	056	168	Estabilización de la velocidad con y sin balón
	3	057	170	Mejora del juego de equipo y de la velocidad en el juego
012	1	058	171	Estabilización de la resistencia mediante ejercicios específicos
	2	059	174	Mejora del remate a portería mediante centros desde la banda
	3	060	175	Mejora del juego de equipo, del contraataque y del tiro a portería
013	1	061	177	Enseñanza de las capacidades generales técnico-tácticas
	2	062	179	Enseñanza del pressing
	3	063	181	Aplicación de medios tácticos para presionar sobre el contrario y sobre el espacio de juego
014	1	064	183	Mejora de la velocidad en el juego y del uno contra uno
	2	065	185	Mejora del juego con amplitud
	3	066	187	Enseñanza del juego en conjunto del remate a portería y del marcaje en zona
015	1	067	189	Mejora del juego por las bandas
	2	068	191	Mejora del contraataque y de la finalización a portería
	3	069	192	Enseñanza del juego en conjunto y del remate a portería
016	1	070	194	Mejora del juego en conjunto, del remate a portería y de la defensa de la portería
	2	071	197	Enseñanza de la velocidad con y sin balón
	3	072	199	Enseñanza del pressing
017	1	073	200	Mejora de las capacidades generales técnicas y de la condición física
	2	074	203	Mejora del uno contra uno y del remate a portería
	3	075	205	Mejora del juego con superioridad/inferioridad numérica
018	1	076	207	Enseñanza del juego en conjunto
	2	077	208	Enseñanza del juego en conjunto y del tiro a portería
	3	078	210	Enseñanza del uno contra uno y del marcaje rápido de los mediocampistas

| Semana: 1 | SE 1 | N⁰ corr. SE: 025 | Duración: 100 min |

Semana: 1   SE 1   Nº corr. SE: 025   Duración: 100 min

Objetivo del entrenamiento: Mejora de la capacidad de aceleración y del contraataque

Material de entrenamiento: 5 balones, 8 banderines

Contenido del entrenamiento:

Calentamiento (25 min): Correr sin balón en grupos de 2. Alternativamente 1 jugador señala durante 2 min el camino a seguir, la forma de correr, los ejercicios de salto así como los ejercicios de gimnasia en carrera. A continuación ejercicios de estiramiento en conjunto

Fig. 82: Mejora del contraataque mediante un partido 7:7 + 2 jugadores neutrales

Condición física (25 min): Mejora de la capacidad de aceleración en grupos de 4 mediante esprints partiendo desde diferentes formas de salida

16 salidas, 2 repeticiones cada forma de salida, 1 min de pausa entre las salidas
- Trote hacia delante desde la línea de fondo sobre 16 m, esprint sobre 15 m, 2 x
- Trote de espaldas desde la línea de fondo sobre 16 m, esprint sobre 15 m, 2 x
- Salto a la comba desde la línea de fondo sobre 16 m, esprint sobre 15 m, 2 x
- Correr dando multisaltos desde la línea de fondo sobre 16 m, esprint sobre 15 m, 2 x
- Correr lateralmente desde la línea de fondo sobre 16 m, sprint sobre 15 m, 2 x
- Correr cruzando las piernas desde la línea de fondo sobre 16 m, esprint sobre 15 m, 2 x
- Saltos largos hacia delante desde la línea de fondo sobre 16 m, esprint sobre 15 m, 2 x
- Saltos en zigzag laterales desde la línea de fondo sobre 16 m, esprint sobre 15 m, 2 x

Fig. 83: Utilización del contraataque rápido mediante un partido 5:5:5 + 1 jugador neutral

A continuación 5 min de trote suave por todo el campo

Táctica (25 min): Mejora del contraataque (cambio rápido de la dirección de ataque) a lo ancho del campo mediante el juego 7:7 + 2 jugadores neutrales (Fig. 82)

En las dos bandas del campo se marca un espacio de juego de 10 x 10 m, donde se coloca 1 jugador neutral. El objetivo del equipo que está en posesión del balón es pasar al jugador neutral (no puede pisarse su zona). El equipo que lo consigue se anota un punto y el jugador neutral se cambia enseguida con el que le ha pasado. Después el equipo al completo invierte su dirección de ataque hacia la zona neutra contraria.

Para finalizar (25 min): Utilización del contraataque rápido mediante un partido 5:5:5 + 1 jugador neutral sobre todo el campo con PO (Fig. 83)

El jugador neutral (cambio cada 5 min) juega con el equipo que está en posesión del balón. Cada ataque debe concluirse en un tiempo máximo de 30 seg.

Finalmente carrera de recuperación

Semana: 1	**SE 2**	**Nº corr. SE: 026**	**Duración: 95 min**

Objetivo del entrenamiento: Enseñanza del juego de equipo y del uno contra uno

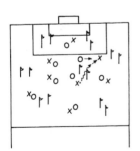

Fig. 84: Enseñanza del juego de equipo, del juego sin balón y del uno contra uno mediante un partido 8:8 con muchas porterías abiertas

Material de entrenamiento: Cada jugador 1 balón, 20 banderines

Contenido del entrenamiento:

Calentamiento (25 min): Trabajo con el balón en grupos de 4 en un espacio de juego de 10 x 10 m

- Conducir el balón con el interior/exterior del pie, con la suela, golpearlo hacia atrás, girarlo, etc.

- Conducir el balón, a una señal frenarlo con la suela dentro del grupo y seguir con el balón de un compañero

- Finta de pase: El jugador oscila el pie der. (izq.) sobre el balón, hace ver que pasa, pero se lleva el balón con la parte exterior del pie izq. (der.) en la dirección contraria
- Truco de Matthews: Llevar el balón con la parte interior del pie der. (izq.), adelantar un poco el pie hacia la izq. (der.) y salir con el exterior hacia el lado der. (izq.) el jugador contrario
- Rondo 3:1 al primer toque
A continuación ejercicios de estiramiento en grupos de 4, en los que cada jugador realiza por lo menos 2 ejercicios

Táctica (40 min): Enseñanza del juego de equipo, del juego sin balón y del uno contra uno mediante un partido 8:8 en una MDC con 8-10 porterías abiertas (3 m de ancho) (Fig. 84) (al mismo tiempo mejora de la resistencia)
En una mitad del campo se distribuyen 10 porterías abiertas. El entrenador forma en los dos equipos parejas según diferentes criterios (por ejemplo, defensor:delantero o competición entre jugadores de una determinada posición en el equipo). Se consigue un gol cuando un jugador con el balón atraviesa conduciendo una portería abierta y a continuación logra pasar a un compañero.
3 partes de 12 min cada una.

Táctica (20 min): Partido 5:3 + PO en una MDC con una portería normal, con posibilidad de contraataque hacia 2 porterías abiertas en la línea de medio campo (Fig. 85)
El equipo atacante juega con 2 delanteros + 3 centrocampistas contra 2 marcadores + libre.
El objetivo del atacante es complicar el trabajo de marcaje mediante el constante cambio de posiciones, con pases en profundidad que sorprendan y frecuentes paredes con el objetivo de conseguir un gol.
La defensa empieza con una ventaja de 2:0 e

Fig. 85: Partido 5:3 + PO con una portería normal, con posibilidad de contraataque hacia 2 porterías abiertas

intenta cuando posee la posesión del balón, temporizar y asegurar la posesión del balón para ganar tiempo y hacer un gol con un rápido contraataque hacia una de las dos porterías emplazadas en la línea de medio campo. Finalmente carrera de recuperación

Semana: 1	**SE 3**	**Nº corr. SE: 027**	**Duración: 100 min**

Objetivo del entrenamiento: Enseñanza del juego en equipo, el remate a portería y del marcaje en zona

Material de entrenamiento: 16 balones, 12 banderines

Contenido del entrenamiento:

Calentamiento (25 min):
- Carrera suave combinada con ejercicios de estiramiento (10 min)
- Rondo 6:2 al primer toque (cuadrado de 15 x 15 m): los jugadores forman parejas; cuando el compañero comete un error la pareja en cuestión va al centro (15 min)

Táctica (40 min): Enseñanza del juego en equipo en grupos de 4

Ejercicio 1 (10 min): Juego libre 4:4, 2 jugadores se ofrecen al poseedor del balón para el juego en corto (directamente al hombre), el tercer jugador para un pase largo (cambio de juego)

Ejercicio 2 (12 min): 4:4. En cada equipo se elige 1 jugador que sólo puede jugar al primer toque (4 x 3 min)

Ejercicio 3 (8 min): 4:4. Sólo se permite el juego al primer toque

Ejercicio 4 (10 min): 1 + 3:3 + 1. Un jugador de cada equipo se coloca en una banda del cam-

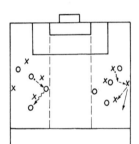

Fig. 86: Juego 1 + 3:3 + 1

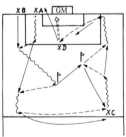

Fig. 87: Remate de centros después de un desdoblamiento por atrás, cambio de juego y pared

po. Si le pasan el balón, cambia al centro en lugar de quien le ha cedido el balón (Fig. 86)

Tiro a portería (20 min): Remate de centros después de un desdoblamiento por atrás, cambio de juego y pared (Fig. 87)

El jugador A lleva el balón desde la línea de fondo y lo pasa lateralmente al jugador B que le acompaña, llevando éste el balón hacia el interior. Antes de la marca, B pasa hacia la banda al jugador A, que le sigue y quien desde la línea de mediocampo lanza un pase largo al jugador C. C conduce el balón, hace una pared con B y centra desde la línea de fondo a D, que remata. C se cambia después con D. Realizar el ejercicio por la der. e izq.

Para finalizar (15 min): Enseñanza del marcaje en zona mediante un partido 8:8 en una MDC con 6 porterías abiertas (3 m de ancho) (Fig. 88)

Los equipos juegan con una disposición 3-4-1, es decir, 3 jugadores cubren las porterías, una cadena de 4 hombres forman el centro del campo, un jugador en la punta. El punta dificulta la construcción del juego por parte del contrario, la cadena de 4 hombres se desplaza hasta donde el contrario construye su ataque.

Finalmente carrera de recuperación

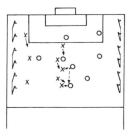

Fig. 88: Enseñanza del marcaje en zona mediante un partido 8:8

Semana: 2	SE 1	Nº corr. SE: 028	Duración: 100 min

Objetivo del entrenamiento: Mejora de la velocidad y del contraataque

Material de entrenamiento: 10 balones, 7 banderines

Contenido del entrenamiento:

Calentamiento (25 min): Correr sin el balón

en grupos de dos a lo ancho del campo
- Pases laterales en carrera
- Pases verticales alternativos: los jugadores se ceden alternativamente el balón con pases verticales
- El jugador 1 con el balón acosa al jugador 2 y utiliza fintas. El jugador 2 permanece pasivo.
- El jugador 1 lleva el balón y tras una finta con una arrancada rápida supera al jugador 2.
- El jugador 1 le sirve el balón con la mano al jugador 2 y éste lo devuelve de un cabezazo en carrera de espaldas.
- El jugador 1 le sirve el balón con la mano al jugador 2 y éste lo devuelve con el interior del pie en carrera de espaldas.

Finalmente ejercicios de estiramiento

Condición física (25 min): Mejora de la velocidad mediante relevos (Fig. 89)

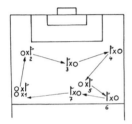

Fig. 89: Relevos sin fin

Señalar en una mitad del campo un trayecto con tramos de diferente longitud. Se forman 2 equipos. Cada marca representa una marca de cambio y está ocupada por un jugador de cada equipo, a excepción de la marca de salida, que está ocupada por 2 parejas. La salida de la siguiente pareja se indica cada vez con un golpe en la espalda.

Vence el equipo que logra cubrir primero todas las marcas.

Ejercicio: 4 series con salidas desde diferentes posiciones, 2 min de pausa después de cada serie.

Recorrido 1: De pie
Recorrido 2: Estirado en posición de flexión
Recorrido 3: Estirado boca arriba
Recorrido 4: Sentado

Táctica (30 min): Mejora del contraataque mediante un partido 5:3 (Fig. 90)

Fig. 90: Mejora del contraataque mediante un partido 5:3

5 delanteros contra 3 defensas en un espacio de juego de 20 x 20 m junto a la línea de

mediocampo. La defensa en inferioridad numérica tiene la posesión del balón. Cuando el equipo en superioridad numérica se hace con el balón los 5 delanteros contraatacan inmediatamente hacia la portería de la otra mitad del campo. El ataque debe concluirse como máximo en 6 pases antes del remate a portería, el jugador atacante que ha rematado el balón se cambia con otro jugador de la defensa. Después de un remate a portería el partido continúa con un 3:5.

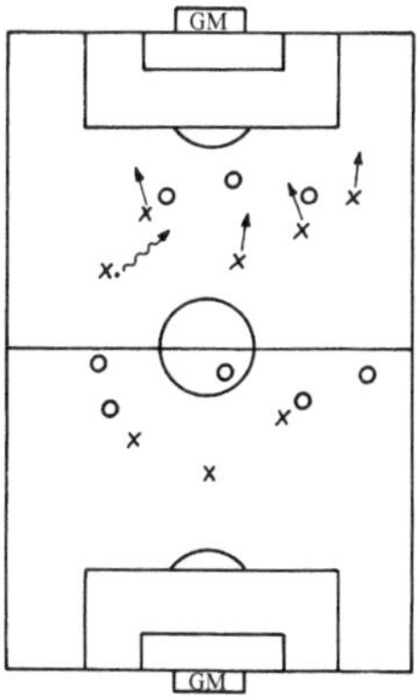

Para terminar (20 min): Utilización del contraataque rápido mediante un partido 8:8 sobre todo el campo (Fig. 91)

En cada mitad del campo juegan 5 delanteros contra 3 defensas. Cada equipo debe haber concluido su ataque como máximo en 8 pases. El objetivo de los equipos en inferioridad numérica es realizar pases largos a los 5 delanteros situados en la otra mitad del campo cuando estén en posesión del balón.

Finalmente carrera de recuperación

Fig. 91: Utilización del contraataque rápido mediante un partido 8:8

Semana: 2	SE 2	Nº Corr. SE: 029	Duración: 110 min

Objetivo del entrenamiento: Mejora de la técnica del pase y de la condición física

Material de entrenamiento: 10 balones, 12 banderines

Contenido del entrenamiento:

Calentamiento (25 min): Partido de balonmano 4:4 con pases de cabeza. En un cuarto del campo se juega un partido de balonmano 4:4. Cada pase que se logre pasar con la cabeza supone un punto.

A continuación ejercicios de estiramiento

Técnica (25 min): Técnica del pase en grupos de 3

- Realizar pases largos en carrera
- El jugador 1 pasa el balón al 2, que lo cede al jugador 3 que se encamina hacia él
- El jugador 1 pasa el balón al 2, que se lo cede directamente al jugador 3 a medida que éste corre
- El jugador 1 pasa el balón algo elevado (alto) al 2, que lo devuelve directamente con el pie o la cabeza al jugador 1, quien a su vez lo pasa a continuación con un disparo largo al jugador 3 que se desmarca
- El jugador 1 lleva el balón, hace una pared con el jugador 2, después con el jugador 3. Entonces sigue con el balón el jugador 2 (4 series)

Condición física (20 min): Mejora de la condición física en general en un circuito marcado (cada jugador por separado, 1 min de pausa después de cada recorrido) (Fig. 92)

Recorrido 1 (3 min)
1. Tramo: Trotar
2. Tramo: Acelerar
3. Tramo: Esprint
4. Tramo: Relajar ritmo

Recorrido 2 (3 min)
1. Tramo: Correr dando multisaltos
2. Tramo: Correr lateralmente
3. Tramo: Correr elevando talones
4. Tramo: Correr elevando las rodillas

Recorrido 3 (3 min)
1. Tramo: Correr hacia atrás
2. Tramo: Multisaltos sobre una pierna
3. Tramo: Saltos de cabeza
4. Tramo: Esprint

Recorrido 4 (3 min)
1. Tramo: Saltos en zigzag

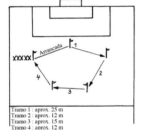

Tramo 1 : aprox. 25 m
Tramo 2 : aprox. 12 m
Tramo 3 : aprox. 15 m
Tramo 4 : aprox. 12 m

Fig. 92: *Diferentes formas de cubrir un circuito marcado*

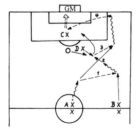

Fig. 93: *Combinaciones de ataque con un jugador que se desdobla por atrás y remate a portería*

2. Tramo: Saltar a la comba
3. Tramo: Saltos largos con las dos piernas
4. Tramo: Correr al trote

Recorrido 5 (3 min)
1. Tramo: Correr al trote
2. Tramo: Marcha atlética - Acelerar
3. Tramo: Marcha atlética - Máxima velocidad
4. Tramo: Marcha atlética - Frenar gradualmente

Tiro a portería (20 min): Combinación de ataque con un jugador que se desdobla por atrás y remate a portería (Fig. 93)
En el área de penalti se colocan 2 delanteros (C, D) contra 1 defensa. El jugador A conduce el balón desde la línea de mediocampo y abre al jugador B (1). B conduce el balón hacia el interior y pasa al jugador D que se encamina hacia él (2). Éste abre directamente hacia el jugador A que se desdobla por atrás (3).
A centra (4) sobre la marcha a los dos delanteros C y D, que intentan marcar gol frente a la oposición del defensa.
Cambio de los dos delanteros y del defensa después de 5 jugadas.
Realizar por las dos bandas.

Para terminar (20 min): Torneo de minifútbol en 2 campos de juego con 3 porterías abiertas en triángulo (Fig. 94)
4 equipos con 4 jugadores cada uno. En las dos mitades del campo se marcan dos campos con porterías abiertas en triángulo (3 m de ancho). Se sortean los equipos. Los goles pueden marcarse por los tres lados de las porterías, pero sólo de remate al primer toque.
Después de jugar 10 min se enfrentan los dos ganadores entre sí y los dos perdedores.
A continuación carrera de recuperación en grupo

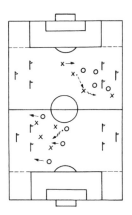

Fig. 94: Torneo de minifútbol con porterías abiertas en triángulo

Semana: 2	SE 3	Nº Corr. SE: 030	Duración: 100 min

Objetivo del entrenamiento: Enseñanza de la técnica del balón, del uno contra uno y del remate a portería

Material de entrenamiento: 20 balones, 12 banderines

Contenido del entrenamiento:

Calentamiento (25 min): Correr sin/con balón a lo ancho del campo.
- Trote, correr dando multisaltos, elevando las rodillas y los talones
- Correr de puntillas, sobre los talones
- Balancear las piernas: Apoyarse sobre la pierna izq. (der.), mientras que la pierna der. (izq.) se balancea desde el exterior der. (izq.) hasta el exterior izq. (der.)
- Saltos de rana sobre la marcha: acercar las rodillas al pecho
- Andar, cada 5 m hacer el ángel: doblar el tronco hacia delante, extender los brazos hacia los lados, levantar la pierna libre hasta la horizontal y permanecer en esta posición durante 5 seg
- Lanzar hacia arriba el balón en carrera y atraparlo de un salto
- Lanzar hacia arriba el balón sobre la marcha y atraparlo de un salto
- Correr lateralmente, hacer botar el balón con la mano der./izq.
- Lanzar hacia arriba el balón sobre la marcha, adelantársela de un disparo y seguir corriendo el balón
- Malabarismo con el balón a lo ancho del campo
- Ejercicios de estiramiento

Técnica/táctica (55 min): Enseñanza de la técnica del balón, del uno contra uno y del re-

Fig. 95: Enseñanza de la técnica del balón, del uno contra uno y del remate a portería en un circuito de entrenamiento con grupos de 4

mate a portería mediante un circuito de entrenamiento en grupos de 4 (Fig. 95)
Ejercicio: 12 min/zona, 1 min pausa (cambio de zona)

Zona 1: Partido 3:1 con remate a portería
El portero lanza con la mano a un grupo de 3. Este grupo intenta conseguir un gol frente a 1 defensa, sólo se puede jugar al primer toque y el disparo a portería sólo está permitido desde fuera del área de penalti. Cuando el defensa tiene la posesión del balón debe pasar hacia atrás al portero, tras lo que se descuenta un tanto a los delanteros. ¿Quién es el defensa con más éxito?
Cambio del defensa después de 3 min

Zona 2: Técnica del balón
- Pase raso con cambio de posiciones: juego al primer toque, en el que cada jugador debe correr detrás de su pase (3 min)
- Conducir el balón y entregarlo (3 min)
- Pases en triángulo: Al primer toque cada jugador debe seguir su pase hacia el centro (3 min)
- Jugar y desmarcarse en triángulo: Pasar hacia la der. (izq.) y desmarcarse hacia la izq. (der.) (3 min)

Zona 3: Uno contra uno
- Juego 2:2 en un espacio de juego de 15 x 15 m (3 min)
- Juego 1:1+2 en un espacio de juego de 15 x 15 m. Los 2 jugadores neutrales juegan siempre con el jugador que lleva el balón, pero sólo al primer toque (3 min)
- Juego 1:1+2 (cambio de papeles cada 3 min)
- Juego 2:1+1 (3 min). El jugador neutral sólo puede jugar al primer toque. Cuando el defensa se hace con el balón, se cambia con el jugador que ha perdido el balón.

Fig. 96: Partido con 3 porterías pasando por 2 en el mediocampo

Zona 4: Tiro a portería después de una conducción

El jugador A dispara desde la línea de fondo un pase largo al jugador B apostado a unos 30 m de la portería y corre inmediatamente detrás del balón y ataca a B. El jugador A intenta conseguir un gol frente a la oposición del jugador B.

Para finalizar (20 min): Partido con 3 porterías triples 2, todo el campo, con portero (Fig. 96)

Poner el acento en: la visión periférica - cambio del juego.

Al lado de cada portería normal se colocará a ambos lados en la línea de fondo y a 10 m del poste una portería abierta de 3 m de ancho. Estas porterías serán defendidas por jugadores, que no podrán rechazar el balón con las manos.

Otras dos porterías abiertas (4 m ancho) se señalarán en la línea de mediocampo. Para penetrar en el campo contrario deberá atravesarse siempre una de estas porterías.

La consecución de un gol en la portería normal supone 2 puntos, en una de las dos porterías abiertas en la línea de fondo, 1 punto.

Finalmente carrera de recuperación

Semana: 3	SE 1	Nº Corr. SE: 031	Duración: 90 min

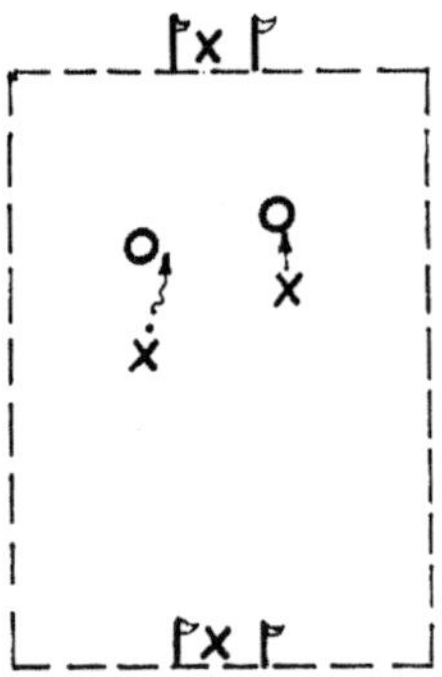

Fig. 97: Partido 2:2+2

Objetivo del entrenamiento: Mejora del juego de equipo y del uno contra uno

Material de entrenamiento: Cada jugador 1 balón, 16 banderines

Contenido del entrenamiento:

Calentamiento (25 min): Todos los jugadores se sitúan con un balón en el área de penalti
- Conducir el balón con la parte interior/exterior del pie
- Conducir el balón manteniendo el contacto

visual con el entrenador, que indicará la dirección a seguir

- Conducir el balón y sentarse momentáneamente sobre el balón a la señal del entrenador
- Conducir el balón y seguir con el balón de un compañero a la señal del entrenador
- Llevar el balón con la suela a der./izq., hacia delante/atrás
- Conducir el balón, picarlo y adelantárselo con el interior del pie
- Malabarismos con el balón consecutivamente con el empeine, el muslo, la cabeza y otra vez con el empeine, etc.

A continuación ejercicios de estiramiento

Táctica (35 min): Mejora del juego de conjunto y del uno contra uno en grupos de 2, 3 y 4

Ejercicio 1 (6 min): Partido 2:2+2 con 2 porterías abiertas (2 m de ancho) en un campo de 16 x 10 m, duración del partido 2 min (Fig. 97)

Las dos porterías abiertas están protegidas, respectivamente, por un jugador, que hace además de jugador neutral para los participantes en el partido 2:2. Cada pared con uno de los dos jugadores neutrales supone 1 punto. Después de 2 min se cambian los dos jugadores neutrales por uno de los dos equipos. Cada grupo de 2 juega así dos partidos.

A continuación 1 min de pausa con estiramientos

Ejercicio 2 (8 min): Partido 2+2:2+2 con 2 porterías abiertas (3 m de ancho) en un campo de 16 x 10 m, duración de cada parte 2 min (Fig. 98)

Cada equipo se compone de 2 jugadores y de 2 porteros, que no pueden utilizar las manos para rechazar el balón. Después de 2 min los porteros pasan a jugar como jugadores. 2 partidos.

A continuación 1 min de pausa con estiramientos

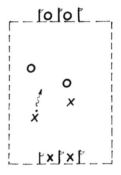

Fig. 98: Partido 2+2:2+2

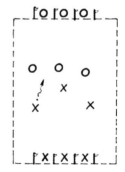

Fig. 99: Partido 3+3:3+3

Ejercicio 3 (12 min): Partido 3+3:3+3 con 3 porterías abiertas (3 m de ancho) en un campo de 16 x 10 m, duración del partido 3 min (Fig. 99)

Como en el ejercicio 2, 2 partidos

A continuación 1 min de pausa de estiramientos

Ejercicio 4 (12 min): Partido 4:4+4 (juego estilo Ajax) en el área de penalti con una portería con PO, duración del partido 4 min (Fig. 100)

Cada equipo actúa respectivamente como atacante, defensor y pasador durante un partido. Los jugadores del equipo pasador (C) se reparten alrededor del área de penalti. El equipo A ataca a B y utiliza a C como apoyo para realizar paredes o pases al primer toque. Cuando el balón entra en posesión del portero o del equipo defensor lo pasa a un jugador del equipo atacante, y se prosigue el juego. ¿Qué equipo consigue más goles?

A continuación 2 min de pausa con estiramientos

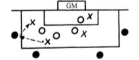

Fig. 100: Partido 4:4+4

Para finalizar (30 min): Partido 8:8 sobre todo el campo con PO

Los goles conseguidos de tiro directo valen por dos, si se logran después de una pared por tres

A continuación carrera de recuperación

Semana: 3	SE 2	Nº Corr. SE: 032	Duración: 90 min

Objetivo del entrenamiento: Enseñanza del pressing

Material de entrenamiento: 10 balones, 8 banderines

Contenido del entrenamiento:

Calentamiento (25 min): Rondo 4:2 a 2 toques de balón

Los jugadores forman 3 parejas; cuando un

compañero comete un error, se cambia la pareja de la que forma parte al centro. A continuación estiramientos

Táctica (25 min): Enseñanza del marcaje en zona, del uno contra uno y del cambio de juego mediante un partido 5:5 con 2 porterías abiertas (3 m de ancho, 25 m de distancia) en cada banda de una MDC (Fig. 101)

El equipo defensor cubre con 2 jugadores el espacio que hay delante de las 2 porterías y ataca con una defensa en línea de 3 hombres al equipo que posee el balón. Para ello se desplaza siempre cerca del balón e intenta obligar a los delanteros a realizar pases laterales y conducciones.

El equipo atacante intenta, mediante rápidos cambios de juego, provocar la superioridad numérica frente a una de las dos porterías y lograr un gol.

(Variante: tiro a portería sólo de tiros al primer toque)

Táctica (30 min): Enseñanza del pressing de ataque y en el mediocampo

El objetivo es provocar situaciones de pressing de ataque y de mediocampo y la enseñanza de la consiguiente organización de la defensa (Fig. 102)

Forma de juego: Partido 3 + 3 contra 4 + 2 con una portería normal y 2 porterías abiertas en la línea de mediocampo (pressing de ataque) o 2 porterías abiertas en el área de penalty más alejada (pressing en el mediocampo).

15 min de pressing de ataque
15 min de pressing en el mediocampo

Fig. 101: Partido 5:5 con 4 porterías abiertas

La defensa juega en una formación de 3 (libre y 2 defensas) junto con 3 centrocampistas sobre las 2 porterías abiertas contra 2 delanteros y 4

Fig. 102: *Partido 3+3 contra 4+2*

centrocampistas. El equipo que ataca hacia la portería normal (con portero) aplica en caso de perder el balón el pressing de ataque, provocando un desplazamiento de los espacios a lo ancho y a lo largo y llevando al contrario a aprietos de espacio y de tiempo. Cuando los atacantes logran un gol en la portería normal se inicia un nuevo ataque desde la línea de mediocampo.

La defensa intenta rechazar el pressing y contraataca sobre las dos porterías abiertas.

Después del tiempo establecido se retiran las dos porterías abiertas del área de penalti más alejada y se practica el pressing en el mediocampo, iniciando el pressing en la línea de mediocampo.

Semana: 3	SE 3	Nº Corr. SE: 033	Duración: 105 min

Objetivo del entrenamiento: Mejora del remate a portería, del juego de cabeza y del dribling

Material de entrenamiento: 20 balones, 12 banderines

Contenido del entrenamiento:

Calentamiento (25 min): Formas de combinación en grupos de 3
- Después de cada pase sigue un ejercicio gimnástico (ponerse en cuclillas, flexión, salto de cabeza, rotar los brazos, etc.)
- Intercambio libre de balones con pases en equipo cortos y largos en carrera
- El jugador que recibe el balón lo entrega directamente con un pase largo y alto
- Ejercicios de estiramiento
- Después de entregar el balón un esprint de 10 m
- Conducir el balón hasta un compañero que lo solicita haciendo un esprint

- Juego rápido de pases cortos (ritmo alto) con arrancadas, fintas y repentinos cambios de dirección
- Ejercicios de estiramiento

Táctica (50 min): Enseñanza del centro, del remate a portería, de la conducción y del juego de cabeza en grupos de 3
Ejercicio: 8 min/zona; 2 min pausa (cambio de zona) (Fig. 103)

Ejercicio 1: Centrar en carrera (hacerlo desde la derecha y la izquierda). Los jugadores llevan el balón con ritmo propio de un encuentro desde la marca situada a 20 m de la línea de fondo hasta la línea de fondo y lo centran al jugador situado en la frontera del área de penalti, que remata directamente el centro. A continuación el jugador que ha centrado se cambia con el rematador, y éste ocupa la posición exterior (tener preparados balones de reserva).

Ejercicio 2: Remates con la cabeza con impulso hacia delante
Se colocan 3 porterías abiertas (5 m de ancho) separadas 10 m y dispuestas en triángulo. Cada portería está ocupada por un portero, y éstos se van pasando con la mano el balón de forma que sea posible un cabezazo dirigido. El jugador 1 lo lanza al 2, que lo cabecea hacia la portería del 3. A continuación, el 3 lo lanza al 1, que lo cabecea hacia el 2, etc.
¿Quién consigue más goles?

Ejercicio 3: Tiro a portería después de una pared
El jugador 1 está apostado a unos 30 m de la portería; el jugador 2 y el 3 junto a la línea de fondo en el área de penalti. El jugador 2 lanza un pase alto y largo al jugador 1, sigue su pase y se ofrece para una pared. El jugador 1 remata

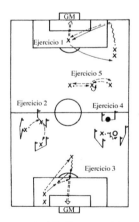

Fig. 103: Enseñanza del centro, del remate a portería, de la conducción y del juego de cabeza

directamente la pared y se sitúa en la línea de fondo, mientras el jugador 2 ocupa ahora la posición del 1 (preparar balones de reserva).

Ejercicio 4: Partido 1:1:1
Colocar 3 porterías abiertas (3 m de ancho) separadas unos 10 m dispuestas en triángulo. Cada jugador tiene que defender una portería e intenta, cuando está en posesión del balón, conseguir un gol en las otras dos porterías después de regatear a sus contrincantes.

Ejercicio 5: Pase con la cabeza y el pie
2 jugadores con balón y un tercer jugador (separaciones de 10 m) en el centro. En primer lugar se hace un pase raso desde un extremo, que el jugador en el centro devuelve directamente, girándose rápidamente y devolviendo de un salto con cabezazo el balón que el otro jugador le ha lanzado con las manos. Después sigue el siguiente pase raso, etc. Cambio de los papeles después de 2 minutos y medio.

Remate a portería (20 min): Tiro a portería después de una combinación con desdoblamiento por atrás (realizarlo por las dos bandas) (Fig. 104). El jugador A lleva el balón desde el círculo central y lo pasa raso (1) al punta C que se encamina hacia él, que lo abre directamente al jugador B que ha corrido junto a él (2). El jugador B conduce el balón hacia el interior (3) y el jugador A le sigue. El jugador B abre (4) sobre A a medida que éste corre, controlando el balón y llevándoselo (5) desde la línea de fondo hacia el interior (6), donde B se ha situado en el poste corto y C en el largo. Después del remate a portería B se queda en la punta, C se cambia a la posición de A y A a la posición de B.

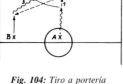

Fig. 104: Tiro a portería después de una combinación con desdoblamiento por atrás

Para finalizar (10 min): Carrera suave

Semana: 4	SE 1	Nº Corr. SE: 034	Duración: 100 min

Objetivo del entrenamiento: Mejora de la velocidad

Material de entrenamiento: 10 balones, 4 banderines

Contenido del entrenamiento:

Calentamiento (25 min): Partido 5:3 con 2 toques de balón en un campo de 25 x 25 m
Después trabajo individual con carreras y ejercicios de estiramiento

Condición física (30 min): Mejora de la velocidad de reacción y de la velocidad de desplazamiento mediante carreras de persecución en grupos de 2 (1 min de pausa entre los esprints)

Ejercicio 1: Velocidad de reacción en la salida y persecución a una señal óptica (12 repeticiones) (Fig. 105)
2 jugadores en línea con una separación de 1 m mirando hacia el entrenador. A cada lado de los jugadores se marca una distancia de 15 m.
Los jugadores reaccionan a una señal del entrenador, que con el pulgar marca de repente la dirección a seguir. Si un jugador consigue alcanzar a su compañero antes de que llegue a la meta, éste deberá hacer una carrera extra.
A continuación 3 min de trote con ejercicios de estiramiento.

Ejercicio 2: Velocidad de reacción en la salida y persecución a una señal óptica (12 repeticiones) (Fig. 106)
2 jugadores se encuentran separados 1 m uno detrás del otro mirando hacia el entrenador. En la dirección de los jugadores se marca una distancia de 15 m.

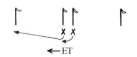

Fig. 105: Velocidad de reacción en la salida sobre 15 m a una señal con el pulgar por parte del entrenador

Los jugadores reaccionan ante una señal del entrenador, que sostiene un balón con las dos manos y que lo deja caer de repente. Si el jugador más atrasado logra alcanzar a su compañero antes de que llegue a la meta, éste deberá hacer una carrera extra. En la siguiente salida se intercambian las posiciones.

A continuación 3 min de trote con ejercicios de estiramiento

Táctica (25 min): Mejora del uno contra uno mediante un partido 4:4 en un cuarto del campo (al mismo tiempo mejora de la resistencia)

Ejercicio 1 (12 min): Partido 4:4 sin límite de toques de balón

Si uno de los dos equipos logra conservar la posesión del balón después de más de 5 pases, consigue un punto.

Ejercicio 2 (12 min): Partido 4:4 sin límite de toques de balón

Cada pared conseguida en un equipo supone 1 punto.

Para finalizar (20 min): Entrenamiento de las situaciones standard (golpe franco y saque de esquina en el ataque y en la defensa, penalti, saque de banda)

A continuación andar para recuperar

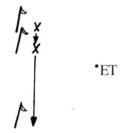

Fig. 106: Velocidad de reacción en la salida sobre 15 m a una señal con el balón por parte del entrenador

•ET

Semana: 4   SE 2   Nº Corr. SE: 035   Duración: 100 min

Objetivo del entrenamiento: Mejora del uno contra uno y del marcaje rápido

Material de entrenamiento: 15 balones, una portería normal portátil, 8 banderines

Contenido del entrenamiento:

Calentamiento (25 min): Correr sin balón en grupos de dos

- Correr a la sombra: Un jugador practica diversas formas de correr, que su "sombra" reproduce
- Juego de tocar y parar: 2 jugadores se cogen de la mano e intentan tocar a otras parejas
- Saltos carnero (saltar-deslizarse entre las piernas)
- Saltar repetidas veces con una/dos piernas sobre el compañero puesto en cuclillas
- Boxeo ficticio
A continuación ejercicios de estiramiento

Táctica (60 min): Mejora del uno contra uno y del marcaje rápido en 4 zonas (2 min de pausa con estiramientos antes de cambiar de zona) (Fig. 107)

Zona 1: Juego 2:2 con 2 porterías y 2 porteros en un área de penalti doble (12 min)
Debido a la cercanía de las dos porterías se producen muchos uno contra uno, alternándose constantemente el comportamiento defensivo y ofensivo. Tener a punto balones de reserva. 3 partidillos de 4 min cada uno.

Zona 2: Conducción 1:1 (12 min)
Los 3 jugadores intentan desde una distancia de 15 m sortear alternativamente al defensa y alcanzar el lado contrario haciendo uso de conducciones. Cambio de defensa tras 3 min.

Zona 3: Conducir el balón contra un defensa que obstaculiza
3 jugadores con balón driblan en una zona delimitada (15 x 15 m) a un defensa que trata de frenarles.
Cambio del defensa después de 3 min.

Zona 4: Juego 2:2 (12 min)
2 jugadores con balón driblan en una zona delimitada (15 x 15 m) a dos defensas.
Cambio de papeles después de 6 min.

Fig. 107: Mejora del uno contra uno y del marcaje rápido en 4 zonas

Para finalizar (15 min): Partido sobre todo el campo poniendo el acento en el marcaje rápido
El jugador que lleva el balón en el equipo atacante debe ser atacado inmediatamente por 2 jugadores del equipo defensor.
Para finalizar, carrera de recuperación

Semana: 4	SE 3	Nº Corr. SE: 036	Duración: 105 min

Objetivo del entrenamiento: Enseñanza del juego en superioridad numérica, mejora de la resistencia

Material de entrenamiento: Cada jugador 1 balón

Contenido del entrenamiento:

Calentamiento (25 min): Correr sin balón sobre todo el campo
- Trote relajado
- Correr elevando las rodillas y los talones
- Correr dando multisaltos con/sin rotación de ambos brazos hacia delante/detrás
- Correr lateralmente; cruzando las piernas
- Sobre la marcha ponerse brevemente en cuclillas, con rebote
- Salidas con fintas y saltos de cabeza
- Ejercicios de estiramiento

Táctica (25 min): Enseñanza del juego en superioridad numérica 4:3 en un cuarto del campo. El equipo en superioridad numérica intenta conservar el balón el máximo tiempo posible frente a 3 atacantes. Deberá observarse la regla básica de que 2 jugadores deberán acercarse al que conduce el balón para que les juegue en corto (ir al hombre), mientras que el tercer jugador se desmarcará para un pase largo (cambio del juego). Cada posesión del balón por parte de los 3 jugadores de la defensa supondrá un punto negativo para el equipo en superioridad numérica.

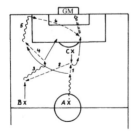

Fig. 108: Tiro a portería tras combinación con desdoblamiento por atrás

¿Qué equipo consigue menos puntos negativos? Después de 3 min, cambio de 1 jugador del equipo en superioridad numérica al equipo en inferioridad numérica.

Condición física (25 min): Mejora de la resistencia mediante series de carreras con intervalos de recuperación
5 carreras con la duración de 3-5-7-5-3 minutos, que deben ser interrumpidas cada vez por cortas pausas para la respiración (aprox. 30 seg) con ejercicios de estiramiento.

Tiro a portería (20 min): Combinación para provocar oportunidades de gol (Fig. 108)
El jugador A lleva el balón desde el círculo central y lo juega raso con el punta C que se encamina hacia él. C lo cede al jugador B que acompaña a A por la banda, que lo lleva hacia el interior y con un giro repentino lo envía a la banda al jugador A que venía corriendo desde atrás.
A lo centra desde la línea de fondo sobre el área de penalti, donde B pasa a cubrir el poste corto y C el largo. El jugador que no remata permanece en la punta para el siguiente ataque.
Realizar el ejercicio por la derecha y la izquierda.
A continuación carrera de recuperación durante 10 min

Semana: 5	SE 1	Nº Corr. SE: 037	Duración: 95 min

Objetivo del entrenamiento: Mejora de la velocidad y del uno contra uno

Material de entrenamiento: 15 balones, 7 banderines, 1 portería normal portátil

Contenido del entrenamiento:

Calentamiento (25 min): Correr sin balón a lo ancho del campo

Fig. 109: Carrera de persecución sobre 25 m

- Trote relajado
- Correr dando multisaltos con/sin rotación de ambos brazos delante/detrás
- Sobre la marcha tocar el suelo con la mano der./izq.
- Correr lateralmente; cruzando las piernas
- Correr saltando a la comba
- Correr elevando las rodillas y sobre los talones
- Ejercicios de estiramiento
- Salidas hacia del./atr. con/sin fintas
- Pequeñas carreras con aceleración

Condición física (25 min): Mejora de la velocidad mediante carreras de persecución (1 min de pausa entre cada carrera)

Primera serie: 10 carreras sobre una distancia de 25 m (Fig. 109). Los jugadores salen por parejas con separaciones de 2 m cada uno. El perseguidor intenta atrapar al perseguido.

A continuación 2 min de pausa con estiramientos.

Segunda serie: 10 carreras sobre una distancia de 18 m (Fig. 110). Procedimiento como en la primera serie.

A continuación 2 min de pausa con estiramientos

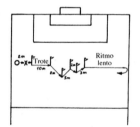

Fig. 110: Carrera de persecución sobre 18 m

Táctica (30 min): Mejora del uno contra uno con remate a portería sobre 2 porterías con PO en un área de penalti doble.

Ejercicio 1 (4 min): Partido 2+2:2+2 (Fig. 111)

En el campo se juega un 2:2; adicionalmente hay apostados dos jugadores uno de cada equipo en las bandas, que pueden ser implicados en el juego, pero que sólo pueden jugar al primer toque.

Cambio de los papeles después de 2 min.

Los 8 jugadores que no toman parte juegan un 4:4 en la otra MDC.

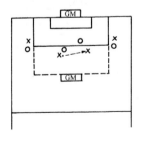

Fig. 111: Partido 2+2:2+2

Ejercicio 2 (4 min): Partido 1+3:3+1 (Fig. 112)
En el campo se juega un 3:3; adicionalmente está apostado en una de las bandas el cuarto jugador de cada equipo. Siempre que uno de los jugadores de un equipo pase a su compañero en la banda, se cambiará con él.
Los 8 jugadores que no toman parte juegan en 2 grupos en la otra mitad del campo un rondo 3:1.

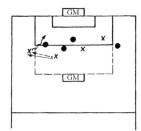

Fig. 112: *Partido 1+3:3+1*

Ejercicio 3 (5 min): Partido 4:4 (Fig. 113)
Los 8 jugadores que no toman parte juegan en la otra mitad del campo un 5:3 con 2 toques de balón (cuando hay pérdida de balón por parte del equipo en superioridad numérica se cambia el jugador que ha fallado al equipo en inferioridad numérica).

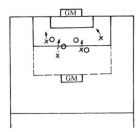

Fig. 113: *Partido 4:4*

Para finalizar (15 min): Partido sobre todo el campo.
En su propia mitad el jugador no puede hacer más de 2 toques de balón, sin límite de toques en el terreno contrario.
Finalmente carrera de recuperación

Semana: 5	**SE 2**	**Nº Corr. SE: 038**	**Duración: 95 min**

Objetivo del entrenamiento: Mejora de las capacidades técnico-tácticas generales

Material de entrenamiento: 20 balones, 4 banderines, 12 cuerdas para saltar

Contenido del entrenamiento:

Calentamiento (25 min): Formas de pase en grupos de 4
- El grupo se mueve con un trote lento, el balón se juega al primer toque
- Conducir el balón y cederlo driblando rápidamente a un compañero
- Juego en conjunto sin límite de toques alternando pases cortos y largos

- Después de cada pase se realiza un ejercicio gimnástico
- El jugador que recibe el balón lo cede directamente a un jugador a medida que este corre
- Cada jugador realiza 6 paredes consecutivas con sus compañeros
- Rondo 3:1 al primer toque
- Estiramientos

Técnica/Táctica (45 min): Enseñanza de las capacidades técnico-tácticas generales mediante un circuito de entrenamiento en grupos de 4 (10 min/zona; 1 min de pausa antes de cada cambio de zona) (Fig. 114)

Zona 1: Remate de pases atrasados
Un jugador lanza desde el punto de penalti hacia derecha e izquierda pases oblicuos hacia el límite del área de penalti, al jugador que viene corriendo desde una distancia de 25 m.
Los jugadores se cambian después de 6 balones.

Zona 2: Cabezazo con giro
2 jugadores con balón y un tercer jugador en el centro (separados 8 m), mientras que el cuarto jugador se aposta a un lado del jugador central (aprox. a 5 m).
Los dos jugadores exteriores le pican alternativamente en series rápidas balones altos al jugador central, que los desvía hacia el cuarto jugador con la cabeza (giro en el aire de 90 grados). Éste devuelve el balón a los 2 jugadores.
Cambio después de 20 cabezazos.

Zona 3: Tiro a portería después de un centro
2 jugadores con balón en la banda, los otros dos jugadores se encuentran a unos 25 m de distancia de la portería.
El ataque por la banda se inicia con un pase

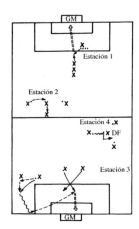

Fig. 114: Enseñanza de las capacidades técnico-tácticas generales en grupos de 4

cruzado hacia la banda, sobre un compañero a medida que éste corre. Éste centra corriendo a máxima velocidad sobre el área de penalti. Los jugadores situados en el centro se cruzan en el área de penalti y rematan los centros directamente.
Cambio de los papeles después de 6 centros. Realizar el ejercicio por ambas bandas.

Zona 4: Conducción a un defensa
3 jugadores con el balón se colocan en formación de triángulo (separados 15 m), donde el cuarto jugador en el centro hace de defensa.
Los 3 jugadores intentan evitar alternativamente al defensa y llegar al extremo contrario.
Cambio del defensa después de 6 conducciones.

Para terminar (25 min): Partido 4:4 con una portería abierta (5 m de ancho) con PO en una MDC en forma de torneo (Fig. 115)
En las dos mitades del campo se coloca una portería abierta en el centro, donde se marca un círculo de tiro de 20 m de diámetro con las cuerdas de saltar.
Los tiros a portería se permiten desde ambos lados de la portería abierta, pero sólo al primer toque, y sin pisar el círculo de tiro.
Después de 10 min de juego los ganadores juegan entre sí (se sortea cuando existe empate) y los perdedores entre sí (10 min).
Para terminar, carrera de recuperación

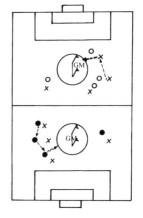

Fig. 115: Partido 4:4 con una portería abierta con PO

Semana: 5	SE 3	N.º Corr. SE: 039	Duración: 105 min

Objetivo del entrenamiento: Mejora del contraataque

Material de entrenamiento: 10 balones, una portería normal portátil, 8 banderines

Contenido del entrenamiento:

Calentamiento (25 min): Correr sin el balón a lo ancho del campo

- Trote relajado a lo largo de varios anchos de campo
- Trote intercalando saltos a la comba (3 anchos de campo)
- Andar rotando los brazos hacia del./atr. (2 anchos de campo)
- Correr elevando los talones (1 ancho de campo)
- Correr elevando las rodillas (1 ancho de campo)
- Andar 10 m con los brazos extendidos y ponerse cada 10 seg de puntillas (1 ancho de campo)
- Correr lateralmente (1 ancho de campo)
- Correr cruzando (1 ancho de campo)
- Correr dando saltitos con/sin giro de tronco (2 anchos de campo)
- Correr dando saltos (saltos largos - 1 ancho de campo)
- Trote suave con saltos de cabeza sobre varios anchos de campo

A continuación estiramientos

Táctica (25 min): Enseñanza del cambio de juego y del juego con paredes (al mismo tiempo entrenamiento de la resistencia)

Ejercicio 1 (12 min): Partido 8:8 en una MDC con emparejamientos fijos.

Cada pase conseguido desde 30 m por un equipo supone 1 punto.

Ejercicio 2 (12 min): Partido 8:8 en una MDC con emparejamientos fijos.

Cada pared conseguida por un equipo supone 1 punto.

Táctica (40 min): Enseñanza del contraataque (cambio rápido).

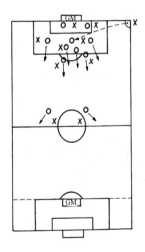

Fig. 116: Contraataque tras un saque de esquina en una situación de defensa

Ejercicio 1 (20 min): Contraataque tras un córner en situación de defensa (Fig. 116)

El equipo A (atacante) lanza 10 saques de esquina desde la derecha y 10 desde la izquierda e intenta rematar a portería. Cuando el equipo defensor se hace con la posesión del balón, cambia enseguida al ataque e intenta jugar con los dos puntas marcados al hombre y avanzar líneas (conquista del espacio rápida).

El equipo A puede, a excepción de los dos marcadores, perseguir sólo hasta la línea de mediocampo (estorbar); después el equipo B concluye el ataque en superioridad numérica hasta el remate a portería contra la portería normal en el área de penalti contraria.

Cambio de los papeles después de 20 saques de esquina.

Ejercicio 2 (20 min): Enseñanza del contraataque después de ganar la posesión del balón la defensa o por entrega del PO (Fig. 117) (realizarlo en las dos mitades del campo simultáneamente).

El equipo A intenta convertir los centros desde la banda der./izq. Si el equipo B se hace con el balón, intenta mediante un rápido contraataque conseguir un gol en una de las dos porterías abiertas en la línea de mediocampo.

Cambio de los papeles después de 10 min.

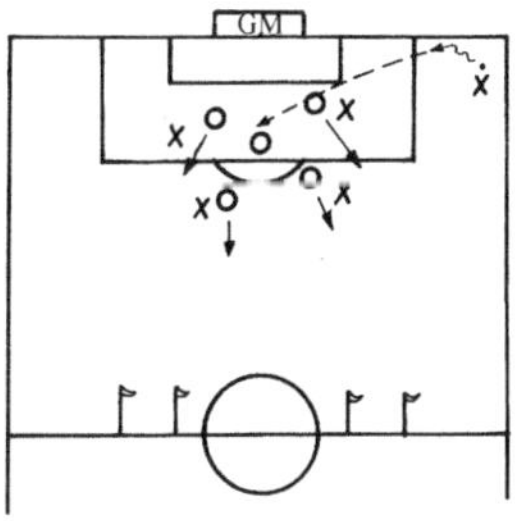

Para terminar (15 min): Partido sobre todo el campo con aplicación del contraataque, sobre todo tras saques de esquina y la posesión del balón por parte del PO.

A continuación carrera de recuperación

Fig. 117: Contraataque después de ganar la posesión del balón por la defensa o de una cesión del PO

Semana: 6	SE 1	Nº Corr. SE: 040	Duración: 100 min

Objetivo del entrenamiento: Mejora de la velocidad, del uno contra uno y del remate a portería

Material de entrenamiento: 15 balones, 6 banderines

Contenido del entrenamiento:

Calentamiento (25 min):
- Rondo 6:2 al primer toque (campo 15 x 15 m): Los jugadores forman parejas fijas; cuando un compañero comete un error, se cambia la pareja en cuestión al centro (15 min)
- Carrera de recuperación unido a ejercicios de estiramiento (10 min)

Condición física (25 min): Mejora de la velocidad en grupos de 2 (Fig. 118)

Ejercicio: 18 sprints sobre 15 m después de girar media vuelta con diferentes formas de carrera, 9 recorridos con 2 formas de carrera (1 min de pausa entre los sprints)

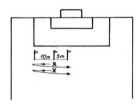

Fig. 118: Esprints después de girar media vuelta con diferentes formas de carrera

Tramo 1: Trote hacia delante, dar media vuelta, esprint

Tramo 2: Trote de espaldas, esprint hacia delante

Tramo 3: Saltos a lo alto, dar media vuelta, esprint

Tramo 4: Saltos a lo largo, dar media vuelta, esprint

Tramo 5: Saltos a la comba, dar media vuelta, esprint

Tramo 6: Correr elevando las rodillas, dar media vuelta, esprint

Tramo 7: Correr elevando los talones, dar media vuelta, esprint

Tramo 8: Correr dando multisaltos, dar media vuelta, esprint

Tramo 9: Correr en zigzag, dar media vuelta, esprint

A continuación trotar 3 min

Fig. 119: Mejora del uno contra uno y del remate a portería desde 2 zonas

Táctica (30 min): Mejora del uno contra uno y del remate a portería desde 2 zonas (Fig. 119)

Zona 1 (15 min): Partido 4:4 con portería en triángulo (6 m de lado) con PO en una MDC

Sólo puede tirar o cabecear a portería el equipo atacante. El remate al primer toque debe realizarse siempre. Los goles pueden realizarse desde todos los lados

Si el equipo defensor se hace con el balón, deberá efectuar como mínimo 2 pases antes del remate. Después de 15 min se cambian los dos equipos a la otra MDC

Zona 2 (15 min): Tiro a portería tras un cambio previo del juego.

Las bandas están ocupadas por 2 jugadores (B, C) respectivamente. El jugador A lleva el balón desde la línea de mediocampo y hace una pared con el extremo B y éste hace seguidamente un pase en diagonal al otro extremo C. A remata entonces el centro de C.

El siguiente ataque se realiza por la otra banda. Cuando cada extremo ha centrado 5 veces, se produce el cambio con el grupo A. Después de 15 min cambio a la zona 1.

Para terminar (20 min): Partido sobre todo el campo con 2 porterías en triángulo (7 m de lado) en las dos áreas de penalti (Fig. 120)
Finalmente carrera de recuperación

Fig. 120: Partido sobre todo el campo con 2 porterías en triángulo

Semana: 6	SE 2	Nº Corr. SE: 041	Duración: 100 min

Objetivo del entrenamiento: Mejora del remate a portería después de centros

Material de entrenamiento: 20 balones, portería normal portátil, 12 banderines

Contenido del entrenamiento:

Calentamiento (25 min):
- Rondo 5:3 con 2 toques de balón en un campo delimitado (15 min)
- Correr dando multisaltos a lo ancho del

campo (correr dando multisaltos, elevando los talones, elevando las rodillas, rotando los brazos hacia del./atr., salidas con fintas con el tronco); ejercicios de estiramiento para la musculatura de las piernas y la musculatura abdominal y dorsal (10 min)

Observación: los porteros calientan por separado.

Remate a portería (65 min): Remate de centros

Ejercicio 1: Área de penalti doble con 2 porterías normales, 8 jugadores y 2 PO (Fig. 121)

Los jugadores 2, 3, 4 y 5 centran por este orden a balón parado al jugador 1, que remata a portería (a ser posible al primer toque).

Los 3 jugadores no implicados recogen los balones y se cambian después de 90 seg.

¿Cuántos goles consigue el jugador en 90 seg?

El segundo grupo (8 jugadores) efectúa al mismo tiempo una carrera de resistencia de 12 minutos. Después se cambia con el grupo 1.

Ejercicio 2: Como el ejercicio 1, pero en el tiro a portería toman parte 2 jugadores contra un defensa (Fig. 122)

Los jugadores 3, 4, 5 y 6 centran por este orden balones a los jugadores 1 y 2, que alternativamente se encaminan al ángulo corto y al ángulo largo.

¿Cuántos goles consiguen los 2 jugadores contra 1 defensa en 90 seg?

El segundo grupo juega al mismo tiempo en la otra mitad del campo un 4:4 con 4 porterías pequeñas poniendo el acento en el cambio de juego (12 min). Después se cambia con el grupo 1.

Ejercicio 3: La MDC con 2 porterías normales, los límites laterales vienen dados por la prolongación del área de penalti (Fig. 123)

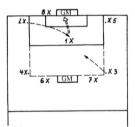

Fig. 121: Remate de centros en un área de penalti doble

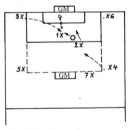

Fig. 122: Remate de centros en un área de penalti doble frente a un defensa

Partido 4:4 con 4 jugadores de recambio. Los jugadores de recambio se sitúan junto a los límites laterales. Pueden ser involucrados en el partido, pero sólo pueden jugar al primer toque. A una señal dada un jugador de recambio entra en el campo. Los goles conseguidos por un pase de un jugador de recambio valen por dos (15 min).

Para terminar (10 min): Carrera de recuperación por todo el campo.

Fig. 123: Partido 4:4 con 4 jugadores de recambio

Semana: 6	SE 3	Nº Corr. SE: 042	Duración: 100 min

Objetivo del entrenamiento: Mejora de la conducción y del tiro a portería después de centros

Material de entrenamiento: 20 balones

Contenido del entrenamiento:

Calentamiento (25 min): Correr en grupos de 2 con el balón desde un área de penalti a la otra.
- Pases laterales sobre la marcha
- Vertical-Vertical: Los jugadores se adelantan mutuamente el balón con pases verticales
- El jugador 1 acosa al jugador 2 que recula y utiliza fintas; el jugador 2 permanece en gran medida pasivo
- El jugador 1 conduce el balón junto al jugador 2 tras una finta y una salida rápida
- El jugador 1 sirve con la mano el balón al jugador 2, que está reculando, avanza brevemente hacia el balón y lo devuelve con el interior del empeine
- El jugador 1 sirve con la mano el balón al jugador 2, que está reculando, avanza brevemente hacia el balón y lo devuelve con el interior del empeine der./izq.
- El jugador 1 juega raso y colocado al juga-

dor 2 reculando por la derecha, que avanza brevemente sobre el balón y lo devuelve

A continuación ejercicios de estiramiento en
grupos de 2

Técnica (25 min): Fintas y conducciones en
grupos de 2

Ejercicio: Cada ejercicio 6x/serie; 2 series (2
min pausa con estiramientos después de la primera serie)

Ejercicio 1: El jugador A dribla hacia el jugador B, hace una finta hacia la izquierda (derecha) y rebasa por la derecha (izquierda).

Ejercicio 2: A dribla hacia B, arranca de repente y cambia de dirección.

Ejercicio 3: A dribla hacia B, hace una finta
de conducción hacia la izq. (der.), después hacia
la der. (izq.) y rebasa al contrario por la izq. (der.).

Ejercicio 4: A dribla en diagonal con el interior hacia B, llevando el balón con la parte interior del pie. Paso en falso hacia la izq. (der.),
desplazar el balón con el exterior del empeine
der. (izq.) al contrario y correr detrás del mismo (truco de Matthew).

Ejercicio 5: A dribla hacia B, simula una
entrega hacia la izq. (der.) preparando la pierna
y rebasa al contrario por la der. (izq.).

Ejercicio 6: A conduce el balón, hombro con
hombro con B, haciendo la carga con el cuerpo
a B. A oscila rápidamente la pierna de tiro hacia atrás y de nuevo hacia delante y se lleva el
balón con una breve salida.

A continuación 2 min de pausa con
estiramientos

Remate a portería (40 min): Mejora de la técnica del centro y del tiro a portería (Fig. 124)

Ejercicio 1 (20 min): Disparos con giro de cadera después de centros desde la der./izq.
A media altura entre la línea de fondo y el límite del área de penalti se sitúan a derecha e izquierda 2 jugadores con balones.
Centran alternativamente balones al punto de penalti, donde el jugador que se encamina hacia el balón e intenta rematarlo directamente con un giro de cadera. El tirador remata siempre dos balones consecutivos, es decir, debe rematar el centro desde la der. con el pie izquierdo y desde la izq. con el pie derecho.
Después de un total de 20 balones se cambian los jugadores en las bandas.

Ejercicio 2 (20 min): Remate de centros tras cruzarse en el área de penalti
Entre la línea lateral y el límite del área de penalti se apostan 2 jugadores a derecha e izquierda a la altura del área pequeña con balones. Los restantes jugadores se colocan a unos 30 m de la portería, 2 jugadores corren al mismo tiempo para cruzarse en el área de penalti, es decir, el jugador más alejado del balón (exterior) corre hacia la esquina corta y el jugador más cercano al balón (interior) corre hacia la esquina larga.
Los centros deben ser rematados a ser posible directamente con la cabeza o el pie.
Después de 20 balones en total se cambian los jugadores que centran.

Para terminar (10 min): Carrera de recuperación (recuperación activa)

Fig. 124: *Mejora de la técnica del centro y del tiro a portería*

Semana: 7	SE 1	N° Corr. SE: 043	Duración: 95 min

Objetivo del entrenamiento: Mejora del juego de equipo así como del juego sin balón

Material de entrenamiento: 5 balones, 12 banderines, 1 portería normal portátil

Contenido del entrenamiento:
Calentamiento (25 min): Balonmano
- Balonmano 4:4 en un espacio de juego de 20 x 20 m (10 min)
- Balonmano 8:8 en una MDC con 2 porterías (portería normal portátil en la línea de mediocampo)
Se obtiene un gol cuando un jugador consigue introducir en la portería el balón de un cabezazo después de recibir un lanzamiento con la mano de un compañero (10 min)
A continuación ejercicios de estiramiento

Táctica (40 min): Mejora del juego de equipo así como del juego sin balón mediante un partido 4:4 (al mismo tiempo entrenamiento de la resistencia) (Fig. 125)
Objetivo: Mientras que 2 jugadores del equipo que está en posesión del balón se ofrecen para el pase en corto, el tercero se desmarca para un pase largo (1 min de pausa con estiramientos entre los ejercicios)

Ejercicio 1 (12 min): Juego sin límite de toques

Ejercicio 2 (12 min): Juego al primer toque con vistas al juego.
En cada equipo se escoge un jugador que durante 3 min podrá jugar sólo al primer toque.

Fig. 125: Partido 4:4 para la mejora del juego de equipo así como del juego sin balón

Ejercicio 3 (12 min): Juego al primer toque
A continuación trote suave con ejercicios de estiramiento.

Para terminar (30 min): Partido sobre todo el campo con 6 porterías abiertas (3 m de ancho) (Fig. 126)

- El equipo defensor cubre con 3 jugadores el espacio de delante de las 3 porterías y ataca al equipo que tiene posesión del balón con una defensa en línea de 5 defensas. La cadena de defensores se desplaza hacia el balón e intenta estrechar allí los espacios.

El equipo atacante intenta crear mediante un rápido cambio del juego una superioridad numérica frente a una portería y concluir con un tiro a portería.

(Variante: Tiro a portería sólo directo)
A continuación carrera de recuperación

Fig. 126: Partido con 6 porterías abiertas

Semana: 7	SE 2	Nº Corr. SE: 044	Duración: 105 min

Objetivo del entrenamiento: Mejora del contraataque y del remate a portería

Material de entrenamiento: 10 balones, 4 banderines, 1 portería normal portátil

Contenido del entrenamiento:

Calentamiento (25 min): Juego de equipo en grupos de 4 (Fig. 127)

En las esquinas de una MDC se marcan cuatro espacios de juego grandes de 15 x 15 m, en los que se colocan, respectivamente, 4 jugadores con un balón.

- Juego de equipo en grupos de 4 corriendo a baja intensidad
- El jugador que recibe el balón conduce el balón a lo largo de uno de los límites del espacio de juego y lo pasa al siguiente jugador.
- Cada jugador hace 3 ejercicios gimnásticos, los otros miembros del grupo le imitan.
- Rondo 3:1 al primer toque.
- Juego en diagonal: Los grupos de los espacios de juego se enfrentan en un 4:4. Se obtiene

Fig. 127: Juego de equipo en grupos de 4

un tanto cuando se logra jugar el balón con un compañero en el espacio de juego contrario. Ejercicios de estiramiento

Táctica (45 min): Mejora del contraataque desde la defensa

Ejercicio 1 (20 min): Partido 4:3 + 1 con una portería normal con PO en una MDC (Fig. 128)

4 atacantes juegan contra 3 defensas sobre una portería normal, mientras que el cuarto defensa está colocado en el círculo central. El objetivo de la defensa es contraatacar rápidamente y jugar el balón con el compañero del círculo central cuando se está en posesión del balón (o cuando lo tiene el portero). Si se consigue esto, se cambian inmediatamente los papeles.

Cuando se consigue un gol en caso de un tiro fallido de los atacantes puede iniciarse un nuevo ataque desde la línea de mediocampo. Después de 10 min se cambian los defensas por los delanteros.

Fig. 128: *Partido 4:3+1 con portería normal*

Ejercicio 2 (20 min): Partido 4:4 con una portería normal con PO en una MDC con posibilidad de contraataque sobre 2 porterías abiertas (de 4 m de ancho) en la línea de mediocampo (Fig. 129)

4 atacantes juegan contra 4 defensas frente a una portería normal. Cuando se consigue un gol o en caso de fallar el tiro de los atacantes puede iniciarse un nuevo ataque desde la línea de mediocampo. Cuando la defensa está en posesión del balón (o el portero), ésta contraataca con un juego rápido sobre las dos porterías abiertas, y consigue un gol cuando un defensa con el balón cruza driblando una de ellas.

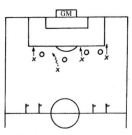

Cambio de papeles después de 10 min.

A continuación trote suave con ejercicios de estiramiento

Fig. 129: *Partido 4:4 con portería normal con posibilidad de contraataque sobre 2 porterías pequeñas*

Para terminar (30 min): Partido 4:4 + 8 con 2 porterías normales con PO en un área de penalti doble (Fig. 130)

En el área de penalti doble se juega un 4:4, mientras que los restantes 8 jugadores se distribuyen fuera a lo largo de los límites laterales y de la línea de fondo.

Estos jugadores exteriores juegan con el equipo que posee el balón con un máximo de 2 toques de balón y tienen la tarea de servir al equipo atacante con el máximo posible de centros y pases atrasados susceptibles de ser convertidos en gol, es decir, "alimentar" a los atacantes. Una vez conseguido un gol, los atacantes siguen estando en posesión del balón y contraatacan inmediatamente sobre la otra portería.

Después de 5 min se cambian los papeles y los jugadores exteriores entran a jugar un 4:4. Se jugarán 3 veces, es decir, que cada equipo se encontrará sobre el campo 15 min.

A continuación carrera de recuperación

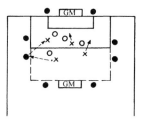

Fig. 130: Partido 4:4+8 en un área de penalti doble

Semana: 7	SE 3	Nº Corr. SE: 045	Duración: 95 min

Objetivo del entrenamiento: Mejora del juego contra una defensa reforzada

Material de entrenamiento: 8 balones

Contenido del entrenamiento:

Calentamiento (25 min): Correr sin balón desde un área de penalti a la otra
- 6 carreras a un ritmo lento
- 1 tramo andando y respirando profundamente
- 1 tramo corriendo lentamente rotando los brazos hacia del./detr.
- 1 tramo corriendo dando multisaltos
- 1 tramo a ritmo medio
- 1 tramo a ritmo lento, apoyar 10 veces elevando los talones y 10 elevando las rodillas
- 4 tramos a ritmo lento con saltos de cabeza

- 1 tramo a ritmo lento, tocando el suelo alternativamente con la mano der./izq.
- 1 tramo a ritmo lento, ponerse 10 veces en cuclillas y rebotar dos veces
- 1 tramo a ritmo lento, soltando las piernas
A continuación ejercicios de estiramiento

Táctica (35 min): Ataque contra una defensa en superioridad numérica

Ejercicio 1 (20 min): Partido 2:3 con una portería normal con PO (Fig. 131)
Los atacantes empiezan en la línea de mediocampo e intentan hacer un gol frente a los 3 defensas apostados delante del área de penalti, situación en la que un atacante en posesión del balón debe ser siempre entrado por 2 defensas.
Cambios de los defensas después de 10 ataques.

Ejercicio 2 (20 min): Partido 5:6 con 3 equipos en una MDC.
Portería normal con PO (Fig. 132)
El equipo A ataca con 5 jugadores al equipo B, que se defiende con 6 jugadores. La defensa marca estrechamente, el defensa que queda "libre" juega como libre haciendo la cobertura.
Si A consigue un gol, los jugadores retornan a la línea de mediocampo por la banda mientras que el equipo C inicia un nuevo ataque desde la línea de mediocampo (lo mismo se aplica cuando el portero se hace con el balón).
Si los jugadores de la defensa se hacen con el balón, se convierten en atacantes (incluido el libre) y se cambian con el equipo que ha perdido el balón.

Para terminar (30 min): Partido 8:8 sobre todo el campo con PO poniendo el acento en la superioridad numérica en la defensa.
El equipo defensor juega en su propia mitad

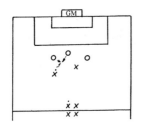

Fig. 131: Partido 2:3 con una portería normal con PO

Fig. 132: Partido 5:6 con 3 equipos

del campo con 6 defensas, 2 jugadores como puntas en la mitad del campo contraria.

El equipo en posesión del balón ataca con un máximo de 5 jugadores, de forma que la defensa juega básicamente en superioridad numérica (el libre detrás de la defensa).
Finalmente carrera de recuperación

Semana: 8	SE 1	Nº Corr. SE: 046	Duración: 90 min

Objetivo del entrenamiento: Enseñanza de la técnica del balón y del contraataque

Material de entrenamiento: 10 balones

Contenido del entrenamiento:

Calentamiento (25 min): Jugar a coger en el área de penalti
- Los jugadores corren desordenadamente por el área de penalty (formas de correr: hacia delante, dando saltos hacia atrás, lateralmente) y evitan a los compañeros con una finta con el tronco (5 min).
- Ejercicios de estiramiento
- 1 jugador hace de cazador. Los jugadores perseguidos pueden salvarse antes de ser tocados si consiguen montarse sobre la espalda de un compañero.
- 2 jugadores hacen de cazadores (formación en cadena) cogiéndose de la mano. Cada jugador cazado va ampliando la cadena. Cuando se han cazado 2 jugadores más (habiendo así 4 jugadores en la cadena) los 2 primeros jugadores quedan libres.
- 1 jugador hace de cazador. Los jugadores perseguidos pueden evitar ser cazados, si consiguen realizar 4 flexiones. Cambio del cazador tras 1 min.
A continuación ejercicios de estiramiento.

Técnica (35 min): Trabajo con el balón en grupos de 3(el jugador que sobra trabaja duran-

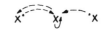

Fig. 133: Cabezazo después de un lanzamiento con la mano

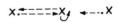

Fig. 134: Juego de pase corto

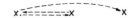

Fig. 135: Alternancia de pases cortos y largos

te 5 min con el péndulo de balón de cabeza, con el balón en el suelo practica pases a der./ izq. con el empeine interior).

Ejercicio 1 (5 min): Cabezazo después de un lanzamiento con la mano (Fig. 133)

2 jugadores con balón colocan con un tercer jugador en el centro (separaciones de aprox. 8 m) y le lanzan alternativamente el balón que éste debe devolver de un cabezazo con salto. Cambio después de 90 seg.

Ejercicio 2 (5 min): Juego de pases cortos (Fig. 134)

2 jugadores con balón con un tercer jugador en el centro (separaciones de aprox. 12 m) y le pasan alternativamente el balón colocado y raso. El jugador central debe buscarlos en corto y devolverlos con el empeine interior de la der./izq. Cambio después de 90 seg.

Ejercicio 3 (6 min): Alternancia de pases cortos y altos (Fig. 135)

2 jugadores con balón y un tercer jugador en el centro (con separaciones de aprox. 20 m). El primer pase por fuera es raso y colocado. El jugador en el centro lo busca en corto y lo devuelve. A continuación se efectúa un pase alto sobre el jugador central, que el jugador en el extremo contrario controla y pasa raso a su compañero central. Cambio después de 2 min.

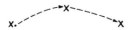

Fig. 136: Pase alto al primer toque

Ejercicio 4 (9 min): Cesión directa de pases altos recibidos (Fig. 136)

Los jugadores se colocan en formación de triángulo, a aprox. 15 m del jugador del centro. El jugador apostado en el exterior dispara un pase alto al jugador del centro, que lo cede directamente con la cabeza o el pie al tercer jugador. Cambio después de 3 min.

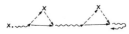

Fig. 137: Juego de paredes

Ejercicio 5 (6 min): Juego de paredes (Fig. 137)

1 jugador realiza alternativamente pases en pared con sus compañeros colocados a intervalos de 25 m.

Cambio después de 2 min.

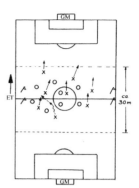

Ejercicio 6 (4 min): Mantener un balón en el aire con 3 toques obligatorios en un grupo de 3.

Para terminar (30 min): Partido 8:8 a lo ancho del campo en torno a línea de mediocampo con 2 porterías abiertas (3 m de ancho) con posibilidad de contraataque sobre las dos porterías normales (Fig. 138)

Fig. 138: Partido 8:8 a lo ancho del campo con posibilidad de contraataque sobre las porterías normales

En las bandas a la altura de la línea de mediocampo se marcan 2 porterías abiertas. Con el pitido del entrenador el juego del equipo que está en posesión del balón se dirige inmediatamente hacia la portería normal que ha señalado el entrenador con la intención de un remate a portería lo más rápido posible. Si el equipo que defiende se hace con el balón, éste contraataca enseguida sobre la otra portería normal. Después de rematar a portería se prosigue el juego a lo ancho del campo hasta el siguiente pitido. Los goles en las porterías normales valen por dos.

Finalmente carrera de recuperación

Semana: 8	SE 2	Nº Corr. SE: 047	Duración: 100 min

Objetivo del entrenamiento: Mejora de la capacidad de aceleración y del juego

Material de entrenamiento: Cada jugador 1 balón, 12 banderines

Contenido del entrenamiento:

Calentamiento (25 min): Trabajo con el balón en grupos de 4 en un espacio de juego de 10 x 10 m (cada jugador 1 balón)

- Conducir el balón con la parte interior/exterior del empeine, bajo la suela, tirarla hacia atrás, girarla, etc.
- Conducir el balón; a una señal frenarlo y sentarse un momento sobre él.
- Engaño: el jugador balancea el pie derecho (izquierdo) sobre el balón, simulando así un disparo, pero se lleva el balón con el lado exterior del pie izquierdo (derecho) hacia la dirección contraria
- Truco de Matthews: Llevar el balón con la parte interior del pie der (izq.), adelantar un poco el pie hacia la izq. (der.) y llevar el balón con el exterior del mismo junto al lado der. (izq.) del contrario del jugador
- Malabarismos con el balón, picarla hacia arriba y adelantárselo con un disparo sobre la marcha
- A continuación ejercicios de estiramiento en grupos de 4

Condición física (25 min): Mejora de la capacidad de aceleración en grupos de 4 mediante esprints a partir de diferentes formas de desplazamiento

16 arrancadas (2 repeticiones, 1 min de pausa entre cada esprint tras cada forma de desplazamiento)
- Trote hacia delante desde la línea de fondo sobre 16 m, esprint sobre 15 m, 2x
- Trote hacia atrás desde la línea de fondo sobre 16 m, esprint sobre 15 m, 2x
- Saltar a la comba desde la línea de fondo sobre 16 m, esprint sobre 15 m, 2x
- Carrera con multisaltos desde la línea de fondo sobre 16 m, esprint sobre 15 m, 2x
- Pasos laterales desde la línea de fondo sobre 16 m, esprint sobre 15 m, 2x
- Carrera cruzando las piernas desde la línea de fondo sobre 16 m, esprint sobre 15 m, 2x
- Saltos a lo largo desde la línea de fondo sobre 16 m, esprint sobre 15 m, 2x

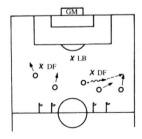

Fig. 139: *Partido 5:3+GM con portería normal, con posibilidad de contraataque sobre 2 porterías abiertas*

- Saltos en zigzag desde la línea de fondo sobre 16 m, esprint sobre 15 m, 2x

Táctica (20 min): Mejora de la velocidad del juego en superioridad numérica y de la pérdida de tiempo en inferioridad numérica mediante un partido 5:3+GM en una mitad del campo con portería normal y posibilidad de contraataque sobre 2 porterías abiertas en la línea de medio campo (3 m de ancho) (Fig. 139)

El equipo atacante juega con 2 delanteros + 3 defensas contra 2 mediocampistas + libre.

El objetivo de los atacantes es dificultar la tarea de marcaje mediante constantes cambios de posición y conseguir gol con pases inesperados en profundidad y paredes frecuentes. La defensa empieza con una ventaja de 2:0 e intenta mediante la conservación y el mantenimiento del balón practicar la pérdida de tiempo y conseguir gol sobre una de las dos porterías abiertas.

Para terminar (30 min): Utilización del juego rápido en un partido 5:5:5+1 sobre todo el campo con PO (Fig. 140)

El jugador neutral (cambio cada 5 min) juega con el equipo que está en posesión del balón, teniéndose que concluirse cada ataque en máx. 30 seg.

Finalmente carrera de recuperación

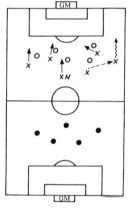

Fig. 140: Utilización del contraataque rápido mediante un partido 5:5:5+1 con jugador neutral

Semana: 8	SE 3	Nº Corr. SE: 048	Duración: 100 min

Objetivo del entrenamiento: Enseñanza del pressing

Material de entrenamiento: 10 balones, 4 banderines

Contenido del entrenamiento:

Calentamiento (25 min): Correr sin balón sobre el ancho del campo

- Trote suave (varios anchos de campo) con ejercicios de estiramiento
- Correr dando multisaltos en altura y en longitud
- Andar de puntillas
- Trotar con series de saltos a la comba
- Salidas a partir de la marcha hacia atrás
- Andar sobre los talones
- Trotar con saltos de cabeza
- Salidas a partir de la marcha
A continuación estiramientos

Táctica (15 min): Partido 4:4 sobre 2 líneas en un espacio de 40 x 30 m a lo ancho del campo (Fig. 141)

El objetivo es el rápido contraataque así como la mejora del uno contra uno. Se consigue un gol cuando el equipo que está en posesión del balón puede jugar con un compañero situado detrás de la línea de fondo contraria de forma que éste lo pueda ceder directamente a otro compañero situado en el campo. El equipo sigue en posesión del balón y contraataca enseguida hacia la línea de fondo. El equipo que defiende intenta entreteniendo el balón contrarrestar el contraataque y hacerse él mismo con el balón mediante el marcaje rápido.

Fig. 141: *Partido 4:4 sobre 2 líneas*

Fig. 142: *Partido 6:4 con remate a portería y crear una situación de pressing*

Táctica (30 min): Remate a portería o crear una situación de pressing y el pressing mediante un partido 6:4+GM con una portería normal en una MDC (Fig. 142)

El equipo atacante empieza en la línea de mediocampo e intenta llegar rápidamente al remate. Cuando pierde el balón aplica el pressing de ataque. La defensa intenta conservar en su poder el balón, para lo que puede involucrarse al portero. Después de cada 7 min se cambian 2 delanteros por 2 defensas.

Para terminar (30 min): Partido sobre todo

el campo con 2 porterías poniendo el acento en el pressing. El equipo A practica durante 15 min un pressing de ataque, mientras que el equipo B inicia su pressing sólo a partir de la línea de mediocampo (pressing en el mediocampo). Después de 15 min se cambian los papeles. El entrenador vigila si los jugadores saben reconocer correctamente la situación de pressing, reaccionan rápidamente y se organizan en consecuencia. Finalmente carrera de recuperación

Semana: 9	SE 1	Nº Corr. SE: 049	Duración: 100 min

Objetivo del entrenamiento: Mejora de la resistencia

Material de entrenamiento: Cada jugador 1 balón, 8 banderines, 1 portería normal portátil

Contenido del entrenamiento:

Calentamiento (25 min): Correr con y sin balón (Fig. 143)
Se señalan 2 cuadrados: En un cuadrado de 35 m de lado hay otro cuadrado de 15 m de lado
- Trote relajado sin balón a lo ancho del campo
- Todos los jugadores conducen el balón a un ritmo medio dentro del cuadrado pequeño A
- Se forman 2 grupos, cambiándose cada grupo al otro cuadrado después de 1 min
- Grupo 1: Conducir el balón dentro del cuadrado A
- Grupo 2: Malabarismos con el balón dentro del cuadrado B
- Grupo 1: Ejercicios gimnásticos dentro del cuadrado A
- Grupo 2: Conducir el balón con fintas dentro del cuadrado B
- Grupo 1: Cambios de ritmo y de dirección continuos dentro del cuadrado A

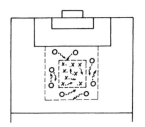

Fig. 143: Ejercicios de calentamiento en 2 cuadrados

- Grupo 2: Picar el balón, controlarlo y llevárselo dentro del cuadrado B

En total 2 series (cada ejercicio 1 min): a continuación ejercicios de estiramiento

Condición física (20 min): Mejora de la resistencia mediante diferentes formas de carrera en grupos de 4 (Fig. 144)

Sobre el terreno de juego se marcan 5 tramos de diferente distancia largos que deben recorrerse cada vez con diferentes formas de desplazamiento.

4 series, 30 seg de pausa entre cada recorrido
Tramo 1: Correr cruzando las piernas
Tramo 2: Trote con rotación de brazos
Tramo 3: Correr lateralmente
Tramo 4: Correr dando multisaltos
Tramo 5: Trote (por todo el campo)

Táctica (35 min): Partido 4:4+4 con 2 porterías normales con PO en una MDC (al mismo tiempo entrenamiento de la resistencia) (Fig. 145)

Se forman 4 equipos, el equipo A juega contra B y C actúa como zona de juego neutral a lo largo de las bandas, mientras que el equipo D hace una carrera por todas las instalaciones deportivas durante los 8 min que dura el partido.

A continuación C juega contra D, A actúa como zona de juego y B corre.

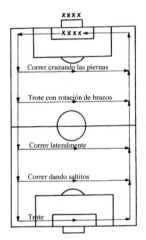

Fig. 144: Diferentes formas de carrera en grupos de 4

En total se realizarán los siguientes partidos:
1. A:B+C, D corre
2. C:D+A, B corre
3. A:B+D, C corre
4. C:D+B, A corre

Para terminar (20 min): Partido sobre todo el campo (sin hándicaps)

Formación de los equipos, por ejemplo mayores contra jóvenes o solteros contra casados

Finalmente carrera de recuperación

Fig. 145: Partido 4:4+4

Semana: 9	SE 2	Nº Corr. SE: 050	Duración: 95 min

Objetivo del entrenamiento: Enseñanza de las capacidades técnico-tácticas generales

Material de entrenamiento: 20 balones, 8 banderines, 1 portería normal portátil

Contenido del entrenamiento:

Calentamiento (25 min): Balonmano
Balonmano 8:8 en una MDC con 2 porterías normales (portería normal portátil en la línea de medio campo).
Se obtiene un tanto cuando un jugador mete un gol de cabeza en la portería contraria a pase de un compañero.
A continuación ejercicios de estiramiento.

Técnica/Táctica (45 min): Enseñanza de las capacidades técnico-tácticas generales mediante un circuito de entrenamiento en grupos de 4 (10 min/zona; 1 min de pausa en el cambio de zona) (Fig. 146)

Zona 1: Tiro a portería después de una pared frente a un defensa
En la frontera del área de penalti hay apostados 1 delantero y 1 defensa. Los jugadores corren uno a uno con el balón desde una distancia de 30 m, el delantero se libera del defensa y se dirige hacia el jugador que tiene el balón para realizar una pared, que remata directamente. El portero se cambia a continuación con el delantero, mientras que el anterior delantero se convierte en defensa.

Zona 2: Juego de cabeza
2 jugadores con balón y los otros dos jugadores se sitúan en el centro (separados aprox. 8 m). EL lanzamiento desde fuera se dirige al jugador de atrás, que devuelve con la cabeza

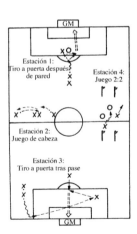

Fig. 146: Enseñanza de las capacidades técnico-tácticas generales en grupos de 4

elevándose sobre el compañero que lo dificulta ligeramente. A continuación los dos jugadores se giran de inmediato y esperan el siguiente lanzamiento desde el lado contrario, pero esta vez es el otro jugador quien tiene que cabecear el balón.
Cambio después de 20 cabezazos.

Zona 3: Tiro a portería después de un centro
1 jugador (el segundo está preparado) centra balones largos sobre el compañero apostado en el 2º palo en el área de penalti, que con la cabeza o el pie se la coloca al jugador que viene corriendo desde atrás y que directamente remata.

A continuación se cambia el lanzador al área de penalti, mientras que el jugador apostado hasta entonces allí se desplaza hacia atrás y el portero se sitúa en la banda. A continuación centra el segundo jugador.
Ejercicio a realizar por las dos bandas.

Zona 4: Partido 2:2 con 2 porterías abiertas (3 m de ancho) en un espacio de juego de 20 x 15 m

Para terminar (25 min): Partido 4:4 con 2 porterías abiertas (3 m de ancho) en una MDC en forma de torneo
En las dos mitades del campo con 2 porterías abiertas se juegan simultáneamente dos 4:4, donde los goles sólo pueden conseguirse de disparo directo. Después de 10 min, los dos equipos ganadores y los dos equipos perdedores se enfrentan entre sí (por sorteo si existe empate) (10 min)
Finalmente carrera de recuperación

Semana: 9	SE 3	Nº Corr. SE: 051	Duración: 105 min

Objetivo del entrenamiento: Mejora de la velocidad y del juego por las bandas

Material de entrenamiento: Cada jugador 1 balón, 12 banderines, una portería normal portátil
Contenido del entrenamiento:

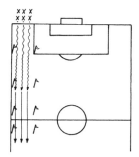

Calentamiento (25 min): Partido de fútbol-balonmano-balón-cabeza con 2 equipos con 2 porterías normales (segunda portería en la línea de medio campo)
El juego debe sucederse obligatoriamente según la secuencia pie, mano, cabeza y los goles sólo se podrán marcar con la cabeza o el pie.
El jugador 1 conduce el balón con el pie y se lo pasa a un compañero de forma que éste lo pueda coger con las manos. El lanzamiento con la mano debe ser respondido por el siguiente jugador con la cabeza, y entonces se podrá seguir el juego con el pie.
El equipo defensor sólo puede jugar el balón de la misma forma.
A continuación estiramientos.

Fig. 147: Mejora de la velocidad con y sin balón

Condición física (20 min): Mejora de la velocidad con y sin balón en grupos de 3 (Fig. 147)
Ejercicio: 2 series de 8 carreras cada una/1 min. de pausa entre los esprints, 2 min de pausa con estiramientos entre las dos series.
Tramo 1: Conducir el balón a un ritmo medio (16 m)
Tramo 2: Conducir el balón a máxima velocidad (25 m) y ceder el balón
Tramo 3: Ir al trote sin balón (20 m)
Tramo 4: Sprint (10 m) y a continuación correr suavemente hasta la línea de fondo contraria

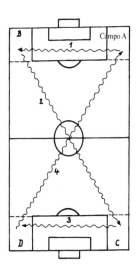

Fig. 148: Ejercicios técnicos de balón y formas de carrera entre 4 espacios

Táctica (45 min): Enseñanza del juego por las bandas como condición previa para el remate a portería

Ejercicio 1 (15 min): Pase hacia la banda con cambio de posiciones (Fig. 148)

El jugador A abre al jugador B (1), que inmediatamente lo pasa cruzado al jugador A (2). El jugador corre para recibir el pase y centra desde la línea de fondo al jugador C (3), que remata directamente (4)

A se cambia a continuación a la posición de C, C a la de B y B a la de A.

Realizar desde las dos bandas.

Ejercicio 2 (15 min): Pase hacia la banda a jugador que se desdobla por atrás (Fig. 149)

El jugador A abre hacia B, que conduce el balón hacia el interior y a continuación abre hacia el jugador A, que viene corriendo desde atrás. A centra desde la línea de fondo a C, que culmina con tiro a portería.

A se cambia a la posición de C, C a la de B y B a la de A.

Realizar desde las dos bandas.

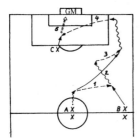

Fig. 149: *Pase hacia la banda al jugador que viene desde atrás*

Ejercicio 3 (15 min): El punta cae a la posición exterior (Fig. 150)

El jugador A abre hacia B (1), que profundiza (2) hacia el punta C que se desplaza hacia la banda. C conduce el balón hasta la línea de medio campo y lo centra (3) a los jugadores que han venido corriendo con él, apostándose A en el 2º palo y B en el 1º palo.

A continuación se cambia B con C, C con A y A con B.

Realizar desde las dos bandas.

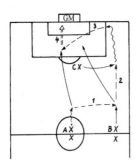

Fig. 150: *El punta cae a la banda*

Para terminar (20 min): Partido sobre todo el campo poniendo el acento en el juego por las bandas marcando espacios prohibidos en las bandas del campo (Fig. 151)

El jugador que lleva el balón no puede ser atacado en los espacios prohibidos, por lo que puede centrar sin impedimentos. Los goles que se consiguen como resultado de un centro valen por dos.
A continuación carrera de recuperación

Fig. 151: *Fomento del juego por las bandas mediante espacios prohibidos en las bandas del campo*

Semana: 10	SE 1	Nº Corr. SE: 052	Duración: 90 min

Objetivo del entrenamiento: Mejora de las capacidades técnicas con el balón y del juego en conjunto

Material de entrenamiento: 8 balones, 4 banderines

Contenido del entrenamiento:

Calentamiento (25 min): Correr con balón en grupos de 2 a lo ancho del campo
- Los jugadores se pasan el balón en carrera; primero raso, después a media altura. El pase debe cederse inmediatamente al compañero que está corriendo (aprox. 5 min)
- El jugador 1 con el balón acosa al jugador 2 utilizando para ello fintas; el jugador 2 se queda pasivo (cambio después de cubrir 2 anchos de campo).

- El jugador 1 dribla con el balón y lo cubre con el cuerpo frente al jugador 1 que le entra con mesura (cambio después de 1 min)
- El jugador 1 juega con el jugador 2 que recula a unos 10 m de distancia. El jugador se acerca en corto sobre el balón y deja que rebote en su pie (cambio después de cubrir 2 anchos de campo)
- El jugador 1 sirve al jugador 2 balones rasos, a media altura y altos y cambia de dirección inmediatamente después de pasar; el jugador 2 devuelve el balón directamente al jugador 1 a medida que éste corre (cambio después de 1 min)
- Los jugadores 1 y 2 se colocan espalda contra espalda y se van pasando el balón mediante un giro del tronco.
- Los jugadores 1 y 2 se colocan espalda contra espalda con las piernas separadas y se van pasando primero el balón por debajo de las piernas devolviéndolo a continuación por encima de la cabeza.

A continuación ejercicios conjuntos de estiramiento, en los cuales cada jugador mostrará un ejercicio distinto a los demás.

Técnica/Táctica (40 min): Mejora del juego de equipo con remate a portería

Ejercicio 1 (10 min): Partido 4:4 en una MDC con un PO que se puede mover libremente por el campo (Fig. 152)

El objetivo del equipo que está en posesión del balón es pasar lo más frecuentemente posible al portero que se mueve libremente por el campo, obteniéndose un punto por cada cesión correcta. El portero lanza a continuación el balón otra vez al equipo que ha conseguido el punto.

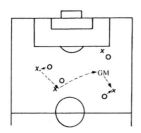

Fig. 152: *Partido 4:4 con un PO que se mueve libremente por el campo*

Fig. 153: *Partido 4:4 con una portería abierta con PO*

Ejercicio 2 (10 min): Partido 4:4 en una MDC con un PO que se mueve libremente por el campo

Como en el ejercicio 1, pero el balón puede jugarse a 2 toques.

Ejercicio 3 (10 min): Partido 4:4 en una MDC con 1 portería abierta (6 m de ancho) con PO (Fig. 153). Una línea en la que hay marcada una portería abierta de 6 m de ancho divide el campo de juego en 2 zonas. Un gol subirá al marcador cuando todos los jugadores del equipo atacante se encuentren a uno de los dos lados de la línea divisoria. Es decir, si el balón cruza la línea, todos los atacantes deberán cambiarse a la mitad contraria antes de poder tirar. Después de hacerse con el balón el portero reanuda el juego lanzándolo a la mitad que está libre.

Ejercicio 4 (10 min): Partido 8:8 sobre todo el campo con 2 porterías abiertas (6 m de ancho) con PO (Fig. 154)

Como en el ejercicio 3, pero formando con las dos zonas de juego de cada mitad del campo sendas zonas grandes. La consecución de un gol en una de las dos porterías abiertas sólo es posible cuando todos los jugadores del equipo atacante se encuentran en una de las zonas.

Para terminar (25 min): Partido 8:8 sobre todo el campo con una portería normal con PO

El gol sólo subirá al marcador cuando todos los jugadores del equipo atacante se encuentren en la mitad contraria del campo.

Objetivo: Avance rápido de la defensa; tranquilizar el juego en el ataque para permitir el avance de la defensa.

Para terminar carrera de recuperación.

Fig. 154: Partido 8:8 con 2 porterías abiertas con PO

Semana: 10	SE 2	Nº Corr. SE: 053	Duración: 100 min

Objetivo del entrenamiento: Mejora del remate a portería después de combinaciones

Material de entrenamiento: 20 balones, una portería normal portátil, 6 banderines

Contenido del entrenamiento:

Calentamiento (25 min): Jugar a coger en el área de penalti, 10 min de trote suave con ejercicios de estiramiento

Ejercicio 1: 1 jugador hace de cazador. Los jugadores acechados pueden salvarse de ser cazados si son capaces de hacer 4 flexiones.

Ejercicio 2: 1 jugador hace de cazador. Hay 2 balones en juego. Quien está en posesión del balón no puede ser cazado. El objetivo es pasar un balón al jugador que está a punto de ser cazado.

Ejercicio 3: 1 jugador hace de cazador. Todos los demás jugadores a excepción de uno (el acechado) están estirados boca abajo repartidos por el área de penalti. El jugador acechado puede salvarse de ser cazado tirándose al lado de uno de sus compañeros. Este último pasa a ser el cazador, el anterior cazador pasa a ser la presa.

A continuación ejercicios de estiramiento en conjunto.

Remate a portería (65 min): Diferentes combinaciones.

Ejercicio 1: Tiro a portería tras conducciones rápidas y centro (Fig. 155)
Una MDC con 2 porterías normales, 4 jugadores + 2 POs. Grupo 1 con 8 jugadores (4 activos). Los porteros sirven el balón con la mano a los jugadores que se lo piden desde la

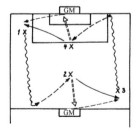

Fig. 155: Tiro a portería tras conducciones rápidas y centro

banda. Éstos conducen el balón con conducciones rápidas hasta la línea de fondo y lo centran al jugador colocado en el centro, que concluye la jugada con un tiro a portería.

A continuación cambio de posiciones.

Después de 3 min entra el otro grupo de 4 en el campo.

Segunda parte: Jugar por la otra banda. El segundo grupo (8 jugadores) juega al mismo tiempo en la otra mitad del campo un 4:4, en el que cada pared vale un punto (12 min). Después se cambia con el grupo 1.

Ejercicio 2: Tiro a portería después de una pared (Fig. 156)

Como en el ejercicio 1, pero después del servicio con la mano del portero el jugador que ha recibido el balón hará una pared con su compañero que se le acerca, centrando después desde la línea de fondo sobre este compañero que remata a portería.

A continuación cambio de posiciones.

Después de 3 min entra el otro grupo de 4 en el campo.

Segunda parte: Jugar por la otra banda. El segundo grupo juega al mismo tiempo en la otra mitad del campo un 4:4, en el que cada pase de 30 m conseguido vale un punto (12 min). Después se cambia con el grupo 1.

Ejercicio 3: Partido 6:6 con 2 extremos por equipo (Fig. 157)

En una MDC con 2 porterías normales y zonas neutrales (5-6 m de ancho) en las bandas

En las dos bandas del campo se marca una zona neutral, donde se coloca 1 jugador de cada equipo. El jugador en esta zona no puede ser atacado, de forma que puede centrar sin impedimentos. Los goles después de un centro valen por dos. A una señal este jugador se cambiará por otro del campo (15 min).

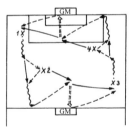

Fig. 156: Tiro a portería después de una pared

Fig. 157: Partido 6:6 con 2 extremos por equipo

Para terminar (10 min): Carrera de recuperación por todo el campo.

Semana: 10	SE 3	Nº Corr. SE: 054	Duración: 95 min

Objetivo del entrenamiento: Creación de ocasiones de gol, pases largos

Material de entrenamiento: 10 balones, 10 banderines

Contenido del entrenamiento:

Calentamiento (25 min): Correr sin/con balón en grupos de 2
- Correr por parejas por todo el campo (10 min) con ejercicios de estiramiento
- Los jugadores se pasan balones altos desde 25 m por lo menos (10 min)
- Ejercicios de estiramiento

Táctica (45 min): Ejercicios para crear ocasiones de gol mediante pases largos.

Ejercicio 1 (20 min): Partido 4:4 con portería normal con PO en una MDC (Fig. 158)

En las dos mitades del campo se juegan sendos 4:4 con portería normal y portero. Todos los balones se encuentran en el círculo central. Uno de los equipos de 4 adopta durante 5 min el papel de atacante e intenta conseguir el máximo número de goles. Tras marcar un gol, después de un tiro a portería fallido o de que el portero atrape el balón, el juego se inicia otra vez desde la línea de medio campo.

Si el equipo que defiende se hace con el balón, entonces deberá pasarlo inmediatamente en largo al entrenador que está en el círculo central.

Cambio de los papeles después de 5 min; 2 partes.

Fig. 158: Partido 4:4 con portería normal y PO

Ejercicio 2 (20 min): Partido 2:2+2:2 con portería normal y PO (Fig. 159)

Se marca un espacio de ataque sobre todo el ancho del campo desde 25 m de cada línea de fondo. El correspondiente espacio para el mediocampo se marca en un cuadrado de 25 x 25 m a cada lado de la línea de medio campo. Los equipos de 4 jugadores se subdividen en 2 grupos, colocándose 2 jugadores en el espacio de ataque y 2 en el espacio de mediocampo.

A partir del 2:2 que se juega en el espacio de mediocampo la pareja que está en posesión del balón debe intentar jugar balones largos a sus compañeros que se desmarcan en el espacio de ataque, rematando éstos a portería. Cuando se marca un gol, después de un tiro a portería fallido, después de que el portero se haga con el balón el equipo que antes desempeñaba las funciones de defensa se encargará ahora de jugar en el espacio de mediocampo.

Cambio de papeles después de 10 min.

A continuación trote suave junto con ejercicios de estiramiento.

Fig. 159: Partido 2:2+2:2 con portería normal con PO

Para terminar (25 min): Partido 4+4:4+4 sobre todo el campo (Fig. 160)

En los dos bandas del campo se marca un espacio de 10 m de ancho, donde deberán colocarse 2 jugadores de cada equipo.

Sólo podrá conseguirse un gol cuando un equipo haya involucrado por lo menos a 1 jugador de la banda derecha o izquierda. Entonces el jugador de la banda que ha recibido un pase reemplazará al jugador que le ha pasado, pero el primero sólo podrá jugar al primer toque y con pases largos (desde por lo menos 20 m).

Los jugadores de las bandas no pueden ser atacados.

Finalmente carrera de recuperación

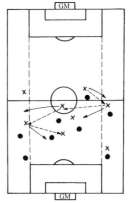

Fig. 160: Partido 4+4:4+4

Semana: 11	SE 1	Nº Corr. SE: 055	Duración: 95 min

Objetivo del entrenamiento: Mejora de la condición física y de la técnica del balón

Material de entrenamiento: 10 balones, 8 balones medicinales, 2 cintas elásticas, 18 banderines

Contenido del entrenamiento:

Calentamiento (25 min): Correr sin balón a lo ancho del campo
- Trote suave con ejercicios de estiramiento
- Correr dando multisaltos con/sin rotación de ambos brazos hacia delante y atrás
- Correr cruzando las piernas
- "Saltos a la comba"
- Correr elevando las rodillas y elevando los talones
- Desde el paso ligero ponerse en cuclillas, rebote y salto de cabeza
- Salidas con/sin fintas hacia del./atr.
- Ejercicios de estiramiento

Condición física (45 min): Mejora de la condición física y de la técnica de balón con un circuito de entrenamiento en grupos de 4 (Fig. 161)
Cada ejercicio 45 seg, pausa 60 seg, 2 series

Zona 1: Pases entre 2 banderines (distancia de 15 min)
2 jugadores se pasan directamente el balón entre 2 banderines. Después de pasar cada jugador da una vuelta en torno al banderín antes de recibir nuevamente el balón.

Zona 2: Ejercicios con el balón medicinal
Cada jugador se coloca con las piernas separadas y sujeta el balón medicinal entre las mismas, con un brazo por delante y el otro brazo por detrás en torno a una pierna. Mover rápidamente los brazos de adelante a atrás.

Zona 3: Esprint-trote en un cuadrado (15 m de lado)
Los jugadores rodean el cuadrado, alternando en cada lado el trote y el esprint

Zona 4: En la portería: Saltos de cabeza desde la posición de cuclillas hacia el larguero.

Zona 5: Pases con cambio de posición
Los jugadores se colocan por parejas separados 10 m y se pasan el balón cambiando su posición hacia el otro grupo.

Zona 6: Lanzamiento del balón medicinal desde la posición de cuclillas
Los jugadores lanzan hacia arriba el balón medicinal desde la posición de cuclillas y lo cogen por encima de la cabeza de un salto.

Zona 7: Correr contra la cinta elástica
Los jugadores se colocan por parejas una banda elástica en torno al pecho y se separan tensando la cinta.

Zona 8: Juego 1:1 en un espacio de 10 x 10 m.

Zona 9: Cabezazos desde la posición de cuclillas por encima del larguero de la portería (fútbol-tenis con la cabeza).

Zona 10: Trabajo individual con el balón: Conducción rápida del balón (desplazarlo hacia atrás, girarlo, etc.) con fintas y cambios repentinos de dirección.
Para finalizar 5 min de trote suave con ejercicios de estiramiento

Finalmente (25 min): Partido sobre todo el campo con PO
- 10 min a 2 toques de balón
- 15 min sin límite de toques — en la mitad del campo propia sólo al primer toque
Para finalizar, carrera de recuperación

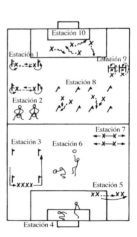

Fig. 161: Mejora de la condición física y de la técnica del balón mediante un circuito de entrenamiento

Semana: 11	SE 2	Nº CORR. DE SE: 056	Duración: 100 min

Objetivo del entrenamiento: Mejora de la velocidad con y sin balón

Material de entrenamiento: Cada 2 jugadores 1 balón, 4 banderines

Contenido del entrenamiento:

Calentamiento (25 min): Correr individualmente con/sin balón

Cada jugador realiza su programa de calentamiento por separado; él mismo decide su forma de carrera, la dirección y las combinaciones de saltos, al principio sin balón. Después de 15 m se prosigue el trabajo de calentamiento individualmente con el balón.

A continuación ejercicios de estiramiento conjuntamente

Condición física (50 min): Mejora de la velocidad con el balón en grupos de 2

Ejercicio 1: Esprint después de pasar el balón

El jugador 1 lleva el balón y lo envía raso. El jugador 2 debe interceptar el balón a la carrera y devolvérselo al jugador 1. Cambio de papeles después de 5 pases.

Pausa (2 min): Juego de cabeza

Ejercicio 2: Pases en pared

El jugador 1 lleva el balón y efectúa 10 paredes con la máxima intensidad con el jugador 2. Después intercambio de papeles.

Pausa (2 min): Juego de cabeza desde la posición de sentado.

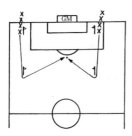

Fig. 162: Competición de tiro

Ejercicio 3: Recogida de un balón parado

El jugador 1 lleva el balón, el 2 le sigue a 10 m de distancia. El jugador 1 para de repente el balón con la suela y se aleja. El jugador 2 corre

hacia el balón y lo devuelve a 1. Cambio después de 2 min
Pausa (2 min): Juego de cabeza desde la posición de arrodillado.

Ejercicio 4: Esprint por el balón
El jugador 1 se coloca con las piernas ligeramente separadas. El jugador 2 se acerca driblando con el balón y le hace el túnel, para después correr los dos por el balón. Si el jugador 1 alcanza el balón antes que el 2, se cambian los papeles. El jugador 2 dispone de 5 intentos.
Pausa (2 min): Malabarismo con el balón

Ejercicio 5: Conducción con un uno contra uno
El jugador 1 dribla con el balón hacia el jugador 2 que recula y de repente se hace un autopase para que los dos corran por el balón. Si el jugador 2 alcanza el balón antes que el 1, se cambian los papeles. El jugador 1 dispone de 5 intentos.
Pausa (2 min): Saques de banda largos

Ejercicio 6: Carreras tras un pase alto
El jugador 1 lleva el balón y lo juega a 2 con un pase alto y largo para correr inmediatamente hacia el balón despejado directamente por 2. Cambio después de 5 globos.
Pausa (2 min): Los jugadores están espalda contra espalda y se entregan el balón con un giro del tronco.

Ejercicio 7: Competición de tiro (Fig. 162)
2 equipos: Un jugador de cada equipo se dirige al mismo tiempo a la señal del entrenador hacia el balón que se encuentra a 20 m de la portería, debiendo llegar inmediatamente al remate tras el uno contra uno. ¿Qué equipo consigue más goles? 3 series.
Para finalizar ejercicios de estiramiento

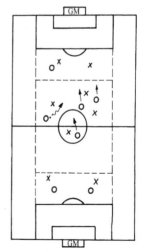

Fig. 163: Juego de posiciones con 2 DT:2 DE + 4:4 CC + 2 DT: 2 DE

Para finalizar (25 min): Juego de posiciones con 2 equipos sobre todo el campo (Fig. 163)

2 DT:2 DE + 4:4 en el CC + 2 DE:2 DT

En las zonas marcadas del campo los jugadores mantienen sus posiciones, por lo que en cada zona se llega a una situación de 1:1. El equipo que tiene el balón intenta, jugando el balón fuera de la zona de defensa, pasar a uno de sus centrocampistas, que en combinación con sus compañeros debe jugar con los dos puntas marcados individualmente. No puede abandonarse la zona asignada a cada uno.

Después de unos 8 minutos se cambian los papeles, para que cada jugador pueda ejercer una vez la posición de un defensa, un centrocampista y un delantero.

A continuación carrera de recuperación

Semana: 11	SE 3	Nº Corr. SE: 057	Duración: 95 min

Objetivo del entrenamiento: Mejora del juego de equipo y de la velocidad del juego

Material de entrenamiento: 10 balones, 1 portería normal portátil

Contenido del entrenamiento:

Calentamiento (25 min): Rondo 5:3 a 2 toques de balón en un espacio de juego de 25 x 15 m

Cada jugador completa primero un programa de carreras y estiramientos de 10 min; a continuación se juega un 5:3.

Táctica (40 min): Mejora del juego de equipo y de la velocidad de juego mediante un partido 4:4 o un 5:3 en ambas mitades del campo.

Ejercicio 1 (10 min). Partido 4:4 en una MDC con 2 porterías normales con PO (segunda portería normal en la línea de medio campo)

El equipo atacante tiene que haber concluido su ataque en máx. 20 seg, de lo contrario el balón pasa al otro equipo.

Objetivo: Juego rápido y lo más directo posible. Después de 10 min se cambian los dos equipos a la otra mitad del campo y completan el ejercicio 2.

Ejercicio 2 (10 min): Juego 4:4 en una MDC (sin porterías)
Objetivo: Juego sin balón
Después de 10 min se cambian ambos equipos a la otra mitad del campo y realizan el ejercicio 1.

Ejercicio 3 (20 min): Partidos 5:3 en una MDC con 1 portería con PO (en las dos mitades del campo al mismo tiempo).
El equipo en superioridad numérica inicia sus ataques en la línea de medio campo e intenta con un juego rápido y lo más directo posible hacer un gol.
Si la defensa se hace con el balón, intentará conservarlo en sus propias líneas y practicar la pérdida de tiempo.
Después de 10 min los equipos en superioridad numérica se cambian de mitad del campo.

Para terminar (30 min): Partido 8:8 sobre todo el campo (Fig. 164)
Sólo pueden permanecer 3 defensas de un equipo en su MDC, a los que se oponen siempre 5 delanteros, de forma que se da una situación de 5:3 en cada mitad. El equipo defensor en inferioridad numérica puede jugar libremente el balón, mientras que el equipo atacante en superioridad numérica, juega a 2 toques, de la forma más rápida y directa posible.
Para terminar carrera de recuperación

Fig. 164: Partido 8:8 con una superioridad numérica 5:3 fija en la MDC contraria

Semana: 12	SE 1	Nº Corr. SE: 058	Duración: 100 min

Objetivo del entrenamiento: Mejora de la resistencia mediante ejercicios adaptados al juego

Material de entrenamiento: 10 balones, 20 banderines, 2 papeleras

Contenido del entrenamiento:

Calentamiento (25 min): Balonmano 4:4 en un cuarto del campo con una portería móvil

Un jugador del equipo que posee el balón lleva una papelera e intenta cazar, recoger con ella los lanzamientos de los jugadores. Cada "canasta" supone un punto. En caso de pérdida del balón se pasa la papelera al otro equipo.

A continuación ejercicios de estiramiento.

Tiro a portería (20 min): Desdoblamiento por atrás con remate a portería en grupos de 2

Ejercicio 1 (10 min): El poseedor del balón dribla desde la banda hacia el interior en dirección al área de penalti y pasa en diagonal al jugador que viene por detrás, que remata a portería. Realizarlo por las dos bandas (Fig. 165).

Ejercicio 2 (10 min): 1 delantero se sitúa en el área de penalti y remata los centros (cambio después de 5 balones). Los jugadores se colocan por parejas en la línea de medio campo (ocupando la posición central y la banda). El jugador que está en el círculo central hace un pase lateral hacia la banda y sigue a continuación al jugador que va driblando hacia el interior. Este último pasa al compañero que le sigue por fuera, quien lleva el balón hasta la línea de fondo y centra sobre el delantero. Realizarlo en las dos bandas (Fig. 166).

Condición física (48 min): Mejora de la resistencia mediante ejercicios adaptados al juego

Ejercicio 1 (10 min): Partido 4:4 + 1 PO en una MDC

El portero se mueve libremente por la mitad del campo. Cada pase aéreo largo que el portero ataja significa un punto para el equipo que tiene la posesión del balón. El juego se reanuda

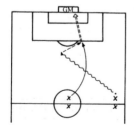

Fig. 165: *Desdoblamiento por atrás, remate a portería*

mediante un lanzamiento del portero al equipo que antes había realizado el trabajo de defensa. Antes de cada pase aéreo hacia el portero el equipo que lleva el balón debe realizar 3 pases. 2 min de pausa con estiramientos

Ejercicio 2 (10 min): Partido 4:4 con cambio en una MDC

Se forman 4 equipos (2 rojos y 2 verdes) con 4 jugadores cada uno, donde siempre habrá 2 equipos en activo y que juegan un 4:4 en una mitad del campo. Los restantes 8 jugadores corren mientras tanto alrededor del campo. Si el equipo rojo tiene el balón los 4 jugadores de verde de fuera del campo deberán acelerar el ritmo, si el equipo verde tiene el balón serán los 4 jugadores de rojo los que deberán acelerar el ritmo. Cambio después de 3 min.

2 partes

2 min de pausa con estiramientos

Ejercicio 3 (10 min): Partido 4:4 + 1 PO con varias porterías abiertas en una MDC

En la mitad del campo se encuentran distribuidas 5 porterías abiertas (4 m de ancho). Los goles puede marcarlos el equipo que tiene la posesión del balón por delante y por detrás. El portero tiene que proteger siempre la portería en peligro y cambiar a otra portería según se desplace el juego. No está permitido disparar dos veces seguidas a la misma portería. Si el portero coge el balón, lo entrega al equipo que antes defendía.

2 min de pausa con estiramientos

Ejercicio 4 (10 min): Partido 5:3 en una MDC con 3 porterías abiertas (3 m de ancho). El equipo en superioridad numérica juega el balón con 2 toques y defiende 2 porterías abiertas. El equipo en inferioridad numérica juega libremente defiende 1 portería abierta. Los goles pueden marcarse por delante y por atrás.

2 min de pausa con estiramientos.

Fig. 166: Desdoblamiento atrás, centro, tiro a portería

Semana: 12	SE 2	Nº Corr. SE: 059	Duración: 100 min

Objetivo del entrenamiento: Mejora del remate a portería después de un centro

Material de entrenamiento: 20 balones, una portería normal portátil, 12 banderines

Contenido del entrenamiento:

Calentamiento (25 min):
- Rondo 5:3 con 2 toques de balón en un terreno de juego delimitado (15 m)
- Trote suave a lo ancho del campo (dando multisaltos, sobre los talones, elevando las rodillas, con rotación de los brazos hacia delante/atrás, velocidad de reacción en la salida con fintas con la parte superior del cuerpo); ejercicios de estiramiento para la musculatura de las piernas, abdominal y dorsal (10 min)
Observación: Los porteros calientan por separado

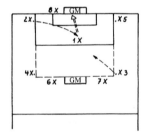

Fig. 167: Remate de centros en un área de penalti doble

Remate a portería (65 min): Remate de centros

Ejercicio 1: Doble área de penalti con 2 porterías normales, 8 jugadores y 2 POs (Fig. 167).
Los jugadores 2, 3, 4 y 5 centran por este orden a balón parado al jugador 1, que remata a portería (a ser posible de volea).
Los 3 jugadores que no toman parte recogen los balones y se intercambian después de 90 seg.
¿Cuántos goles consigue el jugador en 90 seg?
El segundo grupo (8 jugadores) realiza una carrera de resistencia de 12 min. Después se cambia con el grupo 1.

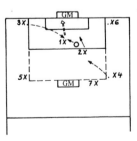

Fig. 168: Remate de centros en un área de penalti doble contra un defensa

Ejercicio 2: Como en el ejercicio 1, pero con la participación de 2 jugadores en el remate, que deberán enfrentarse a 1 defensa (Fig. 168). Los jugadores 3, 4, 5 y 6 centran por este orden a los jugadores 1 y 2, que se desplazan alternativamente hacia el 1º palo y el 2º palo ¿Cuántos goles consiguen los 2 jugadores contra 1 defensa en 90 seg?

El segundo grupo juega al mismo tiempo en la otra mitad del campo un 4:4 con 4 porterías pequeñas, poniendo el acento en el fútbol-rápido (12 min). Después se cambia con el grupo 1.

Fig. 169: Partido 4:4 con 4 jugadores de recambio

Ejercicio 3: La mitad del campo con 2 porterías normales, líneas de banda prolongando las líneas del área de penalti (Fig. 169). Partido 4:4 con 4 jugadores de recambio.

Los jugadores de recambio se sitúan en las bandas. Pueden entrar en juego en cualquier momento, pero sólo podrán jugar al primer toque. A la orden del entrenador se sustituirá a un jugador. Los goles conseguidos por pase de un jugador de recambio valen por dos.

Para finalizar (10 min): Carrera de recuperación por todo el terreno de juego

Semana: 12	SE 3	Nº Corr. SE: 060	Duración: 95 min

Objetivo del entrenamiento: Mejora del juego de equipo, del contraataque y del tiro a portería

Material de entrenamiento: 20 balones, 4 banderines

Contenido del entrenamiento:

Calentamiento (25 min): Balonmano 4:4 en un cuarto del campo con pases de cabeza

Se juega según las reglas del balonmano, pero cada pase de un compañero que pueda combinarse de cabeza con otro compañero vale un punto.

A continuación ejercicios de estiramiento

Remate a portería (25 min): Tiro a portería después de un uno contra uno

Ejercicio 1: Tiro a portería después de una situación de 1:1 (Fig. 170)

A unos 5 metros de la línea del área de penalti se marcan a derecha e izquierda sendas porterías abiertas de 5 m de ancho, que deben ser protegidas cada una por un defensa.

Los atacantes forman 2 grupos y conducen el balón alternativamente desde el lado derecho e izquierdo hacia el defensa en cuestión para driblarlo, cruzar la portería y a continuación disparar inmediatamente sobre la portería normal. El defensa sólo puede entrar al contrario delante de la portería abierta, pero detrás no.

Cambio de los defensas después de 5 ataques.

Ejercicio 2: Tiro a portería después de una situación de 2:2 (Fig. 171)

Como el ejercicio 1, pero en este caso son 2 delanteros que intentan cruzar con el balón una de las porterías abiertas con la oposición de 2 defensas (utilización de la conducción, la pared, el apoyo desde atrás, la cesión del balón).

Cambio de los defensas después de 4 ataques.

Táctica (25 min): Mejora del juego en conjunto y del contraataque mediante un partido 8:8 en el espacio que hay entre un área de penalti y la otra (Fig. 172)

Se obtiene un punto cuando el equipo atacante consigue pasar al portero que se desplaza a lo largo de la línea del área de penalti, de tal manera que éste pueda atrapar el balón. En este caso, el balón no puede tocar el suelo.

El portero devuelve a continuación con la mano el balón al equipo que estaba en posesión del mismo y que había conseguido el punto. Este equipo atacará ahora contra la otra portería.

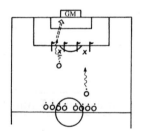

Fig. 170: Tiro a portería después de una situación de 1:1

Fig. 171: Tiro a portería después de una situación de 2:2

Objetivo: Transición rápida mediante el cambio de la dirección del juego
Ejercicio: 2 partes de 12 min cada una, 1 min pausa

Para terminar (20 min): Partido 8:8 sobre todo el campo con situación 5:3 en la respectiva MDC
Únicamente está permitida la presencia de 3 defensas de un equipo en su mitad del campo, a los que se enfrentarán siempre 5 delanteros, de tal manera que en cada mitad del campo se produzca siempre una situación de superioridad/inferioridad numérica.

El equipo defensor en inferioridad numérica puede jugar libremente, mientras que el equipo atacante, en superioridad numérica, juega a 2 toques de balón, por lo que debe jugar rápido y lo más directamente posible.

Para terminar carrera de recuperación

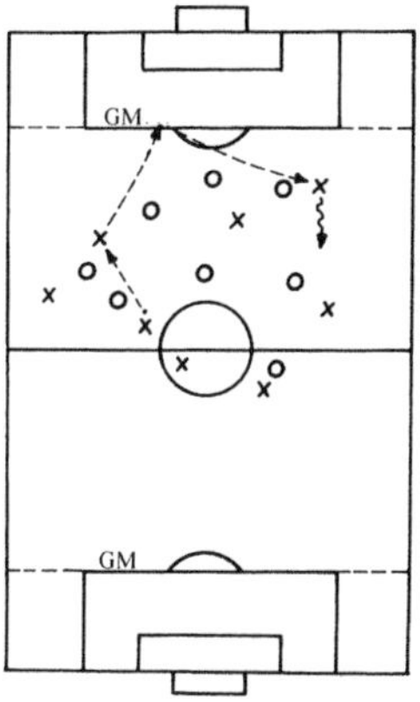

Fig. 172: Partido 8:8 desde un área de penalti a la otra, con PO

| Semana: 13 SE 1 Nº Corr. SE: 061 | Duración: 95 min |

Objetivo del entrenamiento: Enseñanza de las capacidades técnico-tácticas generales

Material de entrenamiento: 20 balones, 6 banderines

Contenido del entrenamiento:

Calentamiento (25 min): Correr con balón en grupos de 5 (de 6)
- Cada jugador asume durante un minuto el papel de guía, conduce el balón con cambios constantes de dirección, los jugadores le imitan
- Los jugadores corren mientras que el último corredor pasa siempre a la cabeza realizando conducciones rápidas
- Los jugadores corren en fila guardando distancias mientras que el último corredor pasa siempre a la cabeza realizando movimientos de slalom

- Gimnasia con el balón: Llevar el balón con las puntas de los dedos a través de las piernas separadas de un lado para otro; sostener el balón con los brazos estirados en alto y flexionar el tronco hacia adelante, a un lado y hacia atrás.
- Ejercicios de estiramiento

Técnica/Táctica (50 min): Enseñanza de las capacidades técnico-tácticas generales mediante un circuito de entrenamiento en grupos de 5 (Fig. 173)

Los jugadores sobrantes trabajan durante 5 min con el péndulo de cabecear

Ejercicio: 12 min/zona, 45 seg de pausa para el cambio de zona

Zona 1: Uno contra uno en la banda y en el área de penalti

En la banda se enfrentan (pared, conducción, rebasar) 2 delanteros contra 1 defensa (situación 2:1) en un espacio longitudinal delimitado (espacio entre la línea de banda y la prolongación de la línea del área de penalti, y deben centrar el balón sobre el área de penalti, donde se enfrenta 1 delantero con la oposición de 1 defensa (situación 1:1), que debe conseguir un gol.

Después de 5 ataques se cambian los papeles.

Zona 2: Juego de equipo y conducción en un espacio de juego de 20 x 30 m

Se numeran los jugadores del 1 al 5. Después de varios toques de balón el jugador debe pasar al compañero con el número mayor, que a continuación debe ser atacado inmediatamente por el primero. El jugador que ha recibido el balón intenta zafarse del atacante y pasa después de 3-4 toques de balón al compañero con el número mayor, al que a su vez ataca.

Fig. 173: Enseñanza de las capacidades técnico-tácticas generales en grupos de 5

Zona 3: Uno contra uno en el área de penalti mediante un partido 1 + 2:2

Un extremo centra el balón sobre los 2 delanteros colocạdos en el área de penalti, que intentan hacer un gol frente a la oposición de los 2 defensas. Si la defensa se hace con el balón, éste deberá ser devuelto al extremo, acción que los 2 delanteros deben impedir mediante un marcaje rápido y agresivo.

Después de 5 centros se cambian los papeles. Realizar el ejercicio por las dos bandas.

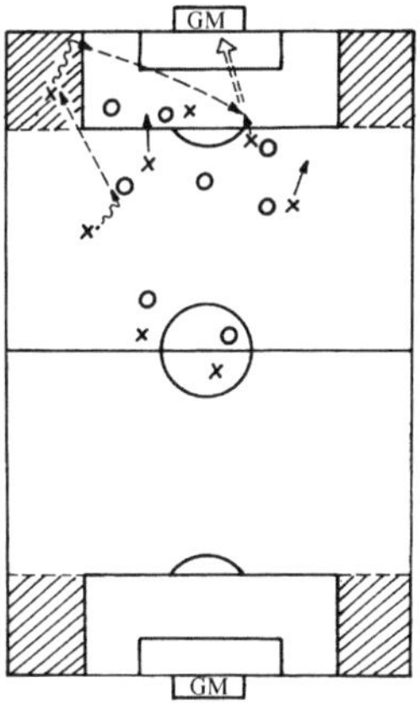

Zona 4: Uno contra uno y juego de conjunto en un espacio de juego de 20 x 20 m mediante un partido 2:2+1 con 3 porterías abiertas (3 m de ancho)

Cada equipo defiende una portería, mientras que la tercera portería debe ser defendida o atacada si se da el caso por ambos equipos. El jugador neutral juega siempre con el equipo que está en posesión del balón, que ataca sobre las dos porterías abiertas. Sólo se puede disparar a portería directamente. El jugador neutral sólo puede jugar al primer toque y no puede marcar ningún gol.

Fig. 174: Partido 8:8 poniendo el acento en el juego por las bandas

Para terminar (20 min): Partido 8:8 sobre todo el campo poniendo el acento en el juego por las bandas (Fig. 174)

En las zonas delimitadas de las bandas los jugadores no pueden ser entrados. Los goles conseguidos tras un centro desde una de las zonas marcadas valen por dos.

Para finalizar carrera de recuperación

Semana: 13	SE 2	Nº Corr. SE: 062	Duración: 90 min

Objetivo del entrenamiento: Enseñanza del pressing

Material de entrenamiento: 10 balones, 8 banderines

Contenido del entrenamiento:

Calentamiento (25 min): Rondo 4:2 con 2 toques de balón

Los jugadores forman 3 parejas; cuando un compañero comete un error, se cambia con la pareja que está en el centro.

A continuación estiramientos

Táctica (25 min): Enseñanza del marcaje en zona, del uno contra uno y del cambio del juego mediante un partido 5:5 con 2 porterías abiertas (3 m de ancho, 25 m distancia) en cada banda de una MDC (Fig. 175)

El equipo defensor cubre con 2 jugadores el espacio que hay delante de las 2 porterías y ataca con una defensa en línea de 3 hombres al equipo que posee el balón. Para ello se desplaza siempre cerca del balón e intenta obligar a los delanteros a realizar pases laterales y conducciones.

El equipo atacante intenta, mediante rápidos cambios de juego, provocar la superioridad numérica frente a una de las dos porterías y lograr un gol.

(Variante: tiro a portería sólo de tiros directos)

Táctica (30 min): Enseñanza del pressing de ataque y desde mediocampo (Fig. 176)

El objetivo es provocar situaciones de pressing de ataque y de mediocampo y la enseñanza de la consiguiente organización de la defensa

Forma de juego: Partido 3 + 3 contra 4 + 2 con una portería normal y 2 porterías abiertas en la línea de medio campo (pressing de ataque) o 2 porterías abiertas en el área de penaltim más alejada (pressing en el mediocampo).

15 min de pressing de ataque
15 min de pressing en el mediocampo

La defensa juega en una formación de 3 (li-

Fig. 175: Partido 5:5 con 4 porterías abiertas

bre y 2 defensas) junto con 3 centrocampistas sobre las 2 porterías abiertas contra 2 delante- ros y 4 centrocampistas. El equipo que ataca hacia la portería normal (con portero) aplica en caso de perder el balón el pressing de ataque, provocando un desplazamiento a los espacios a lo ancho y a lo largo y llevando al contrario a aprietos de espacio y de tiempo. Cuando los atacantes logran un gol en la portería normal, se inicia un nuevo ataque desde la línea de medio campo.

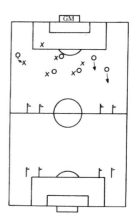

Fig. 176: *Partido 3+3 contra 4+2*

La defensa intenta rechazar el pressing y con- traataca sobre las dos porterías abiertas.

Después del tiempo establecido se retiran las dos porterías abiertas del área de penalti más alejada y se practica el pressing en el mediocampo, iniciando el pressing en la línea de medio campo.

Para terminar (10 min): Carrera suave con ejercicios de estiramiento

Semana: 13	SE 3	Nº Corr. SE: 063	Duración: 95 min

Objetivo del entrenamiento: Aplicación de medios tácticos para la superación del contrario y de los espacios

Material de entrenamiento: 6 balones, 12 banderines, 1 portería normal portátil

Contenido del entrenamiento:

Calentamiento (25 min): Rondo 4:2 con 2 toques en un espacio de juego de 15 x 10 m (los porteros toman parte)
A continuación carreras individuales con ejer- cicios de estiramiento.

Táctica (20 min): Aplicación de soluciones tácti- cas (paredes, cambios del juego, entrega del balón) para superar al contrario y de los espacios sobre espacio de juego delimitado (Fig. 177).

Ejercicio: 5 partes de 3 min cada una, 1 min de pausa entre las partes

Grupo 1 (jugadores ofensivos): Partido 4:4+1
Grupo 2 (jugadores defensivos): Partido 3:3+1
El entrenador elige cada vez a 1 jugador de cada grupo, que durante 3 min desempeña la función de zona de juego neutral con el equipo que está en posesión del balón y que no podrá ser atacado.

Ambos grupos pondrán el énfasis en los siguientes medio campo tácticos:

1. Pared: Superar al contrario que te marca mediante frecuentes paredes con el jugador neutral con salidas y repentinos cambios de dirección.

2. Cambio del juego: Si se juega en corto con el neutral, éste deberá cambiar el juego con un pase largo (es decir, los jugadores más alejados del balón se desmarcan a la espera del pase de cambio del juego).

3. Entregas del balón: Si se juega con el neutral, éste retiene primero el balón protegiéndolo con el cuerpo frente a los contrarios y lo ofrece al equipo en posesión del balón para su entrega (el neutral).

Táctica (20 min): Utilización de paredes, cambios del juego y despejes de balón en las diferentes líneas (Fig. 178)

Grupo 1 (delantero): Partido 1+2:2+1 en un área de penalti doble con portería normal con PO con incidencia en el juego de paredes.

Ejercicio: 7 partes de 2 min cada una, 1 min de pausa entre las partes

En el área de penalti doble se juega un 2:2. Cada equipo coloca a 1 jugador en el área de penalti contraria. Antes de tirar a portería se tiene que jugar obligatoriamente con este jugador, que o bien iniciará una pared o él mismo hará

Fig. 177: Utilización de paredes, del cambio del juego y de la entrega del balón para la superación del contrario y de espacios

de "pared" para los 2 compañeros. Cambio de este jugador cada 2 min.

Grupo 2 (mediocampista): Partido 3:3 con 2 toques de balón con 4 porterías abiertas (3 m de ancho) en un campo de juego de 20 x 20 m poniendo el acento en el cambio del juego.

Ejercicio: 5 partes de 3 min cada una, 1 min de pausa entre las partes.

Cada equipo defiende una portería determinada y puede hacer gol en una de las 3 porterías abiertas. Mediante hábiles cambios del juego debe dificultarse al equipo defensor la defensa de la portería y conseguir la superioridad numérica frente a una de las 3 porterías abiertas.

Grupo 3 (defensa): Partido 2:2 con 2 porterías abiertas (3 m de ancho) en un espacio de juego de 15 x 10 m con incidencia en los despejes.

Ejercicio: 7 partes de 2 min cada una, 1 min de pausa entre las partes

El equipo defensor debe utilizar el máximo posible el despeje, es decir, alejar el balón entrando con la pierna, sin poner en peligro al contrario.

Juego libre para los atacantes

Para terminar (30 min): Partido 8:8 sobre todo el campo con PO, poniendo el acento en las paredes, los cambios del juego y la entrega del balón, así como los despejes.

Para finalizar carrera de recuperación

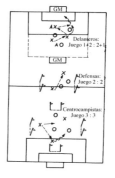

Fig. 178: Utilización de paredes, del cambio del juego y de los despejes en las diferentes líneas

Semana: 14	SE 1	Nº Corr. SE: 064	Duración: 95 min

Objetivo del entrenamiento: Mejora de la velocidad y del uno contra uno

Material de entrenamiento: 15 balones, 7 banderines, 1 portería normal portátil

Contenido del entrenamiento:

Calentamiento (25 min): Correr sin balón a lo ancho del campo

- Trote suave
- Correr dando multisaltos con/sin rotación de ambos brazos hacia delante/detrás
- Sobre la marcha tocar el suelo con la mano der./izq.
- Correr lateralmente; cruzando las piernas
- Correr saltando a la comba
- Correr elevando las rodillas, y elevando los talones
- Ejercicios de estiramiento
- Salidas hacia del./atr. con/sin fintas
- Pequeñas carreras con aceleración
- Ejercicios de estiramiento

Condición física (25 min): Mejora de la velocidad mediante carreras de persecución (1 min de pausa entre cada carrera)

Primera serie: 10 carreras sobre una distancia de 25 m (Fig. 179). Los jugadores salen por parejas con separaciones de 2 m cada uno. El perseguidor intenta atrapar al perseguido.

A continuación 2 min de pausa con estiramientos.

Segunda serie: 10 carreras sobre una distancia de 18 m (Fig. 180). Procedimiento como en la primera serie.

A continuación 2 min de pausa con estiramientos

Táctica (30 min): Mejora del uno contra uno con remate a portería sobre 2 porterías normales con PO en un área de penalti doble.

Ejercicio 1 (4 min): Partido 2+2:2+2 (Fig. 181)

En el campo se juega un 2:2; adicionalmente hay colocados dos jugadores uno de cada equipo en las bandas, que pueden ser implicados en el juego, pero que sólo pueden jugar al primer toque.

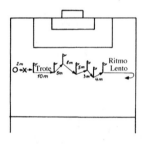

Fig. 179: *Carrera de persecución sobre 25 m*

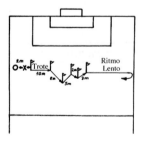

Fig. 180: *Carrera de persecución sobre 18 m*

Cambio de los papeles después de 2 min. Los 8 jugadores que no toman parte juegan un 4:4 en la otra mitad del campo.

Ejercicio 2 (4 min): Partido 1+3:3+1 (Fig. 182) En el campo se juega un 3:3; adicionalmente está colocado en una de las bandas el cuarto jugador de cada equipo. Siempre que uno de los jugadores de un equipo pase a su compañero en la banda, se cambiará con él.

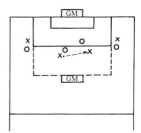

Fig. 181: Partido 2+2:2+2

Los 8 jugadores que no toman parte juegan en 2 grupos en la otra mitad del campo un rondo 3:1.

Ejercicio 3 (5 min): Partido 4:4 (Fig. 183) Los 8 jugadores que no toman parte juegan en la otra mitad del campo un rondo 5:3 con 2 toques de balón (cuando hay pérdida de balón por parte del equipo en superioridad numérica se cambia el jugador que ha fallado al equipo en inferioridad numérica).

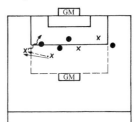

Fig. 182: Partido 1+3:3+1

Para finalizar (15 min): Partido sobre todo el campo.

En su propia mitad el jugador no puede hacer más de 2 toques de balón, sin límite de toques en el terreno contrario.

Finalmente carrera de recuperación

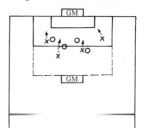

Fig. 183: Partido 4:4

Semana: 14	SE 2	Nº Corr. SE: 065	Duración: 100 min

Objetivo del entrenamiento: Enseñanza del juego en largo

Material de entrenamiento: 10 balones, 8 banderines

Contenido del entrenamiento:

Calentamiento (25 min): Correr sin balón por todo el ancho del campo
- Trote relajado con ejercicios de estiramiento
- Andar de puntillas

- Correr con apoyo sobre los talones
- Correr dando multisaltos de altura/longitud
- Correr como si se andara sobre patines
- Carrera de aceleración tras ir en carrera de espalda.
- Gimnasia de estiramientos (saltos con una/ dos piernas sin moverse del sitio, giros del tronco, rotar los brazos hacia delante y hacia atrás, balancear la pierna a derecha e izquierda
- Estiramientos

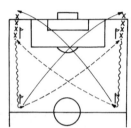

Fig. 184: Pase largo, pase en diagonal

Técnica (40 min): Mejora del juego en largo

Ejercicio 1: Pase largo en diagonal (10 min) (Fig. 184)

8 jugadores practican en dos grupos en una mitad del campo. Los primeros jugadores de cada grupo driblan con el balón a la altura del área de penalti en dirección a la línea de medio campo y hacen un pase largo en diagonal al siguiente jugador del otro grupo. Para finalizar corren a ritmo medio hasta el final del otro grupo.

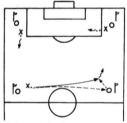

Fig. 185: Pases largos hacia zonas de juego

Ejercicio 2: Pases largos hacia las zonas de juego (20 min) (Fig. 185)

4 jugadores se sitúan como zonas de juego formando un campo grande en una mitad del campo. Los otros 4 jugadores con balón empiezan al mismo tiempo con un pase largo hacia la siguiente zona de juego. Las zonas de juego devuelven el balón al jugador que lo recoge sobre la marcha tras controlarlo, lo pasa a la siguiente zona de juego.

Después de 5 min cambio de papeles, 2 series

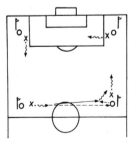

Fig. 186: Pases largos sobre la marcha

Ejercicio 3: Pase largo en carrera, sobre la marcha (10 min) (Fig. 186)

4 jugadores se colocan como zonas de juego formando un campo grande. Los otros 4 jugadores pasan el balón en largo sobre la marcha al siguiente compañero y persiguen el balón. Cuan-

do el grupo de 4 jugadores ha cubierto todo el campo tras 4 pases, descansa y se cambia con los jugadores que hacían de zona de juego.

Tiro a portería (20 min): Ejercicios de tiro a portería en grupos de 2

Ejercicio 1: Tiro a portería tras un centro (Fig. 187)

Fig. 187: Tiro a portería tras un centro

El jugador A lanza desde el círculo central un pase largo al jugador B, que está corriendo por la banda, a una indicación de éste esprinta seguidamente hacia la banda. B se dirige al centro tras un pase en profundidad y remata el centro de A. Realizarlo por las dos bandas.

Ejercicio 2: Tiro a portería después de una pared (Fig. 188)

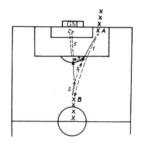

Fig. 188: Tiro a portería después de una pared

El jugador A lanza desde la línea de fondo un pase largo al jugador B que viene corriendo desde la línea de medio campo y se encamina para hacer la pared con B, que concluye rematando a portería. A continuación los dos jugadores cambian sus posiciones. Realizarlo por las dos bandas.

Para finalizar (15 min): Partido sobre todo el campo poniendo el acento en el juego largo. A continuación carrera de recuperación

Semana: 14	SE 3	N° Corr. SE: 066	Duración: 100 min

Objetivo del entrenamiento: Enseñanza del juego de equipo, del remate a portería y del marcaje en zona

Material de entrenamiento: 16 balones, 12 banderines

Contenido del entrenamiento:

Calentamiento (25 min): Correr sin y con balón

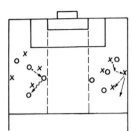

Fig. 189: Partido 1+3:3+1

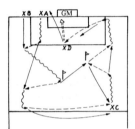

Fig. 190: Remate de centros tras un desdoblamiento por atrás, cambio del juego y pared

Fig. 191: Enseñanza del marcaje en zona mediante un partido 8:8

- Trote a lo ancho del campo (alternando diferentes formas de carrera como la carrera dando multisaltos, elevando los talones, elevando las rodillas, con rotación de los brazos hacia del./atr., ejercicios de estiramiento, salidas en corto, saltos de cabeza); ejercicios de estiramiento (10 min)
- Ejercicios de estiramiento

Táctica (40 min): Enseñanza del juego de equipo con 4 equipos

Ejercicio 1 (10 min): 4:4, juego libre, 2 jugadores se ofrecen al poseedor del balón para un juego en corto (hacia el hombre), el tercer jugador para el pase en largo (cambio del juego)

Ejercicio 2 (12 min): 4:4, en cada equipo se elige a un jugador, que sólo puede jugar al primer toque. Este jugador se cambia cada 3 min

Ejercicio 3 (8 min): 4:4, sólo está permitido el juego al primer toque

Ejercicio 4 (10 min): 1+3:3+1, 1 jugador de cada equipo se coloca en la banda. Si éste recibe un pase, se cambia por el jugador que le ha pasado el balón (Fig. 189)

Tiro a portería (20 min): Remate de centros tras un desdoblamiento por atrás, cambio del juego y pared (Fig. 190)

El jugador A conduce el balón desde la línea de fondo y lo pasa cruzado al jugador B. Éste lo lleva hacia el interior. Antes de la marca, B pasa al jugador A que viene en su apoyo. Este lanza desde la línea de medio campo un pase largo al jugador C. C conduce el balón, hace una pared con B y centra el balón desde la línea de fondo a D, que remata directamente. C se cambia a continuación con D.

Ejercicio a realizar por la derecha y por la izquierda

Para terminar (15 min): Partido 8:8 en una MDC con 6 porterías abiertas (3 m de ancho) para la enseñanza de la zona (Fig. 191)
Los dos equipos juegan con una disposición 3-4-1, es decir, 3 jugadores protegen los espacios delante de las porterías, una línea de 4 hombres forma el mediocampo, 1 jugador se sitúa en la punta. El punta dificulta la construcción de juego del contrario, la cadena de 4 presiona (cerca del balón) allá donde el contrario construye su ataque.
Para terminar carrera de recuperación

Semana: 15	SE 1	Nº Corr. SE: 067	Duración: 90 min

Objetivo del entrenamiento: Mejora del juego por las bandas

Material de entrenamiento: 10 balones, 8 banderines, 1 portería normal portátil

Contenido del entrenamiento:

Calentamiento (25 min): Correr sin balón a lo ancho del campo
- Trote relajado con ejercicios de estiramiento
- Correr lateralmente, cruzando las piernas
- Correr dando multisaltos con rotación de ambos brazos hacia del./atr.
- Elevar las rodillas, elevar los talones
- Saltos de cabeza desde la posición de agachados (trotar, agacharse, saltar)
- Correr hacia atrás, girar sobre uno mismo, salir en corto
- Correr hacia delante, salir en corto
- Ejercicios de estiramiento

Táctica (40 min): Mejora del juego por las bandas mediante un partido 4:4+4 en una MDC con 2 porterías normales con PO (Fig. 192)

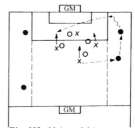

Fig. 192: Mejora del juego por las bandas mediante un partido 4:4+4

Ejercicio: 4 min/partido. 1 min pausa

Se forman 4 equipos; 2 equipos juegan sobre el campo un 4:4, el tercer equipo pone los extremos y el cuarto descansa y recoge los balones.

Cada ataque debe obligatoriamente empezar en uno de los extremos atrasados, que pasa en profundidad al extremo más adelantado. Éste centra sobre la marcha al área de penalti, donde se prosigue el juego hasta el remate a portería.

Si el equipo que defiende se hace con el balón, debe por su parte jugarlo enseguida con uno de los dos extremos atrasados y pasar al ataque.

Los extremos no pueden ser entrados.

Partido 1: Equipo 1:2, 3 centra, 4 descansa (trote relajado)
Partido 2: Equipo 3:4, 1 centra, 2 descansa
Partido 3: Equipo 1:4, 2 centra, 3 descansa
Partido 4: Equipo 2:3, 4 centra, 1 descansa
Partido 5: Equipo 1:3, 2 centra, 4 descansa
Partido 6: Equipo 2:4, 1 centra, 3 descansa

A continuación 10 min de trote suave con ejercicios de estiramiento

Para terminar (25 min): Partido 8:8 sobre todo el campo con porterías normales con PO poniendo el acento en el juego por las bandas (Fig. 193)

En el centro del campo de juego sólo se permite el juego al primer toque, en las bandas se permite el juego libre. Los goles conseguidos tras un centro valen por dos.

Para terminar, carrera de recuperación

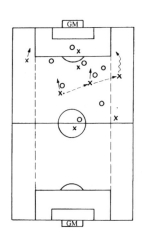

Fig. 193: *Partido 8:8 poniendo el acento en el juego por las bandas*

Semana: 15	SE 2	Nº Corr. SE: 068	Duración: 95 min

Objetivo del entrenamiento: Mejora del contraataque y del remate a portería

Material de entrenamiento: 20 balones, portería normal portátil, 16 banderines

Contenido del entrenamiento:

Calentamiento (25 min): Balonmano con remate de cabeza sobre 2 porterías normales en una MDC
Partido según las reglas del balonmano; la consecución del gol sólo es posible con la cabeza a pase de un compañero.
A continuación estiramientos.

Condición física (15 min): Mejora de la velocidad de desplazamiento y de la velocidad de reacción
Ejercicio 1: Jugar a coger, 1 cazador y una presa. El resto puestos de cuclillas distribuidos por parejas en una mitad del campo. La presa se salva si es capaz de ponerse en cuclillas al lado de una de las parejas, con lo que el jugador de la pareja que queda más alejado de él se convierte en cazador y el anterior cazador en presa.

Ejercicio 2: Liebres y cazadores: En un espacio delimitado en un cuarto del campo un equipo caza (cada jugador con 1 balón) al otro. Cada diana por debajo de la cintura vale 1 punto. Las liebres no pueden abandonar el espacio acotado.
¿Cuántos puntos consigue un equipo dentro del tiempo establecido? Después cambio de papeles.

Táctica (20 min): Mejora del contraataque
Partido 1+3:3+1 (Fig. 194)

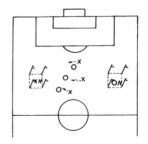

Fig. 194: Partido 1+3:3+1

Separados 30 m se marcan dos cuadrados de 10 x 10 m, en los que se colocan sendos jugadores neutrales. Entre los dos cuadrados juegan 2 equipos un 3:3. Si un equipo consigue jugar con un neutral, obtendrá 1 punto; el neutral se cambiará inmediatamente con el jugador que le ha pasado y el equipo iniciará inmediatamente un nuevo ataque sobre el otro cuadrado e intentará jugar allí con el otro neutral.

Tiro a portería (20 min): Tiro a portería después de combinación (Fig. 195)

El delantero centro se dirige hacia el centrocampista que lleva el balón, recibe el balón raso de él y lo pasa directamente al extremo que viene en su apoyo. Éste pasa inmediatamente en profundidad al delantero centro que se ha cambiado a la banda, que lo centra desde la línea de fondo al centrocampista.

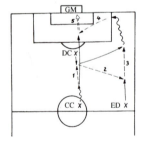

Fig. 195: Tiro a portería después de una combinación en grupos de 3

Para terminar (15 min): Partido de atacantes contra defensas en una MDC con portería normal

Los atacantes inician los ataques desde la línea de medio campo hacia la portería normal e intentan conseguir goles poniendo el énfasis en el juego por las bandas. En caso de gol se inicia un nuevo ataque desde la línea de medio campo. Cuando la defensa se hace con el balón, ésta intenta mediante un rápido contraataque llegar al círculo central. De hacerlo se considera como gol.

Para terminar carrera de recuperación

Semana: 15	SE 3	Nº Corr. SE: 069	Duración: 100 min

Objetivo del entrenamiento: Enseñanza del juego en equipo y del remate a portería

Material de entrenamiento: 16 balones, 20 banderines

Contenido del entrenamiento:

Calentamiento (25 min):
- Cada jugador completa su propio programa de calentamiento con diversas formas de carrera y ejercicios de estiramiento (10 min)
- Rondo 6:2 al primer toque en un espacio de juego de 15 x 15 m: Los jugadores forman parejas fijas; cuando un compañero comete un error la pareja en cuestión se cambia al centro (15 min)

Táctica (20 min): Enseñanza del juego y del cambio del juego mediante un partido 8:8 en una MDC con múltiples porterías abiertas (3 m de ancho) (Fig. 196)

En una mitad del campo se distribuyen uniformemente 8-10 porterías abiertas. El entrenador forma en ambos equipos parejas de marcaje fijas siguiendo determinados criterios (defensa contra delantero, aspirantes a una misma posición en el equipo, etc.). Se consigue un gol cuando un jugador le pasa el balón a un compañero a través de una de las porterías y éste se hace a continuación con el dominio del balón. En una misma portería abierta no pueden hacerse 2 goles, de forma que después de cada gol debe producirse un cambio del juego.

Tiro a portería (30 min): Combinación de ataque por la banda como condición previa para el remate a portería (Fig. 197)

El jugador A conduce el balón desde el círculo central y juega raso con el punta C que se encamina hacia él. C cede directamente el balón al jugador B que viene en su apoyo por la banda. Éste se desplaza hacia el interior y abre de repente haciendo un quiebro hacia el jugador A que viene en su apoyo por la banda.

A centra desde la línea de fondo al área de penalti, donde B corre hacia el primer palo y C

Fig. 196: Partido 8:8 con múltiples porterías abiertas

Fig. 197: Tiro a portería tras combinación con un desdoblamiento por atrás

el segundo palo. El jugador que no ha tirado a portería se queda en la punta para el siguiente ataque.
Realizar el ejercicio por las dos bandas.

Para terminar (25 min): Partido sobre todo el campo
Hay 2 balones en juego. Un equipo empieza teniendo la posesión de los 2 balones. Si pierde un balón, deberá entregar también el segundo. Si, en cambio, logra hacer un gol con el primer balón o por lo menos un tiro a portería, se le permite iniciar otro ataque con el segundo balón.
Objetivo: Asegurar la posesión del balón, aguantar uno de los balones en la defensa y en el mediocampo, mientras que los delanteros intentan concluir con éxito un ataque con el segundo balón.
Para terminar carrera de recuperación

Semana: 16	SE 1	Nº Corr. SE: 070	Duración: 95 min

Objetivo del entrenamiento: Mejora del juego de equipo, del remate a portería y de la defensa de la portería

Material de entrenamiento: 20 balones

Contenido del entrenamiento:

Calentamiento (25 min): Formas de juego en grupos de 4
- El grupo se mueve con trote suave y sus componentes se pasan el balón tras 2 toques de balón obligatorios
- El balón se juega al primer toque
- Quien lleva el balón es seguido por un compañero a quien el primero le pasa posteriormente
- Quien lleva el balón lo frena con la planta, grita el nombre de un compañero, que sigue con el balón

- El balón recibido debe ser pasado directamente a un jugador a medida que éste corre. Dicho jugador lo controla, lo conduce y lo vuelve a pasar al compañero más próximo.
- Cada jugador realiza consecutivamente 6 paredes con sus compañeros
- Ejercicios de estiramiento

Táctica (20 min): Mejora del tiro a portería y de la defensa frente a los disparos a portería

Los defensores y los atacantes practican por separado en cada mitad del campo.

Grupo 1: 8 defensores

Ejercicio 1 (10 min): Despeje de balones en una portería normal (Fig. 198)

1 jugador se mueve sobre la línea de gol y rechaza con el pie, la cabeza o el cuerpo (no con la mano) los balones desde 20 m de distancia.

Después de 1 min se cambia el jugador bajo los palos.

¿Quién encaja menos goles?

Ejercicio 2 (10 min): Despeje de centros (Fig. 199)

2 jugadores se colocan con balones a derecha e izquierda del límite del área de penalti y centran alternativamente en series rápidas al espacio entre el límite del área pequeña y el punto de penalti. 2 defensas intentan rechazar con la cabeza o el pie los centros con la oposición de 2 contrarios, cuyo objetivo es rematar a portería.

2 jugadores descansan y recogen los balones.

Después de 16 centros se cambian los papeles: Los 2 defensas descansan, los anteriores atacantes centran, los jugadores que descansaban defienden y los que centraban intentan rematar.

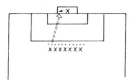

Fig. 198: Rechazo de los balones sobre la línea de gol

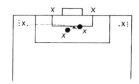

Fig. 199: Rechazo de centros

Grupo 2: 8 jugadores atacantes

Ejercicio 1 (10 min): Tiro directo a portería tras un centro (Fig. 200)

2 jugadores se colocan a derecha e izquierda del límite del área de penalti con balones y van centrando alternativamente balones rasos, a media altura y colgados sobre el punto de penalti. Cada jugador remata siempre 2 centros seguidos y a ser posible directamente. Después de 12 balones se cambian los jugadores que centran.

Ejercicio 2 (10 min): Tiro a portería después de un 1:1 (Fig. 201)

1 delantero se coloca de espaldas a la portería a aprox. 5 m del límite del área de penalti; detrás de él se sitúa un contrario parcialmente activo. El entrenador pasa raso al delantero que controla el balón y busca lo más rápidamente posible la portería para rematar.

Después el delantero hace de contrario.

Táctica (40 min): Juego 8:8 en una MDC sin porterías con diferentes tareas a realizar (al mismo tiempo entrenamiento de la resistencia).

Ejercicio 1 (10 min): Partido a 2 toques de balón (no se permiten los pases por encima de la cintura)

A continuación 2 min de trote suave

Ejercicio 2 (10 min): Juego con paredes

Juego sin límite de toques, en el que cada pared conseguida vale 1 punto. No se contabilizan las paredes consecutivas conseguidas por la misma pareja.

A continuación 2 min de estiramientos.

Ejercicio 3 (10 min): Pases largos

Sin límite de toques, en el que como máximo cada tercer pase debe ser un pase alto y

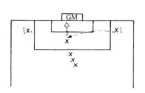

Fig. 200: Tiro directo a portería tras un centro

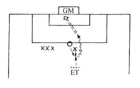

Fig. 201: Tiro a portería después de un 1:1

largo, que si es controlado por otro jugador valdrá 1 punto.
A continuación 5 min de trabajo individual con el balón.

Para terminar (10 min): Correr con ejercicios de estiramiento y trote de recuperación.

Semana: 16	SE 2	Nº Corr. SE: 071	Duración: 100 min

Objetivo del entrenamiento: Enseñanza de la velocidad con y sin balón

Material de entrenamiento: 20 balones, 4 banderines

Contenido del entrenamiento:

Calentamiento (25 min): Rondo 5:3 a 2 toques de balón en un espacio de juego de 25 x 25 m.
A continuación carreras individuales con ejercicios de estiramiento.

Condición física (25 min): Enseñanza de la velocidad con y sin balón en grupos de 2
Ejercicio: 20 sprints de 15 m (5 carreras/ejercicio), 1 min de pausa después de cada serie

Ejercicio 1: Los jugadores llevan el balón desde la línea de fondo hasta el límite del área de penalti, lo retrasa otra vez hacia la línea de fondo e inician un sprint detrás del balón seguido de reducción gradual del ritmo (Fig. 202)

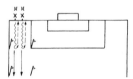

Fig. 202: Esprint después de pasar el balón

Ejercicio 2: Los jugadores van de espaldas lentamente sin balón desde la línea de fondo hasta el límite del área de penalti. Allí reciben un balón colocado y raso desde la línea de fondo, que dejan rebotar en el pie, tras lo que se giran y esprintan hacia delante (Fig. 203)

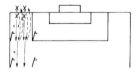

Fig. 203: Esprint después de jugar al primer toque

Ejercicio 3: Los jugadores van de espaldas

lentamente desde la línea de fondo hasta el límite del área de penalti, llevándose el balón bajo la planta derecha/izquierda. En el límite del área de penalti se giran, corren con el balón hacia delante y frenan la marcha y lanzan un pase largo hacia la línea de fondo.

Ejercicio 4: Los jugadores van de espaldas lentamente sin balón desde la línea de fondo hasta el límite del área de penalti. Allí reciben un balón colocado y raso desde la línea de fondo, que dejan rebotar en el pie. A continuación se gira e intentan alcanzar el balón que antes lanzó y cubrir el tramo de 15 m para devolverlo (Fig. 205)

A continuación trote suave con ejercicios de estiramiento.

Remate a portería (30 min): Tiro a portería después de una combinación en grupos de 4 (Fig. 206)

El jugador A conduce el balón desde la línea de fondo y lo pasa cruzado al jugador B que corre con él. Éste lleva el balón hacia el interior (1), y abre (2) al jugador A, que se desdobla por atrás, que seguidamente lanza un pase largo a C (3).

C juega, hace una pared con el jugador B que se encamina hacia él (4, 5), conduce el balón y lo centra (6) desde la línea de fondo a D, que remata directamente (7).

El jugador D se cambia a la posición de A, B; los jugadores A y B cambian a la posición de C y éste ocupa la posición de D.

Realizar por las dos bandas.

Para terminar (20 min): Enseñanza del juego en inferioridad y en superioridad numérica

Partido 7:9 (8:10) sobre todo el campo, en el que el equipo en inferioridad numérica disfruta de una ventaja de 2:0 y tiene asignada la tarea de mantener el resultado o ampliarlo mediante

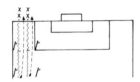

Fig. 204: Esprint conduciendo el balón y pase hacia atrás

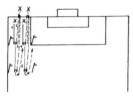

Fig. 205: Esprint después de jugar al primer toque para adelantar el balón

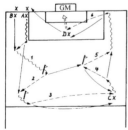

Fig. 206: Tiro a portería después de una combinación en grupos de 4

el control y posesión del balón, la pérdida de tiempo y el contraataque rápido. El equipo en superioridad numérica intenta evitarlo mediante el marcaje rápido, el juego rápido y en equipo así como con múltiples desmarques (juego sin balón), compensando la diferencia de goles y consiguiendo una ventaja.

Para terminar, carrera de recuperación

Semana: 16	SE 3	Nº Corr. SE: 072	Duración: 100 min

Objetivo del entrenamiento: Enseñanza del pressing

Material de entrenamiento: 10 balones, 4 banderines

Contenido del entrenamiento:

Calentamiento (25 min): Correr sin balón sobre el ancho del campo
- Trote relajado (varios anchos de campo) con ejercicios de estiramiento
- Correr dando multisaltos en altura y en longitud
- Andar de puntillas
- Trotar con series de saltos a la comba
- Salidas a partir de la carrera hacia atrás
- Andar sobre los talones
- Trotar con saltos de cabeza
- Salidas a partir de la carrera
A continuación estiramientos

Táctica (15 min): Partido 4:4 sobre 2 líneas en un espacio de 40 x 30 m a lo ancho del campo (Fig. 207)

El objetivo es el rápido contraataque así como la mejora del uno contra uno. Se consigue un gol cuando el equipo que está en posesión del balón puede jugar con un compañero situado detrás de la línea de fondo contraria de forma que éste lo pueda ceder directamente a otro compañero situado en el campo. El equipo si-

Fig. 207: Partido 4:4 sobre 2 líneas

gue en posesión del balón y contraataca enseguida hacia la otra línea de fondo. El equipo que defiende intenta entreteniendo el balón contrarrestar el contraataque y hacerse él mismo con el balón mediante el marcaje rápido.

Táctica (30 min): Remate a portería o crear una situación de pressing mediante un partido 6:4+GM con una portería normal en una MDC (Fig. 208)

El equipo atacante empieza en la línea de medio campo e intenta llegar rápidamente al remate. Cuando pierde el balón aplica el pressing de ataque. La defensa intenta conservar en su poder el balón, para lo que puede involucrarse al portero. Después de cada 7 min se cambian 2 delanteros por 2 defensas.

Para terminar (30 min): Partido sobre todo el campo con 2 porterías poniendo el acento en el pressing.

El equipo A practica durante 15 min un pressing de ataque, mientras que el equipo B inicia su pressing sólo a partir de la línea de medio campo (pressing en el mediocampo).

Después de 15 min se cambian los papeles. El entrenador vigila si los jugadores saben reconocer correctamente la situación de pressing, reaccionan rápidamente y se organizan en consecuencia.

Finalmente carrera de recuperación

Fig. 208: Partido 6:4 con remate a portería y creación de una situación de pressing

Semana: 17	SE 1	Nº Corr. SE: 073	Duración: 95 min

Objetivo del entrenamiento: Mejora de las capacidades generales de la técnica y de la condición física

Material de entrenamiento: 10 balones, 8 balones medicinales, 2 cintas elásticas, 18 banderines

Contenido del entrenamiento:

Calentamiento (25 min): Correr sin balón a lo ancho del campo
- Trote suave con ejercicios de estiramiento
- Correr dando multisaltos con/sin rotación de ambos brazos hacia delante y atrás
- Correr cruzando las piernas
- Trotar, ponerse en cuclillas, rebote, seguir trotando
- Correr elevando las rodillas, elevando los talones
- Desde el paso ligero ponerse en cuclillas, rebote y salto de cabeza
- Salidas con/sin fintas hacia del./atr.
- Ejercicios de estiramiento

Condición física (45 min): Mejora de la condición física y de la técnica de balón en un circuito de entrenamiento en grupos de 4 (Fig. 209) Ejercicio 45 seg, pausa 60 seg, 2 series.

Zona 1: Pases entre 2 banderines (distancia de 15 min)
2 jugadores se pasan directamente el balón entre 2 banderines. Después de pasar cada jugador da una vuelta en torno al banderín antes de recibir nuevamente el balón.

Zona 2: Ejercicios con el balón medicinal
Cada jugador se coloca con las piernas abiertas y sujeta el balón medicinal entre las mismas, con un brazo por delante y el otro brazo por detrás en torno a una pierna. Cambiar rápidamente los brazos de adelante a atrás.
Rápida y alternativamente.

Zona 3: Esprint-trote en un cuadrado (15 m de lado)

Los jugadores rodean el cuadrado, alternando en cada lado el trote y el esprint.

Zona 4: En la portería: Saltos de cabeza desde la posición de cuclillas al larguero.

Zona 5: Pases con cambio de posición
Los jugadores se colocan por parejas separados 10 m y se pasan el balón cambiándose después al otro grupo.

Zona 6: Lanzamiento del balón medicinal desde la posición de cuclillas
Los jugadores lanzan hacia arriba el balón medicinal desde la posición de cuclillas y lo cogen por encima de la cabeza de un salto.

Zona 7: Correr contra la cinta elástica
Los jugadores se colocan por parejas una banda elástica en torno al pecho y se separan tensando la cinta.

Zona 8: Juego 1:1 en un espacio de 10 x 10 m.

Zona 9: Cabezazos desde la posición de cuclillas por encima del larguero de la portería abierta. (Fútbol-tenis en cuclillas)

Zona 10: Trabajo individual con el balón: Conducción rápida del balón (desplazarlo hacia atrás, girarlo, etc.) con fintas y cambios repentinos de dirección.
Para finalizar 5 min de trote suave con ejercicios de estiramiento

Finalmente (25 min): Partido sobre todo el campo con PO
- 10 min a 2 toques de balón
- 15 min sin límite de toques - en la mitad del campo propia sólo al primer toque
Para finalizar, carrera de recuperación

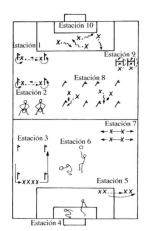

Fig. 209: *Mejora de la condición física y de la técnica del balón mediante un entrenamiento*

Semana: 17 SE 2 Nº Corr. SE: 074	Duración: 100 min

Objetivo del entrenamiento: Mejora del uno contra uno y del remate a portería

Material de entrenamiento: 20 balones, 4 banderines, 1 portería normal portátil

Contenido del entrenamiento:

Calentamiento (25 min): Correr sin balón en grupos de 4

- Cada minuto se cambia el jugador a la cabeza que conduce el balón con cambios continuos de dirección y de ritmo, mientras que el resto de los jugadores le imitan.

- Cada minuto se cambia el jugador a la cabeza y realiza diversas formas de juego (malabarismos con el balón, elevarlo —adelantárselo— seguirlo, finta de fintas, etc.), mientras que el resto de los jugadores le imitan.

- Los jugadores conducen el balón en fila con separaciones de 2 m, pasando siempre el último jugador con conducciones rápidas a la cabeza; a continuación se realizan los relevos haciendo slalom con el balón.

- Gimnasia con el balón: Cada jugador de cada grupo realiza un ejercicio.

- Ejercicios de estiramiento.

Tiro a portería (30 min): Competición de tiro a portería

Ejercicio 1: Tiro a portería después de una situación 1:1 (Fig. 210)

Los jugadores incluido el portero se dividen en 2 equipos y se asignan emparejamientos fijos.

El equipo 1 empieza: El primer jugador parte con el balón desde la línea de medio campo e intenta sortear al contrario colocado delante del área de penalti, para finalmente intentar conseguir un gol (mediante tiro a portería o regateando al portero). El defensa sólo puede entrarle antes del área de penalti, pero no dentro.

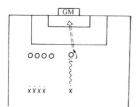

Fig. 210: Tiro a portería después de una situación de 1:1

A continuación repite la jugada el segundo jugador y así sucesivamente, hasta que todos los jugadores han realizado su ataque. Entonces ataca el equipo 2 (cambio de portero) y los diferentes jugadores del equipo 1 defienden sucesivamente. En total 2 series. ¿Qué equipo consigue más goles?

Ejercicio 2: Tiro a portería desde el límite del área de penalti (Fig. 211)

El equipo 1 se coloca todos los balones en el límite del área de penalti; los jugadores del equipo 2 se sitúan a los lados y detrás de la portería (para recoger balones).

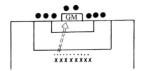

Fig. 211: Tiro a portería desde el límite del área de penalti

Con cada pitido del entrenador los jugadores del equipo 1 intentan sucesivamente marcar gol en la portería del portero contrario con el pitido del entrenador (cuando el portero está dispuesto). Después tiran los jugadores del equipo 2 (cambio de portero).

En total 2 series. ¿Qué equipo consigue más goles?

Táctica (40 min): Mejora del uno contra uno

Zona 1 (12 min): Juego 2:2+4 (Fig. 212)

En un espacio de juego de 15 x 15 m se juega un 2:2 con 4 zonas de juego, que sólo pueden jugar al primer toque con el equipo en posesión del balón.

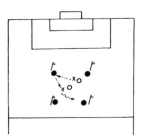

Fig. 212: Juego 2:2 con 4 zonas de juego

Después de 2 min las zonas de juego pasan al espacio de juego. En total 3 cambios.

Zona 2 (12 min): Partido 4:4 con 2 porterías normales con PO en una MDC (Fig. 213)

Zona 3 (12 min): Todos los jugadores hacen una carrera por todas las instalaciones deportivas tras cubrir sus zonas

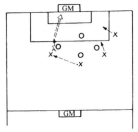

Fig. 213: Partido 4:4 con 2 porterías normales con PO

Para terminar (5 min): Carrera de recuperación con ejercicios de estiramiento

Semana: 17	SE 3	Nº Corr. SE: 075	Duración: 90 min

Objetivo del entrenamiento: Mejora del juego en superioridad/inferioridad numérica

Material de entrenamiento: 6 balones, 12 banderines

Contenido del entrenamiento:

Calentamiento (25 min):
- Correr sin balón: Trote a lo ancho del campo con diferentes formas de carrera y ejercicios gimnásticos (correr dando multisaltos, sobre los talones, elevando las rodillas, rotación de brazos hacia del./atr., de puntillas, giro del tronco, flexiones del tronco, salidas en corto con fintas)
- Ejercicios de estiramiento

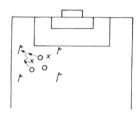

Fig. 214: Partido 2:3

Táctica (40 min): Mejora del juego en inferioridad/superioridad numérica

Ejercicio 1 (10 min): Partido 2:3 en un espacio de juego de 20 x 15 m (Fig. 214)

Los jugadores en inferioridad numérica intentan conservar el máximo tiempo posible el control del balón. Cuando el equipo en superioridad numérica consigue hacerse con el balón lo devuelve inmediatamente y consigue 1 punto.

Cada 3 min un jugador se pasa al equipo en inferioridad numérica. ¿Qué equipo en inferioridad numérica consigue la puntuación más baja?

El jugador sobrante trabaja durante 5 min con el péndulo y después entra en un equipo.

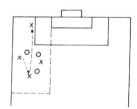

Fig. 215: Partido 4:3

Ejercicio 2 (15 min): Partido 4:3 en un cuarto del campo (Fig. 215)

El equipo en superioridad numérica intenta conservar el máximo tiempo posible el balón frente a 3 delanteros, siendo la regla básica que

Fig. 216: Partido 4:3 con un jugador como portero

2 jugadores se ofrezcan siempre al jugador que conduce el balón para jugarlo en corto con él, mientras que el tercer jugador se desmarcará para recibir un pase largo (cambio del juego). El equipo en inferioridad numérica devolverá enseguida el balón una vez se haya hecho con él y se anotará 1 punto. Cada 3 min se cambiará un jugador del equipo en superioridad numérica al equipo en inferioridad numérica.

¿Qué equipo en superioridad numérica consigue la puntuación más baja?

Los jugadores sobrantes trabajarán durante 5 min con el péndulo (cabezazos, técnica de disparo con el empeine-interior)

Ejercicio 3 (15 min): Partido 4:4 con 2 porterías abiertas (4 m de ancho) en una MDC (Fig. 216)

El equipo que está en posesión del balón ataca con 4 jugadores, mientras que el equipo que defiende debe colocar siempre a un portero (que sólo puede rechazar con el pie y el cuerpo), quedando sólo 3 jugadores en el campo. Cuando el equipo atacante pierde el balón, un jugador del mismo debe ocupar su propia portería.

Para terminar (25 min): Partido 2+7:7 sobre todo el campo con portería normal con PO (Fig. 217)

2 jugadores neutrales, que se cambian cada 5 min, juegan siempre con el equipo que está en posesión del balón, de forma que en cada ataque se produce una relación de superioridad numérica de 9:7.

El equipo en superioridad numérica debe jugar con rapidez y al primer toque siempre que sea posible y evitar el uno contra uno mediante un reforzamiento del juego sin balón.

Para terminar, carrera de recuperación.

Fig. 217: Partido 2+7:7

Semana: 18   SE 1   N⁰ CORR. SE: 076   Duración: 90 min

Objetivo del entrenamiento: Enseñanza del juego en equipo

Material de entrenamiento: 6 balones, 8 banderines

Contenido del entrenamiento:

Calentamiento (25 min):
- Trote suave alternado con ejercicios de estiramiento (10 min)
- Rondo al primer toque 6:2 (espacio 15 x 15 m); los jugadores forman parejas fijas; cuando un compañero comete un error la pareja en cuestión se cambia al centro.

Táctica (45 min): Enseñanza del juego en equipo

Ejercicio 1 (15 min): Juego al primer toque 10:6 en una MDC
El equipo en superioridad numérica sólo puede jugar al primer toque. El jugador que pierde el balón o comete un error se cambia con un jugador del equipo en inferioridad numérica.

Ejercicio 2 (15 min): Juego 9:7 a 2 toques de balón en una MDC. Como en el ejercicio 1, pero ahora se permiten 2 toques de balón.

Ejercicio 3 (12 min): Juego 6:6 en una MDC (4 jugadores trotan)
Juego sin límite de toques. 2 jugadores de cada equipo trotan en torno a la mitad del campo. Si el equipo 1 está en posesión del balón, los dos jugadores del equipo 2 que están trotando deberán hacerlo a un ritmo más vivo.
Si el equipo 2 está en posesión del balón, los dos jugadores del equipo 1 que están trotando, deberán aumentar el ritmo.

Cada 3 min los jugadores del exterior entran al campo.
4 partes de 3 min cada una.
A continuación 3 min de estiramientos.

Para terminar (20 min): Torneo de minifútbol con 2 partidos simultáneos en dos mitades del campo, con 2 porterías abiertas (3 m de ancho).
Los equipos y los emparejamientos se sortean. Los partidos se jugarán simultáneamente en las dos mitades del campo.
Duración de los partidos: 10 min.
Después los dos equipos vencedores (se sortea si hay empate) y los dos equipos perdedores juegan durante 10 min unos contra otros.
Los perdedores de ambos partidos finales invitan después del entrenamiento a sus contrarios a una bebida.
Para terminar carrera de recuperación

Semana: 18	SE 2	Nº Corr. SE: 077	Duración: 100 min

Objetivo del entrenamiento: Enseñanza del juego en equipo y del tiro a portería

Material de entrenamiento: 20 balones, 1 portería normal portátil

Contenido del entrenamiento:

Calentamiento (25 min): Balonmano
Balonmano 8:8 en una MDC con 2 porterías normales (portería normal portátil en la línea de medio campo).

Se consigue un gol cuando un jugador es capaz de marcar de cabeza en la portería contraria a pase de un compañero.
A continuación ejercicios de estiramiento.

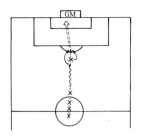

Fig. 218: Tiro a portería después de un uno contra uno en carrera

Técnica (25 min): Juego en conjunto en grupos de 3

- Juego libre con pases rasos, a media altura y altos sobre la marcha
- Juego al primer toque sobre la marcha
- El jugador que recibe el balón debe pasarlo directamente a un compañero a medida que éste corre. Este último controla el balón y lo juega con otro compañero.
- Los jugadores deben desmarcarse de forma que a cada pase en corto le siga inmediatamente un pase en largo.
- El jugador 1 "sirve" durante 1 min balones a dos compañeros, que actúan como "paredes" y lo dejan rebotar con el pie.
- El jugador 1 pasa el balón al jugador 2 y le entra inmediatamente. El jugador 2 juega a continuación con el 3 al que a su vez entra.

Remate a portería (30 min): Tiro a portería tras diferentes acciones

Ejercicio 1 (10 min): Tiro a portería después de un uno contra uno en carrera (Fig. 218)

1 jugador se sitúa a aprox. 30 m de la portería con las piernas muy separadas. El jugador con el balón corre desde el círculo central, pasa el balón por entre las piernas del contrario e intenta gol con la oposición del otro, que se gira y le persigue, finalmente tirar a portería.

Después el atacante cambia papeles con el defensor.

Ejercicio 2 (10 min): Tiro a portería después de un pase en profundidad (Fig. 219)

El entrenador hace desde el círculo central un pase en profundidad, que el jugador intenta alcanzar antes del límite del área de penalti, simulando un disparo duro, para luego engañar al portero adelantado con una vaselina.

Ejercicio 3 (10 min): Tiro a portería después de una combinación directa (Fig. 220)

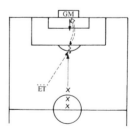

Fig. 219: Tiro a portería después de un pase en profundidad (concluir con vaselina)

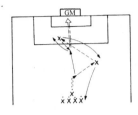

Fig. 220: *Tiro a portería después de una combinación directa*

Un jugador se coloca a la altura de la esquina del área de penalti, aprox. a 20 m de la línea de fondo, otro a un lado, a la altura del límite del área de penalti.

Un jugador conduce el balón desde el círculo central, abre hacia su compañero, que le pasa directamente al segundo compañero en el área de penalti, que a su vez le retrasa directamente al jugador que viene desde atrás.

Después los jugadores cambian sus posiciones según las agujas del reloj, es decir, que el jugador colocado en el límite del área de penalti se cambia al círculo central.

Para terminar (20 min): Partido 8:8 sobre todo el campo con 2 porterías normales con PO sin tareas asignadas.

Para terminar, carrera de recuperación

Semana: 18	SE 3	Nº Corr. SE: 078	Duración: 90 min

Objetivo del entrenamiento: Enseñanza del uno contra uno y del marcaje rápido

Material de entrenamiento: 15 balones, 8 banderines, 1 portería normal portátil

Contenido del entrenamiento:

Calentamiento (25 min): Correr sin balón en grupos de 2

- Trote suave sobre 2-3 largos del campo
- Correr a la sombra: un jugador realiza diferentes formas de carrera y ejercicios gimnásticos, que el segundo jugador (la sombra) debe imitar
- Empujar y estirar: el jugador 1 empuja con los brazos estirados y saltos con ambas piernas al 2 que opone una resistencia desde pequeña a mediana.

- El jugador 2 se coloca detrás del 1 y le rodea con los brazos el pecho. El jugador 1 da saltos con ambas piernas para tirar hacia delante de 2, que le opone una resistencia pequeña hasta media.
- Carga con los hombros: los dos corren hombro contra hombro y cargan con fuerza el uno contra el otro (con los brazos pegados al cuerpo).
- Saltos de carnero (saltar por encima-deslizarse por debajo alternativamente).
- Trote suave sobre 2-3 largos del campo con ejercicios gimnásticos.

A continuación ejercicios de estiramiento.

Táctica (50 min): Enseñanza del uno contra uno y del marcaje rápido con 4 zonas. 2 min de pausa con estiramientos entre cada cambio de zona (Fig. 221)

Zona 1 (10 min): Partido 2:2 con 2 porterías normales en un área de penalti doble.

Debido a lo cerca que se encuentran una de la otra las dos porterías se dan muchos uno contra uno, situación en la que hay que alternar constantemente el comportamiento ofensivo y defensivo (tener preparados balones de reserva en cada portería).

3 partes de 3 min cada una.

Zona 2 (10 min): Conducción 1:1
3 jugadores con balón en formación de triángulo contra 1 defensa. Desde una distancia de unos 15 m los 3 jugadores intentan por separado sortear con conducciones al defensa para alcanzar el extremo contrario.

Cambio del defensa después de 2 minutos y medio.

Fig. 221: Mejora del uno contra uno y del marcaje rápido en 4 zonas

Zona 3 (10 min): Juego 1:1
3 jugadores con balón driblan en un espacio delimitado (15 x 15 m) a 1 defensa que obstaculiza. Driblar con el cuerpo entre el balón y el contrario.

Cambio del defensa después de 2 minutos y medio.

Zona 4 (10 min): Juego 2:2
2 jugadores con balón driblan en un espacio delimitado (15 x 15 m) a 2 defensas que obstaculizan. Los defensas devuelven inmediatamente el balón una vez han conseguido hacerse con él. ¿Cuántas veces consiguen hacerse con el balón los defensas en 5 min?

A continuación cambio de papeles.

Para terminar (15 min): Partido sobre todo el campo con porterías normales con PO poniendo el acento en el marcaje rápido.
En la mitad del campo propia sólo se puede jugar al primer toque. El jugador que lleva el balón debe ser inmediatamente entrado por los jugadores del equipo defensor, en las cercanías del balón se cambiará siempre al marcaje estrecho y lejos del balón se cubrirán únicamente los espacios. Cada balón arrebatado en la mitad del campo contraria supone al igual que el gol 1 punto.

Para terminar carrera de recuperación

SESIONES DE ENTRENAMIENTO EN EL PERÍODO INTERMEDIO

Semana	SE	N° corr. SE	Página	Objetivo del entrenamiento
01	1	079	214	Familiarización con el balón y aclimatación al período intermedio
	2	080	216	Entrenamiento general de la resistencia
	3	081	217	Mejora de la fuerza y de la fuerza-potencia
	4	082	219	Mejora de la técnica del pase y de la condición física
02	1	083	221	Entrenamiento general de la resistencia
	2	084	223	Mejora de la fuerza y de la fuerza-potencia
	3	085	224	Mejora de la potencia de salto y de la fuerza-potencia
	4	086	227	Enseñanza del juego con amplitud
03	1	087	229	Entrenamiento general de la resistencia
	2	088	231	Mejora de la fuerza y de la fuerza-potencia
	3	089	233	Mejora de la velocidad y del juego por las bandas
	4	090	235	Mejora del remate a portería después de un centro
04	1	091	237	Mejora de la velocidad
	2	092	239	Mejora de la fuerza y de la fuerza-potencia
	3	093	241	Mejora del uno contra uno y del marcaje rápido
	4	094	242	Enseñanza del cambio de juego
05	1	095	244	Mejora de la velocidad y de la resistencia
	2	096	247	Mejora de la fuerza y de la fuerza-potencia
	3	097	249	Enseñanza del pressing
	4	098	250	Enseñanza de la organización de la defensa en zona y sus coberturas. Uno contra uno y contraataque
06	1	099	252	Mejora de la velocidad con y sin balón
	2	100	254	Mejora de la fuerza y de la fuerza-potencia
	3	101	256	Mejora del dribling
	4	102	258	Mejora del contraataque

Semana: 1	SE 1	Nº Corr. SE: 079	Duración: 95 min

Objetivo del entrenamiento: Familiarización con el balón y aclimatación al período intermedio

Material de entrenamiento: 10 balones, 10 banderines

Contenido del entrenamiento:

Calentamiento (25 min): Correr sin/con balón en grupos de 2
- Carrera de resistencia por parejas alrededor de todo el campo (10 min) con ejercicios de estiramiento
- Los jugadores se pasan sobre la marcha pases largos desde una distancia de como mínimo 25 m (10 min)
- Ejercicios de estiramiento

Táctica (45 min): Ejercicios para la familiarización al balón y para adaptar la forma de juego a las condiciones del terreno en invierno (pases largos)

Ejercicio 1 (20 min): Partido 4:4 con portería normal con PO en una MDC (Fig. 222)

En las dos mitades del campo se juega un 4:4 sobre una portería normal con PO. Se colocan todos los balones en el círculo central. Un equipo de 4 jugadores desempeña primero durante 5 min el papel de atacante, intentando marcar el máximo de goles posible.

Tanto si se consigue un gol, como si se lanza un disparo fuera o el portero ataja el balón se reanudará el juego con otro ataque desde la línea de medio campo.

Si el equipo defensor se hace con el balón, entonces deberá lanzarlo inmediatamente con un pase largo al entrenador en el círculo central.

Fig. 222: *Partido 4:4 con portería normal con PO*

Cambio de las tareas después de 5 min; 2 partes.

Ejercicio 2 (20 min): Partido 2:2+2:2 con portería normal y PO (Fig. 223)

Delante de las dos porterías se marca una zona de ataque a lo ancho del campo y a una distancia de 25 m de la línea de fondo.

La zona de mediocampo correspondiente de 25 m x 25 m se encuentra a un lado junto a la línea de medio campo.

Los equipos de 4 jugadores se subdividen en 2 grupos, colocándose 2 jugadores en la zona de ataque y 2 en la zona de mediocampo.

A partir del 2:2 en la zona de mediocampo la pareja en posesión del balón debe intentar pasar balones largos a sus compañeros que se desmarcan en la zona de ataque e intentan marcar gol. Se reanudará el juego en la zona de mediocampo, pasando el anterior equipo defensor a atacar.

Fig. 223: Partido 2:2+2:2 con portería normal con PO

Cambio de la tarea después de 10 min.

A continuación trote suave combinado con ejercicios de estiramiento.

Para terminar (25 min): Partido 4+4:4+4 sobre todo el campo (Fig. 224)

En ambas bandas del campo se señala un carril de 10 m de ancho, en el que se colocan 2 jugadores de cada equipo.

Sólo puede conseguirse un gol si un equipo ha involucrado por lo menos a 1 compañero de la banda derecha o izquierda en la jugada, en cuyo caso el jugador del exterior se cambia con el jugador del interior, pero sólo podrá jugar al primer toque. Los jugadores del exterior no pueden ser entrados.

Fig. 224: Partido 4+4:4+4

Para terminar, andar para la recuperación

Semana: 1	SE 2	Nº Corr. SE: 80	Duración: 95 min

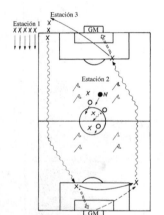

Fig. 225: Entrenamiento general de la resistencia mediante un circuito de entrenamiento

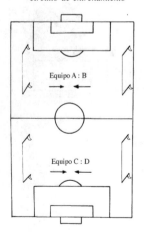

Fig. 226: Juego entre 2 líneas

Objetivo del entrenamiento: Entrenamiento general de la resistencia

Material de entrenamiento: 10 balones, 8 banderines

Contenido del entrenamiento:

Calentamiento (25 min): Trote suave en torno al campo (carrera dando multisaltos de carnero, carrera de slalom, centrar por encima de barrera, disparo a través barrera, etc.). A continuación estiramientos.

Condición física (40 min): Entrenamiento general de la resistencia en circuito. Dividir a los jugadores en 3 grupos. 1 min de pausa entre los cambios de zona (Fig. 225)

Zona 1 (12 min): Correr a paso ligero alrededor del terreno de juego, los jugadores se van relevando a la cabeza.

Zona 2 (12 min): Partido 3:3+1 con 4 porterías abiertas (3 m de ancho) en el centro del campo. Juego libre, en el que el jugador neutral juega con el equipo que posee el balón.

Zona 3 (12 min): Disparo a portería sobre las dos porterías normales (con PO).
Lado 1: Empezando desde la línea de fondo conducir el balón con rapidez y disparar a portería en el área de penalti contraria. Después de recoger el envío del portero cambiar al lado contrario.
Lado 2: Hacer habilidades con el balón a lo largo del terreno de juego y concluir en la portería contraria con un disparo.

Para finalizar (30 min): Partido entre 2 líneas

(25 m de ancho) en una mitad del terreno de juego (2 campos de juego - 4 equipos) (Fig. 226).

Consiste en: Se consigue un tanto cuando uno de los dos equipos consigue llevar a un jugador contrario hasta más allá de la línea de meta contraria. El equipo se queda en posesión del balón y contraataca inmediatamente hacia la meta contraria.

Punto fuerte: Juego de contraataque, si es posible jugar directamente.

A continuación carrera de recuperación con ejercicios gimnásticos.

Semana: 1	SE 3	N° Corr. SE: 081	Duración: 100 min

Objetivo del entrenamiento: Mejora de la fuerza y de la fuerza-potencia (pista cubierta)

Material de entrenamiento: 2 cintas elásticas, 1 balón medicinal, 1 balón de balonmano, 4 chalecos lastrados, 2 sacos de arena, 2 cuerdas para saltar, espaldera, 1 banco largo, 2 plintos pequeños, 6 plintos grandes con cama elástica

Contenido del entrenamiento:

Calentamiento (20 min): Carrera suave con ejercicios gimnásticos (gimnasia por parejas, estiramientos)

Fig. 227: Zona 1;

Condición física (55 min): Mejora de la fuerza y de la flexibilidad mediante un circuito de entrenamiento en grupos de 2

Zona 1: Mejora de la potencia de salto y de la resistencia mediante saltos sobre una escalera formada con plintons (Fig. 227)

Fig. 228: Zona 2;

Zona 2: Fortalecimiento de la musculatura abdominal (Fig. 228)

Colocar las pantorrillas sobre un cajón pe-

Fig. 229: Zona 3;

queño, con la espalda sobre el suelo, las manos unidas detrás de la nuca. Elevar el tronco durante 10 seg, a continuación volver a apoyarlo sobre el suelo y relajarse.

Zona 3: Fortalecimiento de la musculatura de las piernas y de los pies (Fig. 229)
Arrodillarse lentamente con el chaleco lastrado y un peso adicional (saco de arena, pesas).

Zona 4: Mejora de la flexibilidad, relajación (Fig. 230)
Salto de la comba con una/ambas piernas.

Zona 5: Fortalecimiento de la musculatura del tronco (Fig. 231)
Lanzamiento del balón medicinal en posición de sentados; la recepción se realizará con un amortiguamiento del tronco hacia atrás.

Zona 6: Fortalecimiento de la musculatura de las piernas, mejora de la resistencia (Fig. 232)
Con un chaleco lastrado (o pesas, saco de arena) subir y bajar alternativamente sobre un cajón pequeño.

Zona 7: Fortalecimiento de la musculatura de las piernas y de los pies (Fig. 233)
Tumbado sobre la espalda empujar hacia arriba (extender) y descender (doblar) con ambas piernas un banco largo apoyado en la espaldera. Un compañero pasivo se sienta sobre el banco. Cambio después de 1 min.

Zona 8: Fortalecimiento de la musculatura de los pies, las piernas y de los glúteos (Fig. 234)
El jugador tumbado boca abajo, con una cinta elástica fijada en la espaldera rodeándole los talones. Estirar en dirección a los glúteos, y sostener durante aprox. 5 seg. Alternar estiramiento - relajamiento.

Fig. 230: Zona 4;

Fig. 231: Zona 5;

Fig. 232: Zona 6;

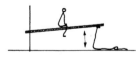

Fig. 233: Zona 7

Final: 2 min cada zona, 1 min descanso, 2 series (después de cada serie 3 min de gimnasia de estiramientos).

Para terminar (25 min): Torneo de balonmano con varios equipos.

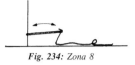

Fig. 234: Zona 8

Semana: 1	SE 4	Nº Corr. SE: 082	Duración: 110 min

Objetivo del entrenamiento: Mejora de la técnica del pase y de la condición física

Material de entrenamiento: 10 balones, 12 banderines

Contenido del entrenamiento:

Calentamiento (25 min): Partido de balonmano 4:4 con pases de cabeza. En un cuarto del campo se juega un partido de balonmano 4:4. Cada pase dentro de un equipo que a su vez logre pasarse con la cabeza supone un punto.
A continuación ejercicios de estiramiento

Técnica (25 min): Técnica del pase en grupos de 3
- Realizar pases largos sobre la marcha
- El jugador 1 pasa el balón al 2, que lo cede al jugador 3 que se encamina hacia él
- El jugador 1 pasa el balón al 2, que se lo cede directamente al jugador 3 a medida que éste corre
- El jugador 1 pasa el balón algo elevado (alto) al 2, que lo devuelve directamente con el pie o la cabeza al jugador 1, quien a su vez lo pasa a continuación con un disparo largo al jugador 3 que se desmarca
- El jugador 1 lleva el balón, hace una pared con el jugador 2, después con el jugador 3. Entonces sigue con el balón el jugador 2 (4 series)

Condición física (20 min): Mejora de la condición física en general en un circuito señalizado (cada jugador por separado, 1 min de pausa después de cada recorrido) (Fig. 235)

Recorrido 1 (3 min)
1. **Tramo**: Trotar
2. **Tramo**: Acelerar
3. **Tramo**: Esprint
4. **Tramo**: Relajar el ritmo

Recorrido 2 (3 min)
1. **Tramo**: Correr haciendo multisaltos
2. **Tramo**: Correr lateralmente
3. **Tramo**: Correr elevando los talones
4. **Tramo**: Correr elevando las rodillas

Recorrido 3 (3 min)
1. **Tramo**: Correr hacia atrás
2. **Tramo**: Saltos largos sobre una pierna
3. **Tramo**: Saltos de cabeza
4. **Tramo**: Esprint

Recorrido 4 (3 min)
1. **Tramo**: Saltos en zigzag
2. **Tramo**: Saltar a la comba
3. **Tramo**: Saltos largos sobre las dos piernas
4. **Tramo**: Correr al trote

Recorrido 5 (3 min)
1. **Tramo**: Correr al trote
2. **Tramo**: Marcha atlética - Acelerar
3. **Tramo**: Marcha atlética - Máxima velocidad
4. **Tramo**: Marcha atlética - Frenar gradualmente

Tiro a portería (20 min): Combinación de ataque con desdoblamiento por atrás y remate a portería (Fig. 236)

En el área de penalti se colocan 2 delanteros (C, D) contra 1 defensa. El jugador A conduce el balón desde la línea de medio campo y abre al jugador B (1). B conduce el balón hacia el

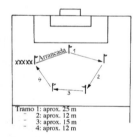

Tramo 1: aprox. 25 m
" 2: aprox. 12 m
" 3: aprox. 15 m
" 4: aprox. 12 m

Fig. 235: Diferentes formas de cubrir un circuito señalizado

Fig. 236: Combinaciones de ataque con un jugador que se desdobla por atrás y remate a portería

interior y pasa al jugador D que se encamina hacia él (2). Éste abre directamente hacia el jugador A que viene desde atrás (3).

A centra (4) sobre la marcha a los dos delanteros C y D, que intentan marcar gol frente a la oposición del defensa.

Cambio de los dos delanteros y del defensa después de 5 jugadas.

Realizarlo por las dos bandas.

Para terminar (20 min): Torneo de minifútbol en 2 campos de juego con 3 porterías abiertas en triángulo (Fig. 237)

4 equipos con 4 jugadores cada uno. En las dos mitades del campo se marcan dos campos con porterías abiertas en triángulo (3 m de ancho). Se sortean los equipos. Los goles pueden marcarse en los tres lados de las porterías, pero sólo de remate directo.

Después de jugar 10 min se enfrentan los dos ganadores entre sí y los dos perdedores.

A continuación carrera de recuperación en grupo

Fig. 237: Torneo de minifútbol en 2 campos de juego con 3 porterías abiertas en triángulo

Semana: 2	SE 1	Nº Corr. SE: 083	Duración: 105 min

Objetivo del entrenamiento: Entrenamiento general de la resistencia

Material de entrenamiento: 4 balones, 16 banderines

Contenido del entrenamiento:

Calentamiento (25 min): Correr con y sin balón en grupos de 2

- Carrera ligera en grupos de dos por todo el terreno de juego
- Gimnasia en grupos de dos: 1 jugador muestra un ejercicio cada vez
- En grupos de 2, pases sobre la marcha, modificando constantemente la distancia

Para finalizar ejercicios de estiramiento, en

los que cada jugador muestra un ejercicio y el entrenador controla su correcta ejecución.

Condición física (55 min): Entrenamiento general de la resistencia en grupos de cinco

Ejercicio 1 (10 min): Carrera de resistencia por todas las instalaciones deportivas
Ritmo recomendado: 4 pasos inspirar - 4 pasos espirar

Ejercicio 2 (5 min): Hacer habilidades con el balón en grupo, obligatoriamente con 2 contactos

Ejercicio 3 (10 min): Carrera de resistencia por todas las instalaciones deportivas

Ejercicio 4 (5 min): Rondo 4:1 al primer toque en un campo delimitado (10 x 10 m)

Ejercicio 5 (10 min): Carrera de resistencia por todas las instalaciones deportivas

Ejercicio 6 (5 min): Gimnasia de estiramientos: El jugador mayor (o más joven) de cada grupo muestra los ejercicios

Ejercicio 7 (10 min): Carrera de resistencia por todas las instalaciones deportivas

Para finalizar (25 min): Partido con 3 equipos sobre todo el terreno de juego (Fig. 238)
El equipo A ataca al equipo B, que defiende, mientras que C descansa. Si el equipo B se hace con el balón, el equipo A intentará recuperarlo nuevamente con un pressing agresivo hasta la línea de medio campo. Si el equipo B llega a la línea de medio campo intentará hacer un gol al equipo C, mientras que ahora el equipo A descansa.
A continuación carrera de recuperación

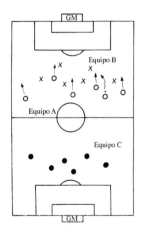

Fig. 238: Partido con 3 equipos

Semana: 2	SE 2	Nº Corr. SE: 084	Duración: 100 min

Objetivo del entrenamiento: Mejora de la fuerza y de la fuerza-potencia (pista cubierta)

Material de entrenamiento: 2 cintas elásticas, 1 balón medicinal, 1 balón de balonvolea, 4 chalecos lastrados, 2 sacos de arena, 2 cuerdas para saltar, espaldera, 1 banco largo, 2 plintos pequeños, 6 plintos grandes con cama elástica

Fig. 239: Zona 1

Contenido del entrenamiento:

Calentamiento (20 min): Correr suavemente con ejercicios gimnásticos (gimnasia por parejas, estiramientos)

Fig. 240: Zona 2

Condición física (55 min): Mejora de la fuerza y de la flexibilidad mediante un circuito de entrenamiento en grupos de 2 (Fig. 239-246)

Fig. 241: Zona 3

Zona 1: Mejora de la potencia de salto y de la resistencia mediante saltos sobre una escalera formada con plintos

Zona 2: Fortalecimiento de la musculatura abdominal
Colocar las pantorrillas sobre un cajón pequeño, con la espalda sobre el suelo, las manos unidas detrás de la nuca. Elevar el tronco durante 10 seg, a continuación volver a apoyarlo sobre el suelo y relajarse.

Fig. 242: Zona 4

Fig. 243: Zona 5

Zona 3: Fortalecimiento de la musculatura de las piernas y de los pies
Arrodillarse lentamente con el chaleco lastrado y un peso adicional (saco de arena, pesas).

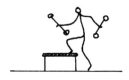

Zona 4: Mejora de la flexibilidad, relajación
Salto a la comba con una/ambas piernas.

Fig. 244: Zona 6

Zona 5: Fortalecimiento de la musculatura del tronco

Lanzamiento del balón medicinal en posición de sentados; la recepción se realizará con un amortiguamiento del tronco hacia atrás.

Zona 6: Fortalecimiento de la musculatura de las piernas, mejora de la resistencia

Con un chaleco lastrado (o pesas, saco de arena) subir y bajar alternativamente sobre un cajón pequeño.

Zona 7: Fortalecimiento de la musculatura de las piernas y de los pies

Tumbado sobre la espalda empujar hacia arriba (extender) y descender (doblar) con ambas piernas un banco largo apoyado en la espaldera. Un compañero pasivo se sienta sobre el banco. Cambio después de 1 min.

Fig. 245: Zona 7

Zona 8: Fortalecimiento de la musculatura de los pies, las piernas y de los glúteos

El jugador tumbado boca abajo, con una cinta elástica fijada en la espaldera rodeándole los talones. Estirar en dirección a los glúteos, y sostener durante aprox. 5 seg. Alternar estiramiento - relajamiento.

Fig. 246: Zona 8

Final: 2 min cada zona, 1 min descanso, 2 series (después de cada serie de 3 min gimnasia de relajación).

Para terminar (25 min): Torneo de balonvolea con varios equipos.

Semana: 2	SE 3	Nº Corr. SE: 085	Duración: 100 min

Objetivo del entrenamiento: Mejora de la potencia de salto y de la fueza-potencia

Material de entrenamiento: Cada jugador 1 balón, 30 banderines

Contenido del entrenamiento:

Calentamiento (25 min): Correr con el balón
- Llevar el balón con la parte interior del pie, con la exterior y con la planta
- Habilidad con el balón, levantarlo y chutarlo y correr detrás del mismo
- Con las piernas ligeramente separadas, pasar el balón alrededor del cuerpo a la altura de la cadera
- Con las piernas ligeramente separadas y el tronco flexionado pasarse el balón entre las piernas describiendo un ocho
- Sujetar el balón con ambas manos detrás del cuerpo, lanzarlo hacia delante por encima de la cabeza y recogerlo
- Control del balón con fintas y fintas
Para finalizar, estiramientos

Condición física (50 min): Mejora de la potencia de salto y de la flexibilidad mediante un circuito de entrenamiento en grupos de 2 (4) (ver Fig. 247-253)
Ejercicio: 2 min/zona
Pausa: 1 min (cambio de zona)
2 series (3 min de trote suave entre la primera y la segunda serie)

Zona 1: Reforzamiento de la musculatura abdominal y dorsal (Fig. 247a; Fig. 247b)
- Coger el balón entre las piernas y desplazarlo a izquierda y derecha por encima de una barra (1 min)
- Estirado boca abajo, agarrar con ambas manos el balón y desplazarlo a izquierda y derecha por encima de una barra con los brazos extendidos (1 min)

Zona 2: Hacer slalom con el balón (Fig. 248)
- El primer jugador hace slalom con el balón entre los banderines colocados a intervalos de 2 m. El cuerpo estará siempre entre el balón y el banderín. Tras recorrer los banderines pasar hacia atrás al segundo jugador que se encuentra esperando, y correr detrás del balón.

Fig. 247a: Reforzamiento de la musculatura abdominal y dorsal

Fig. 247b: Reforzamiento de la musculatura abdominal y dorsal

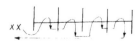

Fig. 248: Hacer slalom con el balón

Zona 3: Mejora de la potencia de salto desde la izquierda/derecha (Fig. 249)
- Salto lateral (con una pierna) por la izquierda /derecha de la línea de banderines dispuestas con altura creciente.

Zona 4: Juego de pases con vuelta (Fig. 250)
- Un jugador es activo durante 1 min, a continuación el otro. El jugador 1 pasa desde 15 m de distancia al jugador 2, que corre hacia el balón, lo devuelve, se gira y da la vuelta alrededor del banderín para encaminarse nuevamente hacia el balón.

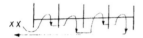

Fig. 249: Mejora de la potencia de salto

Zona 5: Mejora de la potencia de salto (Fig. 251)
- Salto con las dos piernas por encima de las vallas colocadas a intervalos de 2 metros (ayudas para el entrenamiento) con alturas crecientes.

Zona 6: Juego de pases en triángulo (Fig. 252)
- El jugador 1 pasa raso al jugador 2, que la desvía a la esquina libre, donde el jugador 1 la intercepta. Cambio después de 5 pases.

Fig. 250: Juego de pases con vuelta

Zona 7: Mejora de la potencia de salto (Fig. 253)
- Lanzamiento de cabeza sobre una valla (que representa a un contrario) y cesión al otro jugador.

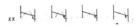

Fig. 251: Mejora de la potencia de salto con salto de vallas

Zona 8: Partido 1:1 con 2 porterías abiertas (2 m de ancho, separadas 15 m)

Para finalizar (10 min): Pequeño torneo de fútbol-sala
Tiempo de juego: 5 min. El equipo vencedor permanece en la pista, mientras que el equipo perdedor queda eliminado. En caso de empate se quedará el equipo que lleva más tiempo sobre la pista.
Los jugadores que han abandonado la pista realizan ejercicios de estiramiento en la banda.

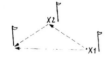

Fig. 252: Juego de pases en triángulo

Fig. 253: Mejora de la potencia de salto

Semana: 2	SE 4	Nº Corr. SE: 086	Duración: 100 min

Objetivo del entrenamiento: Enseñanza del juego en largo

Material de entrenamiento: 10 balones, 8 banderines

Contenido del entrenamiento:

Calentamiento (25 min): Correr sin balón por todo el ancho del campo
- Trote suave con ejercicios de estiramiento
- Andar de puntillas
- Correr elevando los talones
- Correr dando multisaltos en altura/longitud
- Correr como si se andara sobre patines
- Salida hacia delante sobre carrera de espaldas
- Gimnasia de calentamiento (saltos con una/dos piernas sin moverse del sitio, giros del tronco, rotar los brazos hacia delante y hacia atrás, balancear la pierna a derecha e izquierda
- Estiramientos

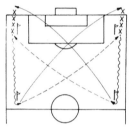

Fig. 254: Pase largo, pase en diagonal

Técnica (40 min): Mejora del juego en largo (ver Fig. 254-258)

Ejercicio 1: Pase largo en diagonal (10 min) (Fig. 254)
8 jugadores practican en dos grupos en una mitad del campo. Los primeros jugadores de cada grupo driblan con el balón a la altura del área de penalti en dirección a la línea de medio campo y hacen un pase largo en diagonal al siguiente jugador del otro grupo. Para finalizar corren a ritmo medio hasta el final del otro grupo.

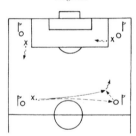

Fig. 255: Pases largos hacia zonas de juego

Ejercicio 2: Pases largos hacia las zonas de juego (20 min) (Fig. 255)
4 jugadores se sitúan como zonas de juego formando un campo grande en una MDC. Los otros 4 jugadores con balón empiezan al mismo

Fig. 256: Pases largos sobre la marcha

tiempo con un pase largo hacia la siguiente zona de juego. Las zonas de juego devuelven el balón al jugador que lo recoge sobre la marcha tras controlarlo, lo pasa a la siguiente zona de juego. Después de 5 min cambio de papeles, 2 series

Ejercicio 3: Pase largo en carrera, sobre la marcha (10 min) (Fig. 256)

4 jugadores se colocan como zonas de juego formando un campo grande. Los otros 4 jugadores pasan el balón en largo sobre la marcha al siguiente compañero y persiguen el balón. Cuando el grupo de 4 jugadores ha cubierto todo el campo tras 4 pases, descansa y se cambia con los jugadores que hacían de zonas de juego.

Tiro a portería (20 min): Ejercicios de tiro a portería en grupos de 2

Ejercicio 1: Tiro a portería después de centro (Fig. 257)

El jugador A lanza desde el círculo central un pase largo al jugador B, que está corriendo por la banda, a una indicación de éste esprinta seguidamente hacia la banda. B se dirige al centro tras un pase en profundidad y remata el centro de A. Realizarlo por las dos bandas.

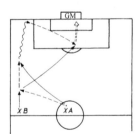

Fig. 257: *Tiro a portería después de un centro*

Ejercicio 2: Tiro a portería después de una pared (Fig. 258)

El jugador A lanza desde la línea de fondo un pase largo al jugador B que viene corriendo desde la línea de medio campo y se encamina para hacer la pared con B, que concluye rematando a portería. A continuación los dos jugadores cambian sus posiciones. Realizarlo por las dos bandas.

Fig. 258: *Tiro a portería después de una pared*

Para finalizar (15 min): Partido sobre todo el campo poniendo el acento en el juego en largo.

A continuación carrera de recuperación

Semana: 3	SE 1	Nº Corr. SE: 087	Duración: 100 min

Objetivo del entrenamiento: Entrenamiento general de la resistencia

Material de entrenamiento: Cada jugador 1 balón, 1 portería normal transportable, 12 banderines.

Contenido del entrenamiento

Calentamiento (25 min): Correr sin balón
Los jugadores corren en fila y realizan diferentes formas de ejercicios (carrera dando multisaltos, saltos de carnero, deslizarse, slalom, esprint hacia delante, etc).
A continuación estiramientos.

Condición física (45 min): Entrenamiento general de la resistencia en un circuito de entrenamiento.

Ejercicio 1 (20 min): Circuito en una mitad del terreno del campo con ejercicios técnico-tácticos (Fig. 259)
Los jugadores van moviendo el balón (malabarismos, conducir el balón, gimnasia) en una zona de espera y recorren el circuito con intervalos de 20 m.

Fig. 259: Circuito en una mitad del campo con ejercicios técnico-tácticos

1. Pase cruzando el círculo central, rodear el círculo
2. Slalom (con el balón pegado a los pies) entre los banderines
3. Finta de disparo colocado al primer poste y picar al segundo poste
4. Cambiar al otro lado y recoger la entrega del portero
5. Avanzar, hacer una pared con el entrenador y terminar con un disparo a la segunda portería normal en la línea de medio campo
6. Ejercicios con el balón en la zona de espera
A continuación 2 min de estiramientos

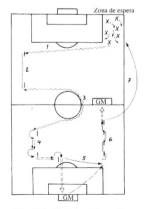

Fig. 260: Circuito sobre todo el campo con ejercicios técnico-tácticos

Ejercicio 2 (20 min): Circuito por todo el campo con ejercicios técnico-tácticos (Fig. 260)

Los jugadores van trabajando con el balón en la zona de espera y cubren el circuito a intervalos de 20 m

1. Conducciones rápidas sobre 30 m
2. 15 m de malabarismos con el balón (cabeza, pies)
3. Conducciones rápidas alrededor del círculo central
4. Al llegar a los banderines elevar el balón, adelantárselo de un puntapié y recuperarlo. Después de la tercera marca tirar a portería de volea.
5. Cambiar de lado y recoger la entrega del portero
6. Conducciones rápidas entre los banderines y concluir con tiro a portería en la segunda portería normal en la línea de medio campo
7. Trabajo con el balón en la zona de espera

A continuación 3 min de trote suave

Para finalizar (30 min): Enseñanza del juego con superioridad/inferioridad numérica en un partido 6:3 (6:4) en ambas mitades del campo (Fig. 261)

Los equipos de seis jugadores inician sus ataques desde la línea de medio campo, pero sólo pueden jugar el balón en 2 toques. Si es el equipo que defiende en inferioridad numérica el que posee el balón, tratan de hacer tiempo (aguantar el balón) jugando libremente. Después de 10 min 3 jugadores se pasan al equipo en inferioridad numérica. ¿Cuál es la mejor defensa?

A continuación andar para recuperar

Fig. 261: Enseñanza del juego con superioridad/inferioridad numérica en un partido 6:3

Semana: 3 SE 2 Nº Corr. SE: 088	Duración: 100 min

Objetivo del entrenamiento: Mejora de la fuerza y de la fuerza-potencia (pista cubierta)

Material de entrenamiento: 2 cintas elásticas, 1 balón medicinal, 1 balón de baloncesto, 4 chalecos lastrados, 2 sacos de arena, 2 cuerdas para saltar, espaldera, 1 plinton largo, 2 plintos pequeños, 6 plintos grandes con cama elástica

Contenido del entrenamiento:

Calentamiento (20 min): Carrera suave con ejercicios gimnásticos (gimnasia por parejas, estiramientos)

Condición física (55 min): Mejora de la fuerza y de la flexibilidad mediante un circuito de entrenamiento en grupos de 2 (ver Fig. 262-269)

Zona 1: Mejora de la potencia de salto y de la resistencia mediante saltos sobre una escalera formada con plintos (Fig. 262)

Zona 2: Fortalecimiento de la musculatura abdominal (Fig. 263)
Colocar las pantorrillas sobre un cajón pequeño, con la espalda sobre el suelo, las manos unidas detrás de la nuca. Elevar el tronco durante 10 seg, a continuación volver a apoyarlo sobre el suelo y relajarse.

Zona 3: Fortalecimiento de la musculatura de las piernas y de los pies (Fig. 264)
Arrodillarse lentamente con el chaleco lastrado y un peso adicional (saco de arena, pesas).

Fig. 262: Zona 1

Zona 4: Mejora de la flexibilidad, relajación (Fig. 265)
Salto a la comba con una/ambas piernas.

Fig. 263: Zona 2

Zona 5: Fortalecimiento de la musculatura del tronco (Fig. 266)

Lanzamiento del balón medicinal en posición de sentados; la recepción se realizará con un amortiguamiento del tronco hacia atrás.

Zona 6: Fortalecimiento de la musculatura de las piernas, mejora de la resistencia (Fig. 267)

Con un chaleco lastrado (o pesas, saco de arena) subir y bajar alternativamente sobre un plinto pequeño.

Fig. 264: Zona 3

Zona 7: Fortalecimiento de la musculatura de las piernas y de los pies (Fig. 268)

Tumbado sobre la espalda empujar hacia arriba (extender) y descender (doblar) con ambas piernas un banco largo apoyado en la espaldera. Un compañero pasivo se sienta sobre el banco. Cambio después de 1 min.

Fig. 265: Zona 4

Zona 8: Fortalecimiento de la musculatura de los pies, las piernas y de los glúteos (Fig. 269)

El jugador tumbado boca abajo, con una cinta elástica fijada en la espaldera rodeándole los talones. Estirar en dirección a los glúteos, y sostener durante aprox. 5 seg. Alternar estiramiento - relajamiento.

Fig. 266: Zona 5

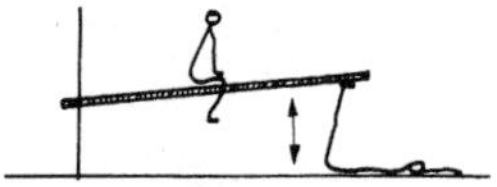

Final: 2 min cada zona, 1 min descanso, 2 series (después de cada serie 3 min de gimnasia de relajación).

Fig. 267: Zona 6

Para terminar (25 min): Torneo de baloncesto con varios equipos.

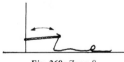

Fig. 268: Zona 7

Fig. 269: Zona 8

Semana: 3 SE 3 Nº Corr. SE: 089	Duración: 105 min

Objetivo del entrenamiento: Mejora de la velocidad y del juego por las bandas

Material de entrenamiento: Cada jugador 1 balón, 12 banderines, una portería portátil normal

Contenido del entrenamiento:

Calentamiento (25 min): Partido de balonpié, balonmano, balón-cabeza
2 equipos juegan sobre 2 porterías normales (2 porterías en la línea de medio campo).
Deberá jugarse obligatoriamente en la secuencia pie, mano, cabeza y donde un gol podrá materializarse únicamente con la cabeza o el pie.

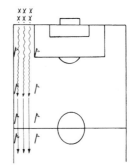

Fig. 270: *Mejora de la velocidad con y sin balón*

El jugador 1 conduce el balón con el pie y se lo pasa a otro compañero de tal manera que éste lo pueda coger con las manos. El lanzamiento con la mano de este último será cabeceado por el siguiente jugador, a partir de entonces podrá proseguirse el juego nuevamente con el pie.
El equipo que defiende sólo podrá defender el balón con el mismo sistema de juego.
Para finalizar, estiramientos

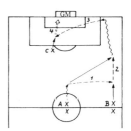

Fig. 271: *Pase hacia la banda con cambio de posición*

Condición física (20 min): Mejora de la velocidad con y sin balón en grupos de tres (Fig. 270)
Ejercicio: 2 series de 8 carreras cada una/1 min de pausa entre cada esprint
2 min de pausa con estiramientos entre cada serie
Recorrido 1: Conducir el balón con un ritmo medio (16 m)
Recorrido 2: Conducir el balón a ritmo máximo (25 m) y dejarlo
Recorrido 3: Trotar sin el balón (20 m)
Recorrido 4: Esprint (10 m) y carrera relajada hasta la línea de fondo contraria

Fig. 272: *Pase hacia la banda con desdoblamiento por atrás*

Táctica (45 min): Enseñanza del juego por las bandas como condición previa para el remate a portería (Fig. 271-273)

Ejercicio 1 (15 min): Pase hacia la banda con cambio de posición

El jugador A pasa hacia la banda al jugador B (1), que inmediatamente hace un pase en profundidad al jugador A (2). El jugador corre a recoger el pase y centra desde la línea de fondo al jugador C (3), que remata directamente (4).

A continuación se cambia a la posición de C, C a la de B y B a la de A.

Ejercicio 2 (15 min): Pase hacia la banda con desdoblamiento por atrás (Fig. 272)

El jugador A pasa a la banda hacia B, que conduce el balón hacia el interior y a continuación cede hacia la banda al jugador A que se desdobla por atrás. A centra desde la línea de fondo a C, que concluye con un tiro a portería.

A se cambia a la posición de C, C a la de B y B a la de A.

Realizarlo por ambas bandas.

Ejercicio 3 (15 min): El punta cae a una banda (Fig. 273)

El jugador A pasa hacia la banda a B (1), que rápidamente la sirve en profundidad (2) al punta C que se cambia a la banda. C conduce el balón hasta la línea de fondo y centra (3) a los jugadores que le han acompañado, siendo A el que cubre el primer palo y B el segundo palo.

A continuación B se cambia con C, C con A y A con B. Realizarlo por ambas bandas.

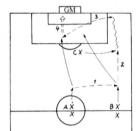

Fig. 273: El punta cae a una banda

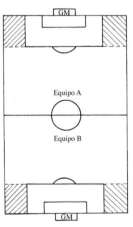

Fig. 274: Fomento del juego por las bandas mediante zonas prohibidas en las dos mitades del campo

Para finalizar (20 min): Partido por todo el campo poniendo el acento en el juego por las bandas marcando zonas prohibidas en las dos mitades del campo (Fig. 274).

En las zonas prohibidas el jugador que lleva el balón no puede ser atacado, por lo que podrá centrar sin obstáculos. Los goles que se consiguen como resultado de un centro valen por dos. Para finalizar, carrera de recuperación

Semana: 3	SE 4	Nº Corr. SE: 090	Duración: 100 min

Objetivo del entrenamiento: Mejora del remate a portería después de un centro

Material de entrenamiento: 20 balones, una portería normal portátil, 12 banderines

Contenido del entrenamiento:

Calentamiento (25 min):
- Rondo 5:3 con 2 toques de balón en un terreno de juego delimitado (15 m)
- Paso ligero a lo ancho del campo (dando multisaltos, elevando los talones, elevando las rodillas, con rotación de los brazos hacia delante/atrás, velocidad de reacción con fintas con la parte superior del cuerpo); ejercicios de estiramiento para la musculatura de las piernas, abdominal y dorsal (10 min)
Observación: Los porteros calientan por separado

Remate a portería (65 min): Remate de centros (Fig. 275-277)

Ejercicio 1: Doble área de penalti con 2 porterías normales, 8 jugadores y 2 POs (Fig. 275).
Los jugadores 2, 3, 4 y 5 centran por este orden a balón parado al jugador 1, que remata a portería (a ser posible de volea).
Los 3 jugadores que no toman parte recogen los balones y se intercambian después de 90 seg.
¿Cuántos goles consigue el jugador en 90 seg?

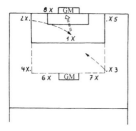

Fig. 275: Remate de centros en un área de penalti doble

El segundo grupo (8 jugadores) realiza una carrera de resistencia de 12 min. Después se cambia con el grupo 1.

Ejercicio 2: Como en el ejercicio 1, pero con la participación de 2 jugadores en el remate, que deberán enfrentarse a 1 defensa (Fig. 276).

Los jugadores 3, 4, 5 y 6 centran por este orden a los jugadores 1 y 2, que se desplazan alternativamente hacia el primer palo y el segundo palo.

¿Cuántos goles consiguen los 2 jugadores contra 1 defensa en 90 seg?

El segundo grupo juega al mismo tiempo en la otra mitad del campo un 4:4 con 4 porterías pequeñas, poniendo el acento en el fútbol-rápido (12 min). Después se cambia con el grupo 1.

Ejercicio 3: La mitad del campo con 2 porterías normales, líneas de banda prolongando las líneas del área de penalti (Fig. 277). Partido 4:4 con 4 jugadores de recambio.

Los jugadores de recambio se sitúan en las bandas. Pueden entrar en juego en cualquier momento, pero sólo podrán jugar al primer toque. A la orden del entrenador se sustituirá a un jugador. Los goles conseguidos por pase de un jugador de recambio valen por dos.

Para finalizar (10 min): Carrera de recuperación por todo el terreno de juego

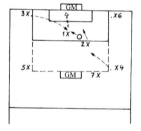

Fig. 276: Remate de centros en un área de penalti doble contra un defensa

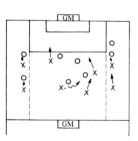

Fig. 277: Partido 4:4 con 4 jugadores de recambio

Semana: 4	SE 1	Nº Corr. SE: 091	Duración: 100 min

Objetivo del entrenamiento: Mejora de la velocidad

Material de entrenamiento: 10 balones, 4 banderines

Contenido del entrenamiento:

Calentamiento (25 min): Correr sin balón con diferentes combinaciones de carreras y saltos (10 min).
Rondo 5:3 con 2 toques de balón sobre un campo de 25 x 25 m (10 min).
Para finalizar, carrera individual con ejercicios de estiramiento (5 min)

Condición física (30 min): Mejora de la velocidad de reacción y de la velocidad de desplazamiento mediante carreras de persecución en grupos de dos (1 min de pausa entre cada esprint)

Ejercicio 1: Velocidad de reacción con persecución después de una señal óptica (12 repeticiones) (Fig. 278)
2 jugadores se encuentran uno junto al otro a una distancia de 1 m y mirando los dos al entrenador. A los lados de los jugadores se marcan sendas distancias de 15 m.
Los jugadores reaccionan ante una señal del entrenador, que indica de repente con el pulgar la dirección a seguir. Si un jugador es capaz de tocar a su compañero antes de llegar al final del recorrido, éste tendrá que correr un recorrido extra.
A continuación 3 min de trote con ejercicios de recuperación

Ejercicio 2: Velocidad de reacción con persecución después de una señal óptica (12 repeticiones) (Fig. 279)

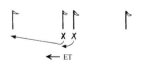

Fig. 278: Velocidad de reacción sobre 15 m a una señal con el pulgar del entrenador

2 jugadores se encuentran uno detrás del otro a una distancia de 1 m y mirando los dos al entrenador. Según la dirección de marcha de los jugadores se marca una distancia de 15 m.

Los jugadores reaccionan ante una señal del entrenador, que sostiene un balón con las dos manos y lo deja caer de repente. Si el jugador más atrasado logra tocar a su compañero antes de que éste llegue al final del recorrido, éste tendrá que correr un recorrido extra. En la siguiente salida se intercambian las posiciones.

A continuación 3 min de trote con ejercicios de recuperación

Táctica (25 min): Mejora del uno contra uno mediante un partido 4:4 en un cuarto del campo (al mismo tiempo entrenamiento de la resistencia)

Ejercicio 1 (12 min): Partido 4:4 sin límite de contactos de balón. Si un equipo logra conservar el balón durante más de 5 pases consigue un punto.

1 min de pausa

Ejercicio 2 (12 min): Partido 4:4 sin límite de contactos de balón. Cada pared conseguida supone un punto a su favor.

Para finalizar (20 min): Entrenamiento de las situaciones tipo (golpe franco, saque de esquina en el ataque y en la defensa, lanzamiento de penalti, saque de banda)

A continuación carrera de recuperación

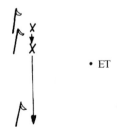

• ET

Fig. 279: Velocidad de reacción sobre 15 m a una señal con el pulgar del entrenador

1020

Semana: 4 **SE 2** **Nº Corr. SE: 092**	**Duración: 100 min**

Objetivo del entrenamiento: Mejora de la fuerza y de la fuerza-potencia (pista cubierta)

Material de entrenamiento: 2 cintas elásticas, 1 balón medicinal, 1 balón de fútbol, 4 chalecos lastrados, 2 sacos de arena, 2 cuerdas para saltar, espaldera, 1 banco largo, 2 plintos pequeños, 6 plintos grandes con cama elástica

Contenido del entrenamiento:

Calentamiento (20 min): Carrera suave con ejercicios gimnásticos (gimnasia por parejas, estiramientos)

Condición física (55 min): Mejora de la fuerza y de la flexibilidad mediante un circuito de entrenamiento en grupos de 2 (Fig. 280-287)

Zona 1: Mejora de la potencia de salto y de la resistencia mediante saltos sobre una escalera formada con plintos

Zona 2: Fortalecimiento de la musculatura abdominal
Colocar las pantorrillas sobre un cajón pequeño, con la espalda sobre el suelo, las manos unidas detrás de la nuca. Elevar el tronco durante 10 seg, a continuación volver a apoyarlo sobre el suelo y relajarse.

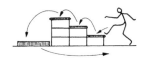

Zona 3: Fortalecimiento de la musculatura de las piernas y de los pies

Fig. 280: Zona 1

Arrodillarse lentamente con el chaleco lastrado y un peso adicional (saco de arena, pesas).

Zona 4: Mejora de la flexibilidad, relajación
Salto a la comba con una/ambas piernas.

Fig. 281: Zona 2

Zona 5: Fortalecimiento de la musculatura del tronco
Lanzamiento del balón medicinal en posición de sentados; la recepción se realizará con un amortiguamiento del tronco hacia atrás.

Zona 6: Fortalecimiento de la musculatura de las piernas, mejora de la resistencia
Con un chaleco lastrado (o pesas, saco de arena) subir y bajar alternativamente sobre un plinton pequeño.

Fig. 282: Zona 3

Fig. 283: Zona 4

Zona 7: Fortalecimiento de la musculatura de las piernas y de los pies
Tumbado sobre la espalda empujar hacia arriba (extender) y descender (doblar) con ambas piernas un banco largo apoyado en la espaldera. Un compañero pasivo se sienta sobre el banco. Cambio después de 1 min.

Fig. 284: Zona 5

Zona 8: Fortalecimiento de la musculatura de los pies, las piernas y de los glúteos
El jugador tumbado boca abajo, con una cinta elástica fijada en la espaldera rodeándole los talones. Estirar en dirección a los glúteos, y sostener durante aprox. 5 seg. Alternar estiramiento - relajamiento.

Fig. 285: Zona 6

Final: 2 min cada zona, 1 min descanso, 2 series (después de cada serie 3 min de gimnasia de recuperación).

Para terminar (25 min): Torneo de fútbol con varios equipos.

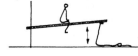

Fig. 286: Zona 7

Fig. 287: Zona 8

Semana: 4 SE 3 Nº Corr. SE: 093	Duración: 100 min

Objetivo del entrenamiento: Mejora del uno contra uno y del marcaje rápido

Material de entrenamiento: 15 balones, una portería portátil normal, 8 banderines

Contenido del entrenamiento:

Calentamiento (25 min): Correr sin el balón en grupos de dos
- Correr a la sombra: Un jugador corre de diferentes formas, que su "sombra" reproduce
- Saltos de carnero (saltar-deslizarse entre las piernas)
- Saltar repetidas veces con una/dos piernas sobre el compañero puesto en cuclillas
- Boxeo ficticio
- Juego de tocar y parar: 2 jugadores se cogen de la mano e intentan tocar a otras parejas
A continuación ejercicios de estiramiento

Táctica (60 min): Mejora del uno contra uno y del marcaje rápido en cuatro zonas / 2 min para pausa con estiramientos antes de cambiar de zona (Fig. 288).

Zona 1: Juego 2:2 con 2 porterías normales y con dos POs en un área de penalti doble (12 min)
Debido a la cercanía de las dos porterías se producen muchos uno contra uno, alternándose constantemente el comportamiento defensivo y ofensivo. Tener preparados balones de reserva. 3 partidillos de 4 min cada uno.

Zona 2: Conducción 1:1 (12 min)
3 jugadores con sendos balones en formación de triángulo contra un defensa. Los 3 jugadores intentan desde una distancia de 15 m sortear alternativamente al defensa y alcanzar el lado

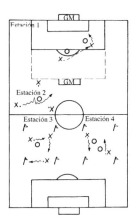

Fig. 288: Mejora del uno contra uno y del marcaje rápido en 4 zonas

contrario haciendo uso de conducciones. Cambio del defensa después de 3 min.

Zona 3: Juego 1:1 (12 min)
3 jugadores con sendos balones driblan en un espacio marcado (15 x 15 m) a un defensa.
Cambio del defensa después de 3 min.

Zona 4: Juego 2:2 (12 min)
2 jugadores con balón driblan en un espacio marcado (15 x 15 m) a 2 defensas.
Cambio de papeles después de 6 min.

Para finalizar (15 min): Partido sobre todo el campo poniendo el acento en el marcaje rápido. El jugador que lleva el balón en el equipo atacante debe ser atacado inmediatamente por 2 jugadores del equipo defensor.
Para finalizar carrera de recuperación

Semana: 4	SE 4	Nº Corr. SE: 094	Duración: 90 min

Objetivo del entrenamiento: Enseñanza del fútbol-rápido

Material de entrenamiento: 4 balones, 20 banderines

Contenido del entrenamiento:

Calentamiento (25 min): Pases en grupos de 4 con el balón
- Pasar sobre la marcha desde la mitad del terreno de juego
- El jugador que recibe pasa directamente al siguiente jugador a medida que este corre
- Coger el balón (hacia el hombre con el balón)
- Sólo al primer toque
- Después de ceder el balón el jugador esprinta al espacio libre

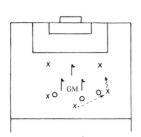

Fig. 289: *Partido 5:3 con portería en triángulo*

- El jugador lleva el balón esprintando en dirección al espacio libre
Para finalizar, ejercicios de estiramiento

Táctica (45 min): Enseñanza del fútbol-rápido (Fig. 289-291)

Ejercicio 1: Partido 5:3 con una portería triangular con PO en una MDC (15 min) (Fig. 289)
Los goles sólo pueden conseguirse con un tiro directo a portería. El trabajo de la defensa deberá dificultarse mediante la utilización de frecuentes cambios de juego por parte del equipo atacante con superioridad numérica.

Ejercicio 2: Partido 5:3 con 2 porterías abiertas (6 m de ancho) con PO en una MDC con bandas marcadas (15 min) (Fig. 290)
Los goles del equipo con superioridad numérica sólo cuentan cuando se ha jugado una vez en la zona derecha y en la zona izquierda el balón antes del remate. El equipo con inferioridad numérica contraataca hacia la otra portería, pero el equipo con superioridad numérica sólo puede defenderse con 3 jugadores.
Si se juega sin portero, se estrecharán las porterías abiertas a 3 m.

Ejercicio 3: Partido 8:8 con 4 porterías (2 porterías normales con PO + 2 porterías abiertas de 3 m de ancho en las bandas) en una MDC (15 min) (Fig. 291).
El equipo atacante debe conseguir la superioridad numérica y rematar a una de las dos porterías (portería normal o abierta) mediante cambios rápidos del juego. Un gol después de un cambio de juego vale por dos.

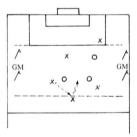

Fig. 290: *Partido 5:3 con 2 porterías abiertas*

Fig. 291: *Partido 8:8 con 4 porterías*

Para finalizar (20 min): Partido 8:8 con 4 porterías

Como en el ejercicio 3, pero el equipo atacante puede marcar en cualquiera de las 4 porterías, con lo que después de cada tanto sólo podrá atacarse una de las 3 porterías restantes.

A continuación carrera de recuperación

Semana: 5	SE 2	Nº Corr. SE: 095	Duración: 90 min

Objetivo del entrenamiento: Mejora de la velocidad y de la resistencia

Material de entrenamiento: 3 balones, 1 balón medicinal, 1 cinta elástica, 9 banderines, cada jugador una cuerda para saltar

Contenido del entrenamiento:

Calentamiento (25 min): Jugar a coger en el área de penalti
- Trote suave alternado con ejercicios de estiramiento
- Los jugadores se pondrán la cuerda de saltar detrás con las manos a la altura de la raya del pantalón y la cuerda tocando el suelo. 1 jugador intenta en 1 min coger todas las cuerdas posibles pisándolas
- 1 jugador hace de cazador, cada jugador puede librarse de cazar haciendo cinco flexiones antes de que lo toquen
- 1 jugador hace de cazador, el jugador que ha sido tocado debe colocarse la mano en el lugar donde ha sido tocado e intentar cazar a otro de esta manera.
Para finalizar, estiramientos

Condición física (35 min): Mejora de la velocidad y de la resistencia mediante un circuito de entrenamiento en grupos de dos
Ejercicio: 45 seg, pausa 60 seg; un jugador activo, mientras que el segundo descansa (función de soporte al otro)

Zona 1: Salto a la comba (impulso con una/ dos piernas)
Los dos jugadores practican al mismo tiempo

Zona 2: Sprint sin balón en torno a 2 banderines separados 6 m. El jugador pasivo cuenta en voz alta el número de esprints.

Zona 3: Saltos de cabeza
El jugador pasivo sostiene el balón con las dos manos aprox. 30 cm sobre la cabeza de su compañero. Éste cabecea enérgicamente el balón con la frente. El jugador pasivo cuenta los cabezazos.

Zona 4: Describir ochos con el balón
Rodear los banderines colocados a intervalos de 4 m el máximo número de veces posible. El jugador pasivo cuenta las vueltas.

Zona 5: Saque con el balón medicinal
Con un lanzamiento conforme a las reglas pasar el balón al jugador pasivo (y que cuenta los lanzamientos), que lo devuelve rodando por el suelo.

Zona 6: Sliding tackling (= despeje del balón lanzándose al suelo) (piernas separadas)
Practicar en 2 banderines colocados con una separación de 3 m alternativamente el "tackling con desplazamiento" sin balón. El jugador pasivo cuenta los intentos.

Zona 7: Carrera con la cinta elástica
Disponer a lo largo de la línea de banda del campo una cinta elástica y dentro del campo un banderín, que el jugador (con la cinta en el pecho) justo pueda alcanzar con la máxima tensión de la cinta. ¿Qué número de veces logra alcanzar la distancia desde el banderín hasta la marca?

Zona 8: Puntería desde el límite del área de penalti

En el centro de una portería normal se monta con 2 banderines (con un banderín haciendo de travesaño) una portería de 2 m de largo, donde el jugador debe meter el máximo número de goles posible. Sólo hay un balón en juego, así que el jugador en activo tiene que recoger él mismo el balón. ¿Cuántos goles puede conseguir?

Zona 9: Sentarse sobre el balón

Con 2 balones colocados con una separación de 3 m, el jugador activo se mueve rápidamente de un balón a otro, debiendo sentarse cada vez sobre éste.

¿Cuántos contactos de balón es capaz de conseguir?

Zona 10: Saltar por encima/arrastrarse por debajo de la valla lateral

El jugador activo salta por encima del límite lateral (valla) y vuelve arrastrándose por debajo de la misma.

¿Cuántos saltos es capaz de conseguir?

A continuación trotar durante 10 min con ejercicios de recuperación por todas la instalaciones deportivas.

Para finalizar (30 min): Partido con 3 equipos 6:6:6 (7:7:7) sobre todo el campo con dos porterías (Fig. 292)

El equipo A descansa, el equipo B ataca al C que defiende e intenta rematar a gol.

Si el equipo C se hace con el balón, el equipo B debe ejercer el pressing de ataque hasta la línea de medio campo, para recuperarlo. Después de la línea de medio campo, el equipo C intenta hacer un gol contra el equipo defensor A que defiende, mientras que el equipo B ahora descansa.

A continuación carrera de recuperación

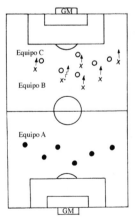

Fig. 292: Partido 6:6:6
utilizando el pressing de ataque

Semana: 5	SE 2	Nº Corr. SE: 096	Duración: 100 min

Objetivo del entrenamiento: Mejora de la fuerza y de la fuerza-potencia (pista cubierta)

Material de entrenamiento: 2 cintas elásticas, 1 balón medicinal, 1 balón de balonmano, 4 chalecos lastrados, 2 sacos de arena, 2 cuerdas para saltar, espaldera, 1 banco largo, 2 plintos pequeños, 6 plintos grandes con cama elástica

Contenido del entrenamiento:

Calentamiento (20 min): Carrera suave con ejercicios gimnásticos (gimnasia por parejas, estiramientos)

Condición física (55 min): Mejora de la fuerza y de la flexibilidad mediante un circuito de entrenamiento en grupos de 2 (Fig. 293-300)

Zona 1: Mejora de la potencia de salto y de la resistencia mediante saltos sobre una escalera formada con plintos

Zona 2: Fortalecimiento de la musculatura abdominal
Colocar las pantorrillas sobre un cajón pequeño, con la espalda sobre el suelo, las manos unidas detrás de la nuca. Elevar el tronco durante 10 seg, a continuación volver a apoyarlo sobre el suelo y relajarse.

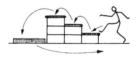

Fig. 293: Zona 1

Zona 3: Fortalecimiento de la musculatura de las piernas y de los pies
Arrodillarse lentamente con el chaleco lastrado y un peso adicional (saco de arena, pesas).

Zona 4: Mejora de la flexibilidad, relajación
Salto a la comba con una/ambas piernas.

Fig. 294: Zona 2

Zona 5: Fortalecimiento de la musculatura del tronco

Lanzamiento del balón medicinal en posición de sentados; la recepción se realizará con un amortiguamiento del tronco hacia atrás.

Zona 6: Fortalecimiento de la musculatura de las piernas, mejora de la resistencia
Con un chaleco lastrado (o pesas, saco de arena) subir y bajar alternativamente sobre un plinto pequeño.

Fig. 295: Zona 3

Fig. 296: Zona 4

Zona 7: Fortalecimiento de la musculatura de las piernas y de los pies
Tumbado sobre la espalda empujar hacia arriba (extender) y descender (doblar) con ambas piernas un banco largo apoyado en la espaldera. Un compañero pasivo se sienta sobre el banco. Cambio después de 1 min.

Fig. 297: Zona 5

Zona 8: Fortalecimiento de la musculatura de los pies, las piernas y de los glúteos
El jugador tumbado boca abajo, con una cinta elástica fijada en la espaldera rodeándole los talones. Estirar en dirección a los glúteos, y sostener durante aprox. 5 seg. Alternar estiramiento - relajamiento.

Fig. 298: Zona 6

Final: 2 min cada zona, 1 min descanso, 2 series (después de cada serie 3 min de gimnasia de relajación).

Para terminar (25 min): Torneo de balonmano con varios equipos.

Fig. 299: Zona 7

Fig. 300: Zona 8

Semana: 5	SE 3	Nº Corr. SE: 097	Duración: 90 min

Objetivo del entrenamiento: Enseñanza del pressing

Material de entrenamiento: 10 balones, 8 banderines

Contenido del entrenamiento:

Calentamiento (25 min): Correr sin balón
Los jugadores corren en fila y realizan diferentes ejercicios (carrera dando multisaltos, saltos de carnero, deslizarse por debajo del compañero, slalom, esprint hacia delante, etc.).
A continuación estiramientos.

Táctica (25 min): Enseñanza del marcaje en zona, del uno contra uno y del cambio de juego mediante un partido 5:5 con 2 porterías abiertas (3 m de ancho, separadas 25 m) en cada banda de una mitad del campo (Fig. 301).
El equipo que defiende cubre con 2 jugadores el espacio por delante de las dos porterías y hace frente con una línea defensiva de 3 hombres al equipo que está en posesión del balón. Esta línea se sitúa siempre cerca del balón e intenta obligar a los atacantes a realizar pases horizontales o conducciones.
El equipo atacante intenta obtener mediante un rápido cambio de juego una superioridad numérica frente a una de las dos porterías y concluir con un gol.
(Variante: tiro a portería sólo directamente)

Táctica (30 min): Enseñanza del pressing de ataque y de mediocampo
El objetivo es crear situaciones de pressing de ataque y de mediocampo y la enseñanza de la consiguiente organización de la defensa (Fig. 302)
Forma de juego: 3 + 3 contra 4 + 2 con 1

Fig. 301: Partido 5:5 con 4 porterías abiertas

portería normal y 2 porterías abiertas en la línea de medio campo (pressing de ataque) o 2 porterías abiertas en el área de penalti más alejada (pressing de mediocampo).

15 min de pressing de ataque
15 min de pressing de mediocampo

La defensa juega con una formación de 3 jugadores (un libre y 2 defensas) junto a 3 centrocampistas contra 2 porterías abiertas frente a 2 delanteros y 4 centrocampistas. El equipo que ataca contra la portería normal (con portero) practica en caso de pérdida del balón el pressing de ataque, provocando un desplazamiento de los espacios a lo largo y a lo ancho para que el contrario se vea en estrecheces de espacio y tiempo. Si el atacante consigue un gol en la portería normal se inicia un nuevo ataque desde la línea de medio campo.

La defensa intenta contrarrestar el pressing y contraataca hacia las dos porterías abiertas.

Transcurrido el tiempo estipulado se retrasarán las dos porterías abiertas al área de penalti contraria y se practicará el pressing de mediocampo, iniciando el pressing desde la línea de medio campo.

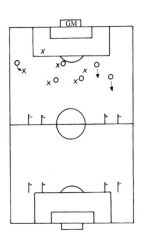

Fig. 302: *Partido 3+3 contra 4+2*

Semana: 5	SE 4	Nº Corr. SE: 098	Duración: 95 min

Objetivo del entrenamiento: Mejora de la organización de la defensa en el marcaje en zona, del uno contra uno y del contraataque

Material de entrenamiento: 5 balones, 12 banderines

Contenido del entrenamiento:

Calentamiento (25 min): Correr sin balón

- Un jugador designado por el entrenador realiza un calentamiento sin balón. Tras concluirlo, el entrenador llama la atención sobre eventuales errores y da indicaciones.

Táctica: Comportamiento de la defensa en el marcaje en zona, uno contra uno, contraataque (35 min)

Ejercicio 1: Partido 4:3 + 1 con 3 porterías abiertas (18 min) (Fig. 303)
Separadas entre sí 25 m hay 3 porterías abiertas dispuestas en formación de triángulo. El equipo A defiende con 4 jugadores dos porterías abiertas de 3 m. El equipo B defiende una portería abierta de 5 m, vigilada por un jugador, que no puede utilizar las manos y que después de cada ataque se cambiará con un compañero.
En el campo se da entonces la relación de superioridad numérica de 4:3. Lejos de la portería, el equipo defensor deberá frenar al contrario, pero cerca de la misma deberá atacar con agresividad y reaccionar adecuadamente a las conducciones y pases. Después de 10 min los equipos se cambian de lado.
2 min de pausa para hacer estiramientos

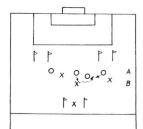

Fig. 303: Partido 4:3+1 con 3 porterías abiertas

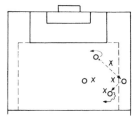

Fig. 304: Partido 4:4 sobre 2 líneas

Ejercicio 2: Partido 4:4 sobre 2 líneas en un campo de 40 x 30 m (13 min) (Fig. 304)
Se consigue un tanto cuando el equipo que posee el balón, consigue pasarlo a un compañero que se encuentre detrás de la línea de fondo contraria para que éste pueda devolverlo a otro compañero dentro del campo. El equipo sigue en posesión del balón y contraataca inmediatamente hacia la línea de fondo contraria. El equipo defensor intenta mediante la contención o el marcaje rápido evitar el rápido contraataque y hacerse él mismo con el balón.
2 min de pausa para estiramientos

Fig. 305: Partido 6:6 atacantes contra 4 defensores + PO

Para finalizar (35 min): Partido 6 + 6 atacantes contra 4 defensores + PO (Fig. 305)
Desde el círculo central 6 delanteros inician el ataque contra los defensores, que forman una cade-

na de 4. La cadena de defensores debe desplazarse allí donde el contrario construye su ataque, es decir atacar con agresividad cerca de la portería y únicamente contener lejos de ella. Si la defensa llega a hacerse con el balón deberá cederlo inmediatamente a un jugador del otro equipo de 6 hombres, que se mantiene apostado en el círculo central. Si lo logra superando la oposición de los anteriores atacantes, éstos obtendrán un punto negativo.

A continuación ataca el segundo equipo de 6 hombres (Fig. 306)

Para finalizar, carrera de recuperación

Semana: 6	SE 1	Nº Corr. SE: 099	Duración: 100 min

Objetivo del entrenamiento: Mejora de la velocidad con y sin balón

Material de entrenamiento: Cada 2 jugadores un balón, 4 banderines

Contenido del entrenamiento:

Calentamiento (25 min): Correr individualmente con/sin balón

Cada jugador realiza su programa de calentamiento por separado; él mismo decide su forma de carrera, la dirección y las combinaciones de saltos, al principio sin balón. Después de 15 min se prosigue el trabajo de calentamiento individualmente con el balón.

A continuación ejercicios de estiramiento conjuntamente

Condición física (50 min): Mejora de la velocidad con el balón en grupos de 2

Ejercicio 1: Esprint después de pasar el balón

El jugador 1 lleva el balón y lo envía raso. El jugador 2 debe interceptar el balón en la carrera y devolvérselo al jugador 1. Cambio de papeles después de 5 pases.

Pausa (2 min): Juego de cabeza

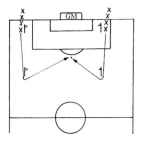

Fig. 306: Competición de tiro

Ejercicio 2: Pases en pared
El jugador 1 lleva el balón y efectúa 10 paredes con la máxima intensidad con el jugador 2. Después intercambio de papeles.
Pausa (2 min): Gimnasia.

Ejercicio 3: Recogida de un balón parado
El jugador 1 lleva el balón, el 2 le sigue a 10 m de distancia. El jugador 1 para de repente el balón con la planta y se aleja. El jugador 2 corre hacia el balón y lo devuelve a 1. Cambio después de 2 min
Pausa (2 min): Juego de cabeza desde la posición de rodillas.

Ejercicio 4: Esprint por el balón
El jugador 1 se coloca con las piernas ligeramente separadas. El jugador 2 se acerca driblando con el balón y le hace el túnel, para después correr los dos por el balón. Si el jugador 1 alcanza el balón antes que el 2, se cambian los papeles. El jugador 2 dispone de 5 intentos.
Pausa (2 min): Malabarismo con el balón

Ejercicio 5: Conducción con un uno contra uno
El jugador 1 dribla con el balón hacia el jugador 2 que recula y de repente se hace un autopase para que los dos corran por el balón. Si el jugador 2 alcanza el balón antes que el 1, se cambian los papeles. El jugador 1 dispone de 5 intentos.
Pausa (2 min): Saques de banda largos

Ejercicio 6: Carreras tras un pase largo
El jugador 1 lleva el balón y lo juega a 2 con un pase largo para correr inmediatamente hacia el balón despejado directamente por 2. Cambio después de 5 pases largos.
Pausa (2 min): Los jugadores están espalda contra espalda y se entregan el balón con un giro del tronco.

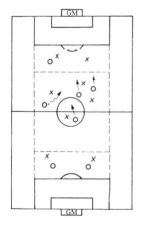

Fig. 307: Juego de posiciones 2 DT:2 DE + 4:4 en el CC + 2 DE:2 DT

Ejercicio 7: Competición de tiro (Fig. 306)

2 equipos: Un jugador de cada equipo se dirige al mismo tiempo a la señal del entrenador hacia el balón que se encuentra a 20 m de la portería, debiendo llegar inmediatamente al remate tras el uno contra uno. ¿Qué equipo consigue más goles? 3 series.

Para finalizar ejercicios de estiramiento y recuperación

Para finalizar (25 min): Juego de posiciones con 2 equipos sobre todo el campo (Fig. 307)

2 DT:2 DE + 4:4 en el CC + 2 DE:2 DT

En las zonas marcadas del campo los jugadores mantienen sus posiciones, por lo que en cada zona se llega a una situación de 1:1. El equipo que tiene el balón intenta jugando el balón fuera de la zona de defensa pasar a uno de sus centrocampistas, que en combinación con sus compañeros debe jugar con los dos puntas marcados individualmente. No puede abandonarse la zona asignada a cada uno.

Después de unos 8 minutos se cambian los papeles, para que cada jugador pueda ejercer una vez la posición de un defensa, un centrocampista y un delantero.

A continuación carrera de recuperación

Semana: 6	SE 2	Nº Corr. SE: 100	Duración: 100 min

Objetivo del entrenamiento: Mejora de la fuerza y de la fuerza-potencia (pista cubierta)

Material de entrenamiento: 2 cintas elásticas, 1 balón medicinal, 1 balón de fútbol, 4 chalecos lastrados, 2 sacos de arena, 2 cuerdas para saltar, espaldera, 1 plinto largo, 2 plintos pequeños, 6 plintos grandes con cama elástica

Fig. 308: Zona 1

Contenido del entrenamiento:

Calentamiento (20 min): Carrera suave con ejercicios gimnásticos (gimnasia por parejas, estiramientos)

Condición física (55 min): Mejora de la fuerza y de la flexibilidad mediante un circuito de entrenamiento en grupos de 2 (ver Fig. 308-315)

Zona 1: Mejora de la potencia de salto y de la resistencia mediante saltos sobre una escalera formada con plintons

Zona 2: Fortalecimiento de la musculatura abdominal
Colocar las pantorrillas sobre un cajón pequeño, con la espalda sobre el suelo, las manos unidas detrás de la nuca. Elevar el tronco durante 10 seg, a continuación volver a apoyarlo sobre el suelo y relajarse.

Fig. 309: Zona 2

Zona 3: Fortalecimiento de la musculatura de las piernas y de los pies
Arrodillarse lentamente con el chaleco lastrado y un peso adicional (saco de arena, pesas).

Zona 4: Mejora de la flexibilidad, relajación
Salto a la comba con una/ambas piernas.

Fig. 310: Zona 3

Zona 5: Fortalecimiento de la musculatura del tronco
Lanzamiento del balón medicinal en posición de sentados; la recepción se realizará con un amortiguamiento del tronco hacia atrás.

Zona 6: Fortalecimiento de la musculatura de las piernas, mejora de la resistencia
Con un chaleco lastrado (o pesas, saco de arena) subir y bajar alternativamente sobre un plinton pequeño.

Fig. 311: Zona 4

Zona 7: Fortalecimiento de la musculatura de las piernas y de los pies
Tumbado sobre la espalda empujar hacia arriba (extender) y descender (doblar) con ambas piernas un banco largo apoyado en la espaldera. Un compañero pasivo se sienta sobre el banco. Cambio después de 1 min.

Fig. 312: Zona 5

Fig. 313: Zona 6

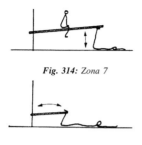

Fig. 314: *Zona 7*

Fig. 315: *Zona 8*

Zona 8: Fortalecimiento de la musculatura de los pies, las piernas y de los glúteos

El jugador tumbado boca abajo, con una cinta elástica fijada en la espaldera rodeándole los talones. Estirar en dirección a los glúteos, y sostener durante aprox. 5 seg. Alternar estiramiento - relajamiento.

Final: 2 min cada zona, 1 min descanso, 2 series (después de cada serie 3 min de gimnasia de relajación).

Para terminar (25 min): Torneo de fútbol con varios equipos.

Semana: 6	SE 3	Nº Corr. SE: 101	Duración: 95 min

Objetivo del entrenamiento: Mejora de la conducción

Material de entrenamiento: 8 balones, 8 banderines

Contenido del entrenamiento:

Calentamiento (25 min): Trabajo con el balón en grupos de 2 (duración de cada ejercicio aprox. 3 min)

- Los jugadores se pasan el balón sobre la marcha desde una distancia de 8 a 10 m (todo tipo de pases)

- El conductor del balón juega hacia su compañero, que deja rebotar el balón directamente de vuelta a su compañero

- El balón recibido de un compañero es controlado y conducido a un lado y devuelto a la media vuelta

- Jugar el balón hacia derecha e izquierda con el compañero a medida que éste corre. Lo devolverá directamente a la media vuelta.

- El conductor del balón juega hacia su compañero, recibe dándose la vuelta el balón y lo pasa directamente (en pared) al jugador que se desmarca

- Ejercicios de estiramiento

Táctica (40 min): Conducción en combinación con pared así como pase/recepción

Ejercicio 1 (15 min): Juego 4:4 en un espacio de 40 x 30 m (Fig. 316)

3 partes de 4 min cada una / 1 min de pausa con estiramientos entre cada parte.

Se hacen emparejamientos fijos, es decir, que la defensa juega marcando al hombre. Los atacantes intentan librarse de su marcador

a) haciendo o simulando una pared

b) haciendo o simulando una entrega del balón

c) haciendo posible un pase largo en profundidad mediante una arrancada para deshacerse del contrario

Ejercicio 2 (25 min): Partido 4:4 en una MDC con portería normal con PO (Fig. 317)

4 partes de 4 min cada una / 1 min de pausa con estiramientos entre cada parte.

El equipo defensor juega marcando al hombre. Los atacantes intentan rematar a portería aplicando los puntos básicos enseñados en el ejercicio 1 (pared, pase/recepción, pases largos).

Cuando la defensa se hace con el balón debe pasárselo al portero, que lo pondrá de nuevo en juego mediante un pase a los 4 atacantes apostados cerca de la línea de medio campo. Una vez cumplido el tiempo se cambiarán los papeles, de forma que cada equipo jugará dos veces al ataque y dos veces defendiendo.

Para terminar 3 min de pausa con estiramientos.

Para terminar (30 min): Partido 8:8 sobre todo el campo con PO

Se forman emparejamientos fijos, es decir, que el equipo defensor juega marcando al hombre.

Los atacantes aplican principalmente los elementos enseñados en la táctica de grupo (pase en pared, pase/recepción del balón, pases largos), para superar el marcaje al hombre y rematar a portería.

Para terminar, carrera de recuperación

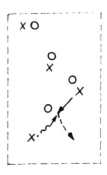

Fig. 316: Juego 4:4

Fig. 317: Partido 4:4 con portería normal con PO

Semana: 6	SE 4	Nº Corr. SE: 102	Duración: 105 min

Objetivo del entrenamiento: Mejora del contraataque

Material de entrenamiento: 10 balones, portería portátil normal, 8 banderines

Contenido del entrenamiento:

Calentamiento (25 min): Correr sin el balón a lo ancho del terreno de juego
- Trote suave varias veces a lo ancho del terreno de juego varias veces
- Trote intercalando multisaltos (3 anchos del campo)
- Andar con rotación hacia delante/atrás de los brazos (2 anchos del campo)
- Sobre los talones (1 ancho del campo)
- Correr elevando las rodillas (1 ancho del campo)
- Ir andando y cada 10 m ponerse de puntillas durante 10 seg, con los brazos extendidos (1 ancho del campo)
- Correr de lado (1 ancho del campo)
- Correr cruzando las piernas (1 ancho del campo)
- Correr dando multisaltos con/sin giro del tronco (2 anchos del campo)
- Correr dando multisaltos (zancadas largas - 1 ancho del campo)
- Trote suave con saltos de cabeza sobre varios anchos del campo.

Para finalizar, estiramientos

Táctica (25 min): Enseñanza del cambio de juego y de la pared (al mismo tiempo enseñanza de la resistencia)

Ejercicio 1 (12 min): Partido 8:8 en una mitad del campo con pares de marcaje fijos. Cada pase de 30 m conseguido por un equipo significa 1 punto.

Fig. 318: *Contraataque después de defender un saque de esquina*

Ejercicio 2 (12 min): Partido 8:8 en una mitad del campo con pares de marcaje fijos. Cada pared conseguida por un equipo significa 1 punto.

Táctica (40 min): Enseñanza del contraataque (rapidez del cambio)

Ejercicio 1 (20 min): Contraataque después de defender un saque de esquina (Fig. 318)

El equipo A (atacante) realiza 10 saques de esquina desde la derecha y 10 desde la izquierda e intenta rematar. Si el equipo defensor B se hace con el balón, pasa rápidamente al ataque e intenta pasar a los dos puntas marcados y adelantar líneas (ganar espacio rápidamente).

El equipo A podrá, con excepción de los dos marcadores, perseguirles sólo hasta la línea de medio campo (obstaculizar). Después el equipo B culmina el ataque con superioridad numérica con el remate a la portería normal del área de penalty contraria.

Intercambio de los papeles después de 20 saques de esquina

Ejercicio 2 (20 min): Enseñanza del contraataque después de conseguir la defensa la posesión del balón o por entrega del portero (realizar en las dos mitades del campo a la vez) (Fig. 319)

El equipo A intenta convertir los centros desde la der./izq. Si el equipo B se hace con el balón intentará con un rápido contraataque marcar un gol en una de las dos porterías abiertas en la línea de medio campo.

Intercambio de los papeles después de 10 min.

Para finalizar (15 min): Partido sobre todo el campo aplicando el contraataque, sobre todo tras los saques de esquina y cuando el portero se hace con el balón.

Fig. 319: Contraataque cuando la defensa se hace con el balón o por pase del portero

SESIONES DE ENTRENAMIENTO EN EL SEGUNDO PERÍODO DE COMPETICIÓN

Semana	SE	Nº corr. SE	Página	Objetivo del entrenamiento
01	1	103	261	Mejora de la velocidad y del uno contra uno
	2	104	263	Enseñanza de las capacidades técnico-tácticas generales
	3	105	265	Enseñanza del juego en equipo, el remate a portería y del marcaje en zona
02	1	106	267	Mejora de la condición física y de la técnica del balón
	2	107	269	Enseñanza del juego en equipo y del uno contra uno
	3	108	271	Enseñanza de la técnica del balón y del contraataque
03	1	109	274	Mejora de la velocidad de desplazamiento y del contraataque
	2	110	275	Enseñanza del pressing
	3	111	277	Mejora del juego en equipo y del uno contra uno
04	1	112	279	Mejora de la resistencia
	2	113	281	Enseñanza del juego en largo
	3	114	283	Mejora del contraataque y del remate a portería
05	1	115	285	Mejora de la velocidad, del uno contra uno y del remate a portería
	2	116	287	Mejora del uno contra uno y del marcaje rápido
	3	117	288	Enseñanza del pressing
06	1	118	290	Mejora de la velocidad
	2	119	291	Mejora del remate a portería después de un centro
	3	120	293	Mejora del juego contra una defensa reforzada
07	1	121	295	Mejora de la velocidad y del contraataque
	2	122	296	Mejora de las capacidades técnico-tácticas generales
	3	123	299	Mejora del cambio de juego
08	1	124	300	Mejora del juego de equipo así como del juego sin balón
	2	125	302	Mejora de la velocidad con y sin balón
	3	126	304	Mejora del contraataque
09	1	127	306	Mejora de la condición física y de la técnica del balón
	2	128	308	Mejora del dribling y del tiro a portería después de un centro desde la banda
	3	129	311	Mejora de la velocidad y del juego por las bandas

Semana	SE	Nº corr. SE	Página	Objetivo del entrenamiento
10	1	130	313	Mejora de las capacidades técnicas con el balón y del juego en equipo
	2	131	315	Mejora del contraataque y del remate a portería
	3	132	317	Mejora del juego en equipo y de la velocidad de juego
11	1	133	318	Mejora de la velocidad y del uno contra uno
	2	134	320	Enseñanza del pressing
	3	135	322	Mejora del dribling
12	1	136	324	Mejora de la velocidad de desplazamiento y de juego
	2	137	326	Mejora del remate a puerta mediante combinaciones
	3	138	328	Familiarización al balón y ambientación en el período intermedio
13	1	139	330	Mejora de la resistencia mediante ejercicios adaptados al juego
	2	140	332	Enseñanza de las capacidades técnico-tácticas, generales
	3	141	334	Enseñanza del juego en equipo, el remate a portería y del marcaje en zona
14	1	142	335	Mejora del juego de equipo, del contraataque y del tiro a portería
	2	143	337	Enseñanza de la velocidad con y sin balón
	3	144	339	Enseñanza del juego de equipo y del remate a puerta

Semana: 1   SE 1   Nº Corr. SE: 103   Duración: 95 min

Objetivo del entrenamiento: Mejora de la velocidad y del uno contra uno

Material de entrenamiento: 15 balones, 7 banderines, 1 portería normal portátil

Contenido del entrenamiento:

Calentamiento (25 min): Correr sin balón a lo ancho del campo
- Trote suave
- Correr dando multisaltos con/sin rotación de ambos brazos delante/detrás
- Sobre la marcha tocar el suelo con la mano der./izq.
- Correr lateralmente; cruzando las piernas
- Correr saltando a la comba

Fig. 320: *Carrera de persecución sobre 25 m*

Fig. 321: *Carrera de persecución sobre 18 m*

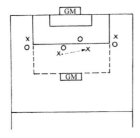

Fig. 322: *Partido 2+2:2+2*

- Correr elevando las rodillas, elevando los talones
- Ejercicios de estiramiento
- Salidas hacia del./atr. con/sin fintas
- Pequeñas carreras con aceleración

Condición física (25 min): Mejora de la velocidad mediante carreras de persecución (1 min de pausa entre cada carrera)

Primera serie: 10 carreras sobre una distancia de 25 m (Fig. 320). Los jugadores salen por parejas con separaciones de 2 m entre cada uno. El perseguidor intenta atrapar al perseguido.

A continuación 2 min de pausa con estiramientos.

Segunda serie: 10 carreras sobre una distancia de 18 m (Fig. 321). Procedimiento como en la primera serie.

A continuación 2 min de pausa con estiramientos

Táctica (30 min): Mejora del uno contra uno con remate a portería sobre 2 porterías normales con PO en un área de penalti doble.

Ejercicio 1 (4 min): Partido 2+2:2+2 (Fig. 322)

En el campo se juega un 2:2; adicionalmente hay colocados dos jugadores —uno de cada equipo— en las bandas, que pueden ser implicados en el juego, pero que sólo pueden jugar al primer toque.

Cambio de los papeles después de 2 min.

Los 8 jugadores que no toman parte juegan un 4:4 en la otra MDC.

Ejercicio 2 (4 min): Partido 1+3:3+1 (Fig. 323)

En el campo se juega un 3:3; adicionalmente está colocado en una de las bandas el cuarto jugador de cada equipo. Siempre que uno de

los jugadores de un equipo pase a su compañero en la banda, se cambiará con él.
Los 8 jugadores que no toman parte juegan
en 2 grupos en la otra MDC un 3:1.

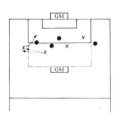

Ejercicio 3 (5 min): Partido 4:4 (Fig. 324)
Los 8 jugadores que no toman parte juegan
en la otra MDC un rondo 5:3 con 2 toques de
balón (cuando hay pérdida de balón por parte
del equipo en superioridad numérica se cambia
el jugador que ha fallado al equipo en inferioridad numérica).

Fig. 323: Partido 1+3:3+1

Para finalizar (15 min): Partido sobre todo
el campo.
En su propia mitad el jugador no puede hacer más de 2 toques de balón, sin límite de toques en el terreno contrario.
Finalmente carrera de recuperación

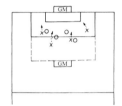

Fig. 324: Partido 4:4

Semana: 1	SE 2	Nº Corr. SE: 104	Duración: 95 min

Objetivo del entrenamiento: Enseñanza de
las capacidades técnico-tácticas generales

Material de entrenamiento: 20 balones, 6
banderines

Contenido del entrenamiento:

Calentamiento (25 min): Correr con balón
en grupos de 5 (de 6)
- Cada jugador asume durante un minuto el
papel de guía, conduce el balón con cambios
constantes de dirección, los jugadores le imitan
- Los jugadores corren mientras que el último corredor pasa siempre a la cabeza realizando driblings rápidos
- Los jugadores corren en fila guardando distancias mientras que el último corredor pasa siempre a la cabeza realizando movimientos de slalom

- Gimnasia con el balón: Conducir el balón con las puntas de los dedos de un lado para otro a través de las piernas separadas; sostener el balón con los brazos estirados en alto y flexionar el tronco hacia delante, a un lado y hacia atrás.
- Ejercicios de estiramiento

Técnica/Táctica (50 min): Enseñanza de las capacidades técnico-tácticas generales mediante un circuito de entrenamiento en grupos de 5 (Fig. 325)

Los jugadores sobrantes trabajan durante 5 min con el péndulo de cabecear

Ejercicio: 12 min/zona, 45 seg de pausa para el cambio de zona

Zona 1: Uno contra uno en la banda y en el área de penalti

En la banda se enfrentan (pared, dribling, rebasar) 2 delanteros contra 1 defensa (situación 2:1) en un espacio longitudinalmente delimitado (espacio entre la línea de banda y la prolongación de la línea del área de penalti, y deben centrar el balón sobre el área de penalti, donde se enfrenta 1 delantero con la oposición de 1 defensa (situación 1:1), que debe conseguir un gol.

Después de 5 ataques se cambian los papeles.

Zona 2: Juego de equipo y dribling en un espacio de juego de 20 x 30 m

Se numeran los jugadores del 1 al 5. Después de varios toques de balón el jugador debe pasar al compañero con el número mayor, que a continuación debe ser atacado inmediatamente por el primero. El jugador que ha recibido el balón intenta zafarse del atacante y pasa después de 3-4 toques de balón al compañero con el número mayor, al que a su vez ataca.

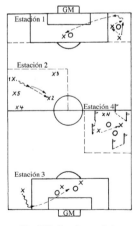

Fig. 325: Enseñanza de las capacidades técnico-tácticas generales en grupos de 5

Zona 3: Uno contra uno en el área de penalti mediante un partido 1 + 2:2

Un extremo centra el balón sobre los 2 delanteros apostados en el área de penalti, que intentan hacer un gol frente a la oposición de los 2 defensas. Si la defensa se hace con el balón, éste deberá ser devuelto al extremo, acción que los 2 delanteros deben impedir mediante un marcaje rápido y agresivo.

Después de 5 centros se cambian los papeles. Realizar el ejercicio por las dos bandas.

Fig. 326: Partido 8:8 poniendo el acento en el juego por las bandas

Zona 4: Uno contra uno y juego en conjunto en un espacio de juego de 20 x 20 m mediante un partido 2:2+1 con 3 porterías abiertas (3 m de ancho)

Cada equipo defiende una portería, mientras que la tercera portería debe ser defendida o atacada —si se da el caso— por ambos equipos. El jugador neutral juega siempre con el equipo que está en posesión del balón, que ataca sobre las dos porterías abiertas. Sólo se puede disparar a portería directamente. El jugador neutral sólo puede jugar al primer toque y no puede marcar ningún gol.

Para terminar (20 min): Partido 8:8 sobre todo el campo poniendo el acento en el juego por las bandas (Fig. 326)

En las zonas delimitadas en las bandas los jugadores no pueden ser entrados. Los goles conseguidos tras un centro desde una de las zonas marcadas valen por dos.

Para finalizar, carrera de recuperación

Semana: 1	SE 3	Nº Corr. SE: 105	Duración: 100 min

Objetivo del entrenamiento: Enseñanza del juego en equipo, el remate a portería y del marcaje en zona

Material de entrenamiento: 16 balones, 12 banderines

Contenido del entrenamiento:

Calentamiento (25 min):
- Carrera suave combinada con ejercicios de estiramiento (10 min)
- Rondo 6:2 al primer toque (espacio 15 x 15 m): los jugadores forman parejas; cuando el compañero comete un error se cambia la pareja en cuestión al centro (15 min)

Táctica (40 min): Enseñanza del juego en equipo en grupos de 4

Ejercicio 1 (10 min): Juego libre 4:4, 2 jugadores se ofrecen al poseedor del balón para el juego en corto (directamente al hombre), el tercer jugador para un pase largo (cambio de juego)

Ejercicio 2 (12 min): 4:4. En cada equipo se elige 1 jugador que sólo puede jugar al primer toque (4 x 3 min)

Fig. 327: Partido 1+3:3+1

Ejercicio 3 (8 min): 4:4. Sólo se permite el juego al primer toque

Ejercicio 4 (10 min): 1 + 3 : 3 + 1. Un jugador de cada equipo se coloca en una banda del campo. Si le pasan el balón, cambia al centro en lugar de quien le ha cedido el balón

Tiro a portería (20 min): Remate de centros después de conducción, cambio de juego y pared (Fig. 328)

El jugador A lleva el balón desde la línea de fondo y lo pasa lateralmente al jugador B que le acompaña, llevando éste el balón hacia el interior. Antes de la marca, B pasa hacia el exterior al jugador A, que le sigue y quien desde la línea de medio campo lanza un pase largo al jugador C. C dribla con el balón, hace una pared con B y centra desde la línea de fondo a

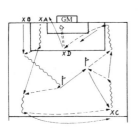

Fig 328: Remate de centros después conducción, cambio de juego y pared

D, que remata directamente. C se cambia después con D. Realizar el ejercicio por la derecha y la izquierda.

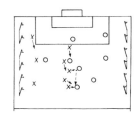

Para finalizar (15 min): Enseñanza del marcaje en zona mediante un partido 8:8 en una MDC con 6 porterías abiertas (3 m de ancho) (Fig. 329)

Fig. 329: Enseñanza del marcaje en zona mediante un partido 8:8

Los equipos juegan con una disposición 3-4-1, es decir, 3 jugadores cubren las porterías, una cadena de 4 hombres forman el centro del campo, un jugador en la punta. El punta dificulta la construcción del juego por parte del contrario, la cadena de 4 hombres se desplaza hasta donde el contrario construye su ataque.

Finalmente carrera de recuperación

Semana: 2	SE 1	Nº Corr. SE: 106	Duración: 95 min

Objetivo del entrenamiento: Mejora de la condición física y de la técnica del balón

Material de entrenamiento: 10 balones, 8 balones medicinales, 2 cintas elásticas, 18 banderines

Contenido del entrenamiento:

Calentamiento (25 min): Correr sin balón a lo ancho del campo
- Trote suave con ejercicios de estiramiento
- Correr dando multisaltos con/sin rotación de ambos brazos hacia delante y atrás
- Correr cruzando las piernas
- "Saltos a la comba"
- Correr elevando las rodillas, elevando los talones
- Desde el paso ligero ponerse en cuclillas, rebote y salto de cabeza
- Salidas con/sin fintas hacia del./atr.
- Ejercicios de estiramiento

Condición física (45 min): Mejora de la condición física y de la técnica de balón en el circuito de entrenamiento en grupos de 4 (Fig. 330)
Ejercicio 45 seg, pausa 60 seg, 2 series

Zona 1: Pases entre 2 banderines (distancia de 15 min)
2 jugadores se pasan directamente el balón entre 2 banderines. Después de pasar cada jugador da una vuelta en torno al banderín antes de recibir nuevamente el balón.

Zona 2: Trabajo con el balón medicinal
Cada jugador se coloca con las piernas separadas y sujeta el balón medicinal entre las mismas, con un brazo por delante y el otro brazo por detrás en torno a una pierna. Cambiar rápidamente los brazos de una pierna a la otra.
Rápida y alternativamente.

Zona 3: Esprint-trote en un cuadrado (15 m de lado)
Los jugadores rodean el cuadrado, alternando en cada lado el trote y el esprint

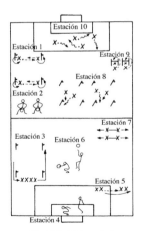

Zona 4: En la portería: Saltos de cabeza desde la posición de cuclillas hasta el larguero.

Zona 5: Pases con cambio de posición
Los jugadores se colocan por parejas separados 10 m y se pasan el balón persiguiéndolo hasta el siguiente grupo.

Zona 6: Lanzamiento del balón medicinal desde la posición de cuclillas
Los jugadores lanzan hacia arriba el balón medicinal desde la posición de cuclillas y lo cogen por encima de la cabeza de un salto.

Fig. 330: Mejora de la condición física y de la técnica del balón mediante un entrenamiento

Zona 7: Correr contra la cinta elástica

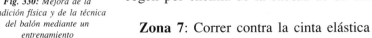

Los jugadores se colocan por parejas una banda elástica en torno al pecho y se separan tensando la cinta.

Zona 8: Juego 1:1 en un espacio de 10 x 10 m.

Zona 9: Cabezazos desde la posición de cuclillas por encima del larguero de la portería abierta. (Fútbol-tenis con la cabeza)

Zona 10: Trabajo individual con el balón: Conducción rápida del balón (desplazarlo hacia atrás, girarlo, etc.) con fintas y cambios repentinos de dirección.
Para finalizar, 5 min de trote suave con ejercicios de estiramientos

Finalmente (25 min): Partido sobre todo el campo con PO
- 10 min a 2 toques de balón
- 15 min sin límite de toques -en la mitad del campo propia sólo al primer toque
Para finalizar, carrera de recuperación

Semana: 2	SE 2	Nº Corr. SE: 107	Duración: 95 min

Objetivo del entrenamiento: Enseñanza del juego de equipo y del uno contra uno

Material de entrenamiento: Cada jugador 1 balón, 20 banderines

Contenido del entrenamiento:

Calentamiento (25 min): Trabajo con el balón en grupos de 4 en un espacio de juego de 10 x 10 m
- Conducir el balón con el interior/exterior del pie, con la planta, tirarlo hacia atrás, girarlo, etc.
- Conducir el balón, a una señal frenarlo con la planta dentro del grupo y seguir con el balón de un compañero

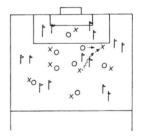

Fig. 331: Enseñanza del juego de equipo, del juego sin balón y del uno contra uno mediante un partido 8:8 con 8-10 porterías abiertas

- El trasladador: El jugador oscila el pie der. (izq.) sobre el balón, hace ver que pasa, pero se lleva el balón con la parte exterior del pie izq. (der.) en la dirección contraria
- Truco de Matthew: Llevar el balón con la parte interior del pie der. (izq.), adelantar un poco el pie hacia la izq. (der.) y llevar el balón con el exterior del mismo junto al lado der. (izq.) del contrario.
- Rondo 3:1 al primer toque

A continuación ejercicios de estiramiento en grupos de 4, en los que cada jugador realiza por lo menos 2 ejercicios

Táctica (40 min): Enseñanza del juego de equipo, del juego sin balón y del uno contra uno mediante un partido 8:8 en una MDC con 8-10 porterías abiertas (3 m de ancho) (Fig. 331) (al mismo tiempo mejora de la resistencia)

En una MDC se distribuyen 10 porterías abiertas. El entrenador forma en los dos equipos parejas de marcadores según diferentes criterios (por ejemplo defensor: delantero o competidores por una determinada posición en el equipo). Se consigue un gol cuando un jugador con el balón dribla a través de una portería abierta y a continuación logra pasar a un compañero.

3 partes de 12 min cada una.

Táctica (20 min): Partido 5:3 + PO en una MDC con una portería normal, con posibilidad de contraataque hacia 2 porterías abiertas en la línea de medio campo (Fig. 332)

El equipo atacante juega con 2 delanteros + 3 centrocampistas contra 2 marcadores + libre.

El objetivo del atacante es complicar el trabajo de marcaje mediante el constante cambio de posiciones, con pases en profundidad que sorprendan y pases en pared frecuentes para conseguir un gol.

La defensa empieza con una ventaja de 2:0 e

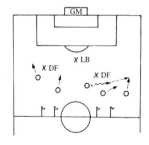

Fig. 332: Partido 5:3 + PO con una portería normal, con posibilidad de contraataque hacia 2 porterías abiertas en la línea de medio campo

intenta mediante la posesión del balón y temporizando el balón ganar tiempo y hacer un gol en un rápido contraataque hacia una de las dos porterías emplazadas en la línea de medio campo. Finalmente carrera de recuperación

Semana: 2 SE 3 Nº Corr. SE: 108	Duración: 90 min

Objetivo del entrenamiento: Enseñanza de la técnica del balón y del contraataque

Material de entrenamiento: 10 balones

Contenido del entrenamiento:

Calentamiento (25 min): Jugar a coger en el área de penalti
- Los jugadores corren desordenadamente por el área de penalti (formas de correr: hacia delante, dando saltos hacia atrás, lateralmente) y evitan a los compañeros con una finta con el cuerpo (5 min).
- Ejercicios de estiramiento
- 1 jugador hace de cazador. Los jugadores perseguidos pueden salvarse antes de ser tocados si consiguen montarse sobre la espalda de un compañero,
- 2 jugadores hacen de cazadores (formación de cadena) cogiéndose de la mano. Cada jugador cazado va ampliando la cadena. Cuando se han cazado 2 jugadores más (habiendo así 4 jugadores en la cadena) los 2 primeros jugadores quedan libres.
- 1 jugador hace de cazador. Los jugadores perseguidos pueden evitar ser cazados, si consiguen realizar 4 flexiones. Cambio del cazador tras 1 min.
A continuación ejercicios de estiramiento.

Técnica (35 min): Trabajo con el balón en grupos de 3 (Fig. 333-337) (el jugador que sobra trabaja durante 5 min

Fig. 333: Cabezazo después de un lanzamiento con la mano

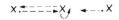

Fig. 334: Juego de pase corto

con el péndulo de balón de cabeza, con el balón en el suelo practica pases a der./izq. con el empeine interior).

Ejercicio 1 (5 min): Cabezazo después de un lanzamiento con la mano (Fig. 333)
2 jugadores con balón se colocan con un tercer jugador en el centro (separaciones de aprox. 8 m) y le lanzan alternativamente el balón que éste debe devolver de un cabezazo con salto.
Cambio después de 90 seg.

Ejercicio 2 (5 min): Juego de pases cortos (Fig. 334)
2 jugadores con balón con un tercer jugador en el centro (separaciones de aprox. 12 m) y le pasan alternativamente el balón colocado y raso. El jugador central debe buscarlos en corto y devolverlos con el interior del empeine der./izq.
Cambio después de 90 seg.

Ejercicio 3 (6 min): Alternancia de pases cortos y largos (Fig. 335)
2 jugadores con balón y un tercer jugador en el centro (con separaciones de aprox. 20 m). El primer pase por fuera es raso y colocado. El jugador en el centro lo busca en corto y lo devuelve. A continuación se efectúa un pase largo sobre el jugador central, que el jugador en el extremo contrario controla y pasa raso a su compañero central.
Cambio después de 2 min.

Ejercicio 4 (9 min): Cesión directa al recibir pases largos y aéreos (Fig. 336)
Los jugadores se colocan en formación de triángulo, a aprox. 15 m del jugador del centro. El jugador colocado en el exterior dispara un pase aéreo y largo al jugador del centro, que lo

Fig. 335: *Alternancia de pases cortos y largos*

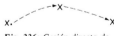

Fig. 336: *Cesión directa de pases largos y aéreos*

Fig. 337: *Juego de paredes*

cede directamente con la cabeza o el pie al tercer jugador.

Cambio después de 3 min.

Ejercicio 5 (6 min): Juego de paredes (Fig. 337)

1 jugador realiza alternativamente pases en pared con sus compañeros colocados a intervalos de 25 m.

Cambio después de 2 min.

Ejercicio 6 (4 min): Mantener un balón en el aire con 3 toques de balón en un grupo de 3.

Para terminar (30 min): Partido 8:8 a lo ancho del campo en torno a línea de medio campo con 2 porterías abiertas (3 m de ancho) con posibilidad de contraataque sobre las dos porterías normales (Fig. 338)

En las bandas a la altura de la línea de medio campo se marcan 2 porterías abiertas. Con el pitido del entrenador el equipo que está en posesión del balón se dirige inmediatamente hacia la portería normal que ha señalado el entrenador con la intención de un remate a portería lo más rápido posible. Si el equipo que defiende se hace con el balón, éste contraataca enseguida sobre la otra portería normal. Después de rematar a portería se prosigue el juego a lo ancho del campo hasta el siguiente pitido. Los goles en las porterías normales valen por dos.

Finalmente carrera de recuperación

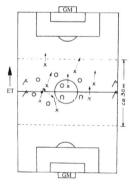

Fig. 338: Partido 8:8 a lo ancho del campo con posibilidad de contraataque sobre las dos porterías normales

Semana: 3	SE 1	Nº Corr. SE: 109	Duración: 100 min

Objetivo del entrenamiento: Mejora de la velocidad de desplazamiento y del contraataque

Material de entrenamiento: 5 balones, 8 banderines

Contenido del entrenamiento:

Calentamiento (25 min): Correr sin balón en grupos de 2. Alternativamente 1 jugador señala durante 2 min el camino a seguir, la forma de correr, los ejercicios de salto así como los ejercicios de la gimnasia en movimiento.
A continuación ejercicios de estiramientos en conjunto

Condición física (25 min): Mejora de la velocidad de desplazamiento en grupos de 4 mediante esprint saliendo de diferentes formas de desplazamiento
16 salidas, 2 repeticiones cada forma de desplazamiento, 1 min de pausa entre las salidas
- Trote hacia delante desde la línea de fondo sobre 16 m, esprint sobre 15 m, 2 x
- Trote hacia detrás desde la línea de fondo sobre 16 m, esprint sobre 15 m, 2 x
- Salto a la comba desde la línea de fondo sobre 16 m, esprint sobre 15 m, 2 x
- Correr dando multisaltos desde la línea de fondo sobre 16 m, esprint sobre 15 m, 2 x
- Correr lateralmente desde la línea de fondo sobre 16 m, esprint sobre 15 m, 2 x
- Correr cruzando las piernas desde la línea de fondo sobre 16 m, esprint sobre 15 m, 2 x
- Saltos largos hacia delante desde la línea de fondo sobre 16 m, esprint sobre 15 m, 2 x
- Saltos en zigzag laterales desde la línea de fondo sobre 16 m, esprint sobre 15 m, 2 x
A continuación 5 min de trote ligero por todo el campo

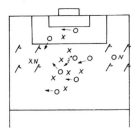

Fig. 339: Mejora del contraataque mediante un partido 7:7 + 2 jugadores neutrales

Táctica (25 min): Mejora del contraataque (cambio rápido de la dirección de ataque) a lo ancho del campo mediante el juego 7:7 + 2 jugadores neutrales (Fig. 339)

En las dos bandas del campo se marca un espacio de juego de 10 x 10 m, donde se coloca 1 jugador neutral. El objetivo del equipo que está en posesión del balón es pasar al neutral (no puede pisarse su zona). El equipo que lo consigue se anota un punto y el jugador neutral se cambia enseguida con el que le ha pasado. El equipo al completo invierte su dirección de ataque hacia la zona neutra contraria.

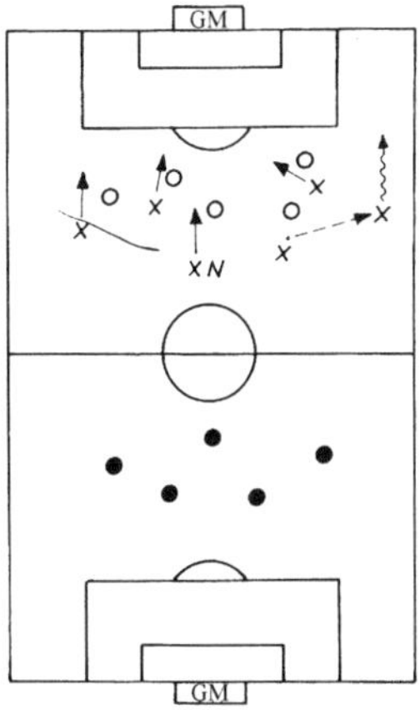

Para finalizar (25 min): Utilización del contraataque rápido mediante un partido 5:5:5 + 1 jugador neutral sobre todo el campo con PO (Fig. 340)

Fig. 340: Utilización del contraataque rápido mediante un partido 5:5:5 + 1 jugador neutral

El jugador neutral (cambio cada 5 min) juega con el equipo que está en posesión del balón. Cada ataque debe concluirse en máximo 30 seg.

Finalmente carrera de recuperación

Semana: 3	SE 2	Nº Corr. SE: 110	Duración: 90 min

Objetivo del entrenamiento: Enseñanza del pressing

Material de entrenamiento: 10 balones, 8 banderines

Contenido del entrenamiento:

Calentamiento (25 min): Rondo 4:2 a 2 toques de balón

Los jugadores forman 3 parejas; cuando un compañero comete un error, se cambia la pareja de la que forma parte al centro.

A continuación estiramientos

Táctica (25 min): Enseñanza del marcaje en zona, del uno contra uno y del cambio de juego mediante un partido 5:5 con 2 porterías abiertas (3 m de ancho, 25 m distancia) colocadas en cada banda de una mitad del campo (Fig. 341)

El equipo defensor cubre con 2 jugadores el espacio que hay delante de las 2 porterías y ataca con una defensa en línea de 3 hombres al equipo que posee el balón. Para ello se desplaza siempre cerca del balón e intenta obligar a los delanteros a realizar pases laterales y driblings.

El equipo atacante intenta, mediante rápidos cambios de juego provocar la superioridad numérica frente a una de las dos porterías y lograr un gol.

(Variante: tiro a portería sólo de tiros directos)

Táctica (30 min): Enseñanza del pressing de ataque y en el mediocampo

El objetivo es provocar situaciones de pressing de ataque y de mediocampo y la enseñanza de la consiguiente organización de la defensa (Fig. 342)

Forma de juego: Partido 3 + 3 contra 4 + 2 con una portería normal y 2 porterías abiertas en la línea de medio campo (pressing de ataque) o 2 porterías abiertas en el área de penalti más alejada (pressing en el mediocampo).

15 min de pressing de ataque
15 min de pressing en el mediocampo

La defensa juega en una formación de 3 (libre y 2 defensas) junto con 3 centrocampistas sobre las 2 porterías abiertas contra 2 delanteros y 4 centrocampistas. El equipo que ataca hacia la portería normal (con PO) aplica en caso de perder el balón el pressing de ataque, provocando un desplazamiento a los espacios a lo ancho y a lo largo y llevando al contrario a aprietos de espacio y de tiempo. Cuando los atacantes logran un gol en la portería normal, se inicia un

Fig. 341: Partido 5:5 con 4 porterías abiertas

Fig. 342: Partido 3+3 contra 4+2

nuevo ataque desde la línea de medio campo. La defensa intenta rechazar el pressing y contraataca sobre las dos porterías abiertas. Después del tiempo establecido se retiran las dos porterías abiertas del área de penalti más alejada y se practica el pressing en el mediocampo, iniciando el pressing en la línea de medio campo.

Para finalizar (10 min): Correr con ejercicios de estiramiento.

Semana: 3	SE 3	Nº Corr. SE: 111	Duración: 90 min

Objetivo del entrenamiento: Mejora del juego de equipo y del uno contra uno

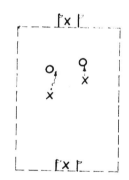

Material de entrenamiento: Cada jugador 1 balón, 16 banderines

Contenido del entrenamiento:

Calentamiento (25 min): Todos los jugadores se sitúan con un balón en el área de penalti
- Conducir el balón con la parte interior/exterior del pie

Fig. 343: Partido 2:2+2

- Conducir el balón manteniendo el contacto visual con el entrenador, que indicará la dirección a seguir
- Conducir el balón y sentarse momentáneamente sobre el balón a la señal del entrenador
- Conducir el balón y seguir con el balón de un compañero a la señal del entrenador
- Llevar el balón bajo la planta a der./izq., hacia delante/atrás
- Conducir el balón, picarlo y adelantárselo con el interior del pie sobre la marcha
- Malabarismos con el balón consecutivamente con el empeine, el muslo, la cabeza y otra vez con el empeine, etc.

A continuación ejercicios de estiramiento

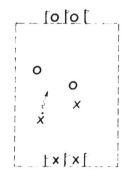

Fig. 344: Partido 2+2:2+2

Táctica (35 min): Mejora del juego en conjunto y del uno contra uno en grupos de 2, 3 y 4 (Fig. 343-346)

Ejercicio 1 (6 min): Partido 2:2+2 con 2 porterías abiertas (2 m de ancho) en un espacio de 16 x 10 m, duración del partido 2 min (Fig. 343)

Las dos porterías abiertas están protegidas, respectivamente, por un jugador, que hace además de zona de juego para los participantes en el partido 2:2. Cada pared con una de las dos zonas de juego supone 1 punto. Después de 2 min se cambian las zonas de juego por uno de los dos equipos. Cada grupo de 2 juega así dos partidos.

A continuación 1 min de pausa con estiramientos

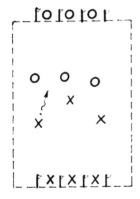

Fig. 345: Partido 3+3:3+3

Ejercicio 2 (8 min): Partido 2+2:2+2 con 2 porterías abiertas (3 m de ancho) en un campo de 16 x 10 m, duración de cada parte 2 min (Fig. 344)

Cada equipo se compone de 2 jugadores y de 2 porteros, que no pueden utilizar las manos para rechazar el balón. Después de 2 min los porteros pasan a jugar como jugadores. 2 partidos.

A continuación 1 min de pausa con estiramientos

Ejercicio 3 (12 min): Partido 3+3:3+3 con 3 porterías abiertas (3 m de ancho) en un esp'' 16 x 10 m, duración del partido 3 min (Fig. 34ɔ)

Como en el ejercicio 2, 2 partidos

A continuación 1 min de pausa con estiramientos

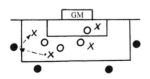

Fig. 346: Partido 4:4+4

Ejercicio 4 (12 min): Partido 4:4+4 (juego estilo Ajax) en el área de penalti con una portería normal con PO, duración del partido 4 min (Fig. 346)

Cada equipo actúa respectivamente como atacante, defensor y pasador durante un partido. Los jugadores del equipo pasador (C) se reparten alrededor del área de penalti. El equipo A ataca a B y utiliza a C como zona de juego para realizar paredes o pases directos. Cuando el balón entra en posesión del portero o del equipo defensor lo pasa a un jugador del otro equipo, y se prosigue el juego. ¿Qué equipo consigue más goles?

A continuación 2 min de pausa con estiramientos

Para finalizar (30 min): Partido 8:8 sobre todo el campo con PO

Los goles conseguidos de tiro directo valen por dos, si se logran después de una pared por tres

A continuación carrera de recuperación

Semana: 4	SE 1	Nº Corr. SE: 112	Duración: 100 min

Objetivo del entrenamiento: Mejora de la resistencia

Material de entrenamiento: Cada jugador 1 balón, 8 banderines, 1 portería normal portátil

Contenido del entrenamiento:

Calentamiento (25 min): Correr con y sin balón (Fig. 347)

Se señalan 2 cuadrados: En un cuadrado de 35 m de lado hay inscrito otro cuadrado de 15 m de lado.

- Trote suave sin balón a lo ancho del campo
- Todos los jugadores conducen el balón a un ritmo medio dentro del cuadrado pequeño A
- Se forman 2 grupos, cambiándose cada grupo al otro cuadrado después de 1 min
- Grupo 1: Conducir el balón dentro del cuadrado A
- Grupo 2: Malabarismos con el balón dentro del cuadrado B
- Grupo 1: Ejercicios gimnásticos dentro del cuadrado A

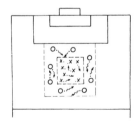

Fig. 347: Ejercicios de calentamiento en 2 cuadrados

- Grupo 2: Conducir el balón con fintas y fintas dentro del cuadrado B

- Grupo 1: Cambios de ritmo y de dirección continuos dentro del cuadrado A
- Grupo 2: Picar el balón, controlarlo y llevárselo dentro del cuadrado B
En total 2 series (cada ejercicio 1 min): a continuación ejercicios de estiramiento

Fig. 348: *Diferentes formas de carrera en grupos de 4*

Condición física (20 min): Mejora de la resistencia mediante diferentes formas de carrera en grupos de 4 (Fig. 348)

Sobre el terreno de juego se marcan 5 tramos de diferente distancia que deben recorrerse cada vez con diferentes formas de carrera.

4 series, 30 seg de pausa entre cada recorrido
Tramo 1: Correr cruzando las piernas
Tramo 2: Trote con rotación de brazos
Tramo 3: Correr lateralmente
Tramo 4: Correr dando multisaltos
Tramo 5: Trote (por todo el campo)

Táctica (35 min): Partido 4:4+4 con 2 porterías normales con PO en una MDC (al mismo tiempo entrenamiento de la resistencia) (Fig. 349)

Se forman 4 equipos, el equipo A juega contra B y C actúa como zona de juego neutral a lo largo de las bandas, mientras que el equipo D hace una carrera por todas las instalaciones deportivas durante los 8 min que dura el partido.

A continuación C juega contra D, A actúa como zona de juego y B corre.

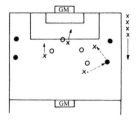

Fig. 349: *Partido 4:4+4*

En total se realizarán los siguientes partidos:
1. A:B+C, D corre
2. C:D+A, B corre
3. A:B+D, C corre
4. C:D+B, A corre

Para terminar (20 min): Partido sobre todo el campo (sin hándicaps)
Formación de los equipos, por ejemplo mayores contra jóvenes o solteros contra casados
Finalmente carrera de recuperación

Semana: 4	SE 2	Nº Corr. SE: 113	Duración: 100 min

Objetivo del entrenamiento: Enseñanza del juego en largo

Material de entrenamiento: 10 balones, 8 banderines

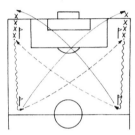

Contenido del entrenamiento:

Calentamiento (25 min): Correr sin balón por todo el ancho del campo
- Trote ligero con ejercicios de estiramiento
- Andar de puntillas
- Correr con apoyo sobre los talones
- Correr dando multisaltos de altura/longitud
- Correr como si se andara sobre patines
- Velocidad de reacción de salida tras carrera de espaldas
- Gimnasia de calentamiento (saltos con una/dos piernas sin moverse del sitio, giros del tronco, rotar los brazos hacia delante y hacia atrás, balancear la pierna a derecha e izquierda
- Estiramientos

Fig. 350: Pase largo, pase en diagonal

Fig. 351: Pases largos hacia zonas de juego

Técnica (40 min): Mejora del juego en largo (Fig. 350-352)

Ejercicio 1: Pase largo en diagonal (10 min)
8 jugadores practican en dos grupos en una MDC. Los primeros jugadores de cada grupo driblan con el balón a la altura del área de penalti en dirección a la línea de medio campo y hacen un pase largo en diagonal al siguiente jugador del otro grupo. Para finalizar corren a ritmo medio hasta el final del otro grupo.

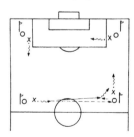

Fig. 352: Pases largos sobre la marcha

Ejercicio 2: Pases largos hacia las zonas de juego (20 min)

4 jugadores se sitúan como zonas de juego formando un campo grande en una MDC. Los otros 4 jugadores con balón empiezan al mismo tiempo con un pase largo hacia la siguiente zona de juego. Las zonas de juego devuelven el balón al jugador, que lo recoge sobre la marcha tras controlarlo y lo pasa a la siguiente zona de juego.

Después de 5 min cambio de papeles, 2 series

Ejercicio 3: Pase largo en la carrera, sobre la marcha (10 min)

4 jugadores se colocan como zonas de juego formando un campo grande. Los otros 4 jugadores pasan el balón en largo sobre la marcha al siguiente compañero y persiguen el balón. Cuando el grupo de 4 jugadores ha cubierto todo el campo tras 4 pases, descansa y se cambia con los jugadores que hacían de zona.

Tiro a portería (20 min): Ejercicios de tiro a portería en grupos de 2

Ejercicio 1: Tiro a portería después de centro (Fig. 353)

El jugador A lanza desde el círculo central un pase largo al jugador B, que está corriendo por la banda, a una indicación de éste esprinta seguidamente hacia la banda. B se dirige al centro tras un pase en profundidad y remata el centro de A. Realizarlo por las dos bandas.

Ejercicio 2: Tiro a portería después de una pared (Fig. 354)

El jugador A lanza desde la línea de fondo un pase largo al jugador B que viene corriendo desde la línea de medio campo y se encamina para hacer la pared con B, que concluye rematando a portería. A continuación los dos jugadores cambian sus posiciones. Realizarlo por las dos bandas.

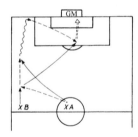

Fig. 353: Tiro a portería después de centro

Fig. 354: Tiro a portería después de una pared

Para finalizar (15 min): Partido sobre todo el campo poniendo el acento en el juego en largo. A continuación carrera de recuperación

Semana: 4	SE 3	Nº Corr. SE: 114	Duración: 105 min

Objetivo del entrenamiento: Mejora del contraataque y del remate a portería

Material de entrenamiento: 10 balones, 4 banderines, 1 portería normal portátil

Contenido del entrenamiento:

Calentamiento (25 min): Juego de equipo en grupos de 4 (Fig. 355)
En las esquinas de una MDC se marcan cuatro espacios de juego grandes de 15 x 15 m, en los que se colocan, respectivamente, 4 jugadores con un balón.
- Juego de equipo en grupos de 4 corriendo a ritmo lento
- El jugador que recibe el balón conduce el balón a lo largo de uno de los límites del espacio de juego y lo pasa al siguiente jugador.
- Cada jugador hace 3 ejercicios gimnásticos los otros miembros del grupo le imitan.
- Rondo 3:1 al primer toque.
- Juego en diagonal: Los grupos de los espacios de juego se enfrentan en un 4:4. Se obtiene un tanto cuando se logra jugar el balón con un compañero en el espacio de juego contrario.
Ejercicios de estiramiento

Táctica (45 min): Mejora del contraataque desde la defensa

Ejercicio 1 (20 min): Partido 4:3 + 1 con una portería normal con PO en una MDC (Fig. 356)
4 atacantes juegan contra 3 defensas sobre una portería normal, mientras que el cuarto defensa está apostado en el círculo central. El objetivo

Fig. 355: Juego de equipo en grupos de 4

de la defensa es contraatacar rápidamente y jugar el balón con el compañero del círculo central cuando se está en posesión del balón (o cuando lo tiene el portero). Si se consigue esto, se cambian inmediatamente los papeles.

Cuando se consigue un gol o en caso de un tiro fallado por los atacantes puede iniciarse un nuevo ataque desde la línea de medio campo. Después de 10 min se cambian los defensas por los delanteros.

Ejercicio 2 (20 min): Partido 4:4 con una portería normal con PO en una MDC con posibilidad de contraataque sobre 2 porterías abiertas (de 4 m ancho) en la línea de medio campo (Fig. 357)

4 atacantes juegan contra 4 defensas frente a una portería normal. Cuando se consigue un gol o en caso de un tiro fallado por los atacantes puede iniciarse un nuevo ataque desde la línea de medio campo. Cuando la defensa está en posesión del balón (o el portero), ésta contraataca con un juego rápido sobre las dos porterías abiertas, y consigue un gol cuando un defensa con el balón cruza driblando una de ellas.

Cambio de papeles después de 10 min.

A continuación trote suave con ejercicios de estiramiento

Fig. 356: *Partido 4:3+1 con portería normal*

Para terminar (30 min): Partido 4:4 + 8 con 2 porterías normales con PO en un área de penalti doble (Fig. 358)

En el área de penalti doble se juega un 4:4, mientras que los restantes 8 jugadores se distribuyen fuera a lo largo de los límites laterales y de la línea de fondo.

Estos jugadores exteriores juegan con el equipo que posee el balón con un máximo de 2 toques de balón y tienen la tarea de servir al equi-

Fig. 357: *Partido 4:4 con portería normal con posibilidad de contraataque sobre 2 porterías normales*

po atacante con el máximo posible de centros y pases atrasados susceptibles de ser convertidos en gol, es decir, "alimentar" a los atacantes. Una vez conseguido un gol, los atacantes siguen estando en posesión del balón y contraatacan inmediatamente sobre la otra portería.

Después de 5 min se cambian los papeles y los jugadores exteriores entran a jugar un 4:4. Se jugarán 3 veces, es decir, que cada equipo se encontrará sobre el campo 15 min.

A continuación correr

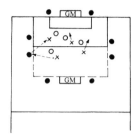

Fig. 358: Partido 4:4+8 en un área de penalti doble

Semana: 5   SE 1   Nº Corr. SE: 115   **Duración: 100 min**

Objetivo del entrenamiento: Mejora de la velocidad, del uno contra uno y del remate a portería

Material de entrenamiento: 15 balones, 6 banderines

Contenido del entrenamiento:

Calentamiento (25 min):
- Partido 6:2 al primer toque (espacio 15 x 15 m): Los jugadores forman parejas fijas; cuando un compañero comete un error, se cambia la pareja en cuestión al centro (15 min)
- Carrera de recuperación con ejercicios de estiramiento (10 min)

Condición física (25 min): Mejora de la velocidad en grupos de 2 (Fig. 359)
Ejercicio: 18 esprints sobre 15 m a la media vuelta con diferentes tipos de carrera, 9 recorridos con 2 tipos de carrera (1 min de pausa entre los esprints)

Tramo 1: Trote hacia delante, dar media vuelta, esprint

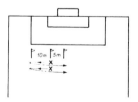

Fig. 359: Esprints tras media vuelta con diferentes tipos de carrera

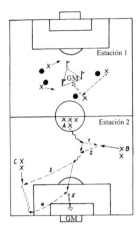

Fig. 360: *Mejora del uno contra uno y del remate a portería con 2 zonas*

Fig. 361: *Partido sobre todo el campo con 2 porterías en triángulo*

Tramo 2: Trote hacia atrás, esprint hacia delante

Tramo 3: Saltos a lo alto, dar media vuelta, esprint

Tramo 4: Saltos a lo largo, dar media vuelta, esprint

Tramo 5: Saltos a la comba, dar media vuelta, esprint

Tramo 6: Correr elevando las rodillas, dar media vuelta, esprint

Tramo 7: Correr sobre los talones, dar media vuelta, esprint

Tramo 8: Correr dando multisaltos, dar media vuelta, esprint

Tramo 9: Correr en zigzag, dar media vuelta, esprint

A continuación trotar 3 min

Táctica (30 min): Mejora del uno contra uno y del remate a portería con 2 zonas (Fig. 360)

Zona 1 (15 min): Partido 4:4 con portería en triángulo (6 m de lado) con PO en una MDC

Sólo puede tirar o cabecear a portería el equipo atacante. El remate al primer toque debe realizarse siempre. Los goles pueden realizarse desde todos los lados

Si el equipo defensor se hace con el balón, deberá efectuar como mínimo 2 pases antes del remate.

Después de 15 min se cambian los dos equipos a la otra MDC

Zona 2 (15 min): Tiro a portería tras un cambio previo del juego.

Las bandas están ocupadas por 2 jugadores (B, C) respectivamente. El jugador A lleva el balón desde la línea de medio campo y hace una pared con el extremo B y éste hace seguidamente un pase en diagonal al otro extremo C. A remata entonces el centro de C.

El siguiente ataque se realiza por la otra banda. Cuando cada extremo ha centrado 5 veces, se produce el cambio con el grupo A. Después de 15 min cambio a la zona 1.

Para terminar (20 min): Partido sobre todo el campo con 2 porterías en triángulo (7 m de lado) en las dos áreas de penalti (Fig. 361) Finalmente carrera de recuperación

Semana: 5	SE 2	Nº Corr. SE: 116	Duración: 100 min

Objetivo del entrenamiento: Mejora del uno contra uno y del marcaje rápido

Material de entrenamiento: 15 balones, una portería normal portátil, 8 banderines

Contenido del entrenamiento:

Calentamiento (25 min): Correr sin balón en grupos de dos
- Correr a la sombra: Un jugador practica diversas formas de correr, que su "sombra" reproduce
- Boxeo ficticio
- Juego de tocar y parar: 2 jugadores se cogen de la mano e intentan tocar a otras parejas
- Saltos carnero (saltar-deslizarse entre las piernas)
- Saltar repetidas veces con una/dos piernas sobre el compañero puesto en cuclillas
A continuación ejercicios de estiramiento

Táctica (60 min): Mejora del uno contra uno y del marcaje rápido en 4 zonas (2 min para pausa con estiramientos antes de cambiar de zona) (Fig. 362)

Estación 1: Juego 2:2 con 2 porterías normales con 2 porteros en un área de penalti doble (12 min)
Debido a la cercanía de las dos porterías se producen muchos uno contra uno, alternándose

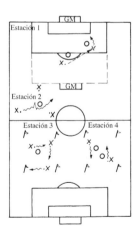

Fig. 362: Mejora del uno contra uno y del marcaje rápido en 4 zonas

constantemente el comportamiento defensivo y ofensivo. Tener a punto balones de reserva. 3 partidillos de 4 min cada uno.

Estación 2: Dribling 1:1 (12 min)
Los 3 jugadores intentan desde una distancia de 15 m sortear alternativamente al defensa y alcanzar el lado contrario haciendo uso de driblings. Cambio de defensa tras 3 min.

Estación 3: Conducir el balón contra un defensa que obstaculiza a los 3 jugadores en una zona delimitada (15 x 15 m).
Cambio del defensa después de 3 min.

Estación 4: Juego 2:2 (12 min)
2 jugadores con balón driblan en una zona delimitada (15 x 15 m) a dos defensas.
Cambio de papeles después de 6 min.

Para finalizar (15 min): Partido sobre todo el campo poniendo el acento en el marcaje rápido
El jugador que lleva el balón en el equipo atacante debe ser atacado inmediatamente por 2 jugadores del equipo defensor.
Para finalizar, carrera de recuperación

Semana: 5	SE 3	Nº Corr. SE: 117	Duración: 100 min

Objetivo del entrenamiento: Enseñanza del pressing

Material de entrenamiento: 10 balones, 4 banderines

Contenido del entrenamiento:

Calentamiento (25 min): Correr sin balón sobre el ancho del campo
- Trote ligero (varios anchos de campo) con ejercicios de estiramiento
- Correr dando multisaltos en altura y en longitud
- Andar de puntillas
- Trotar con series de saltos a la comba
- Salidas a partir de la marcha hacia atrás

Fig. 363: *Partido 4:4 sobre 2 líneas*

- Andar sobre los talones
- Trotar con saltos de cabeza
- Salidas a partir de la marcha
A continuación estiramientos

Táctica (15 min): Partido 4:4 sobre 2 líneas en un espacio de 40 x 30 m a lo ancho del campo (Fig. 363)

El objetivo es el rápido contraataque así como la mejora del uno contra uno. Se consigue un gol cuando el equipo que está en posesión del balón puede jugar con un compañero situado detrás de la línea de fondo contraria de forma que éste lo pueda ceder directamente a otro compañero situado en el campo. El equipo sigue en posesión del balón y contraataca enseguida hacia la línea de fondo. El equipo que defiende intenta entreteniendo el balón contrarrestar el contraataque y hacerse él mismo con el balón mediante el marcaje rápido.

Táctica (30 min): Remate a portería o crear una situación de pressing mediante un partido 6:4 + PO con una portería normal en una MDC (Fig. 364)

El equipo atacante empieza en la línea de medio campo e intenta llegar rápidamente al remate. Cuando pierde el balón aplica el pressing de ataque. La defensa intenta conservar en su poder el balón, para lo que puede involucrarse al portero. Después de cada 7 min se cambian 2 delanteros por 2 defensas.

Para terminar (30 min): Partido sobre todo el campo con 2 porterías poniendo el acento en el pressing.

El equipo A practica durante 15 min un pressing de ataque, mientras que el equipo B inicia su pressing sólo a partir de la línea de medio campo (pressing en el mediocampo).

Después de 15 min se cambian los papeles. El entrenador vigila si los jugadores saben reconocer correctamente la situación de pressing, reaccionan rápidamente y se organizan en consecuencia.

Finalmente carrera de recuperación

Fig. 364: Partido 6:4 con remate a portería y crear una situación de pressing

Semana: 6	SE 1	Nº Corr. SE: 118	Duración: 100 min

Objetivo del entrenamiento: Mejora de la velocidad

Material de entrenamiento: 10 balones, 4 banderines

Contenido del entrenamiento:

Calentamiento (25 min): Partido 5:3 con 2 toques de balón en un espacio de 25 x 25 m
Después trabajo individual con carreras y ejercicios de estiramiento

Condición física (30 min): Mejora de la velocidad de reacción y de la velocidad de desplazamiento mediante carreras de persecución en grupos de 2 (1 min de pausa entre los esprints)

Ejercicio 1: Velocidad de reacción en la salida y persecución a una señal óptica (12 repeticiones) (Fig. 365)
2 jugadores en línea separados 1 m mirando hacia el entrenador. A cada lado de los jugadores se marca una distancia de 15 m.
Los jugadores reaccionan a una señal del entrenador, que con el pulgar marca de repente la dirección a seguir. Si un jugador consigue alcanzar a su compañero antes de que llegue a la meta, éste deberá hacer una carrera extra.
A continuación 3 min de trote con ejercicios de relajamiento.

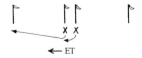

Fig. 365: Velocidad de reacción en la salida sobre 15 m a una señal con el pulgar por parte del entrenador

Ejercicio 2: Velocidad de reacción en la salida y persecución a una señal óptica (12 repeticiones) (Fig. 366)
2 jugadores se encuentran separados 1 m uno detrás del otro mirando hacia el entrenador. En la dirección de los jugadores se marca una distancia de 15 m.

Los jugadores reaccionan ante una señal del entrenador, que sostiene un balón con las dos manos y que lo deja caer de repente. Si el jugador más atrasado logra alcanzar a su compañero antes de que llegue a la meta, éste deberá hacer una carrera extra. En la siguiente salida se intercambian las posiciones.

A continuación 3 min de trote con ejercicios de recuperación

Táctica (25 min: Mejora del uno contra uno mediante un partido 4:4 en un cuarto del campo (al mismo tiempo mejora de la resistencia)

Ejercicio 1 (12 min): Partido 4:4 sin límite de toques de balón
Si uno de los dos equipos logra conservar la posesión del balón después de más de 5 pases, consigue un punto.

Ejercicio 2 (12 min): Partido 4:4 sin límite de toques de balón
Cada pared conseguida en un equipo supone 1 punto.

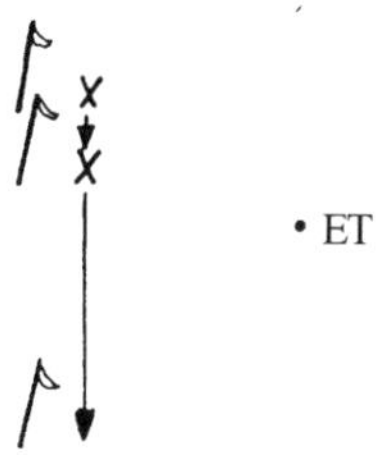

Para finalizar (20 min): Entrenamiento de las situaciones standard (golpe franco y saque de esquina en el ataque y en la defensa, penalti, saque de banda)
A continuación carrera de recuperación

Fig. 366: Velocidad de reacción en la salida sobre 15 m a una señal con el balón por parte del entrenador

Semana: 6	SE 2	Nº Corr. SE: 119	Duración: 100 min

Objetivo del entrenamiento: Mejora del remate a portería después de centros

Material de entrenamiento: 20 balones, portería normal portátil, 12 banderines

Contenido del entrenamiento:

Calentamiento (25 min):
- Rondo 5:3 con 2 toques de balón en un campo delimitado (15 min)

- Correr dando multisaltos a lo ancho del campo (correr dando multisaltos, sobre los talones, elevando las rodillas, rotando los brazos hacia del./atr , salidas con fintas con el tronco); ejercicios de estiramiento para la musculatura de las piernas y la musculatura abdominal y dorsal (10 min)

Anotación: los porteros por separado.

Remate a portería (65 min): Remate de centros (Fig. 367-369)

Ejercicio 1: Área de penalti doble con 2 porterías normales, 8 jugadores y 2 porteros

Los jugadores 2, 3, 4 y 5 centran por este orden a balón parado al jugador 1, que remata a portería (a ser posible al primer toque).

Los 3 jugadores no implicados recogen los balones y se cambian después de 90 seg.

¿Cuántos goles consigue el jugador en 90 seg?

El segundo grupo (8 jugadores) efectúa al mismo tiempo una carrera de resistencia de 12 minutos. Después se cambia con el grupo 1.

Ejercicio 2: Como el ejercicio 1, pero en el tiro a portería toman parte 2 jugadores contra un defensa

Los jugadores 3, 4, 5 y 6 centran por este orden balones a los jugadores 1 y 2, que alternativamente se encaminan al primer palo y al segundo palo.

¿Cuántos goles consiguen los 2 jugadores contra 1 defensa en 90 seg?

El segundo grupo juega al mismo tiempo en la otra MDC un 4:4 con 4 porterías pequeñas poniendo el acento en el cambio de juego (12 min). Después se cambia con el grupo 1.

Ejercicio 3: La mitad del campo con 2 porterías normales, los límites laterales vienen dados por la prolongación del área de penalti

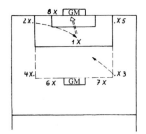

Fig. 367: Remate de centros en un área de penalti doble

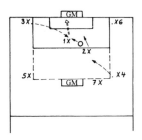

Fig. 368: Remate de centros en un área de penalti doble frente a la oposición de defensores

Partido 4:4 con 4 jugadores de recambio. Los jugadores de recambio se sitúan junto a los límites laterales. Pueden ser involucrados en el partido, pero sólo pueden jugar al primer toque. A una señal dada un jugador de recambio entra en el campo. Los goles conseguidos por un pase de un jugador de recambio valen por dos (15 min).

Para terminar (10 min): Carrera de recuperación por todo el campo.

Fig. 369: Partido 4:4 con 4 jugadores de recambio

Semana: 6	SE 3	Nº Corr. SE: 120	Duración: 95 min

Objetivo del entrenamiento: Mejora del juego contra una defensa reforzada

Material de entrenamiento: 8 balones

Contenido del entrenamiento:

Calentamiento (25 min): Correr sin balón desde un área de penalti a la otra
- 6 carreras a un ritmo lento
- 1 tramo andando y respirando profundamente
- 1 tramo corriendo lentamente rotando los brazos hacia del./detr.
- 1 tramo corriendo dando multisaltos
- 1 tramo a ritmo medio
- 1 tramo a ritmo lento, apoyar 10 veces elevando los talones y 10 elevando las rodillas
- 4 tramos a ritmo lento con saltos de cabeza
- 1 tramo a ritmo lento, tocando el suelo alternativamente con la mano der./izq.
- 1 tramo a ritmo lento, ponerse 10 veces en cuclillas y rebotar dos veces
- 1 tramo a ritmo lento, soltando las piernas
A continuación ejercicios de estiramiento

Táctica (35 min): Ataque contra una defensa en superioridad numérica

Ejercicio 1 (20 min): Partido 2:3 con una portería normal con PO (Fig. 370)

Los atacantes empiezan en la línea de medio campo e intentan hacer un gol frente a los 3 defensas colocados delante del área de penalti, situación en la que un atacante en posesión del balón debe ser siempre entrado por 2 defensas. Cambios de los defensas después de 10 ataques.

Ejercicio 2 (20 min): Partido 5:6 con 3 equipos en una MDC. Portería normal con PO (Fig. 371)

El equipo A ataca con 5 jugadores al equipo B, que se defiende con 6 jugadores. La defensa marca estrechamente, el defensa que queda "libre" juega como libre haciendo la cobertura.

Si A consigue un gol, los jugadores retornan a la línea de medio campo por la banda mientras que el equipo C inicia un nuevo ataque desde la línea de medio campo (lo mismo se aplica cuando el portero se hace con el balón).

Si los jugadores de la defensa se hacen con el balón, se convierten en atacantes (incluido el libre) y se cambian con el equipo que ha perdido el balón.

Fig. 370: *Partido 2:3 con una portería normal con PO*

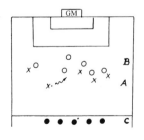

Fig. 371: *Partido 5:6 con 3 equipos*

Para terminar (30 min): Partido 8:8 sobre todo el campo con PO poniendo el acento en la superioridad numérica en la defensa.

El equipo defensor juega en su propia MDC con 6 defensas, 2 jugadores como puntas en la MDC contraria.

El equipo en posesión del balón ataca con máximo 5 jugadores, de forma que la defensa juega básicamente en superioridad numérica (el libre detrás hace la cobertura).

Finalmente carrera de recuperación

| Semana: 7 | SE 1 | N⁰ Corr. SE: 121 | Duración: 100 min |

Objetivo del entrenamiento: Mejora de la velocidad y del contraataque

Material de entrenamiento: 10 balones, 7 banderines

Contenido del entrenamiento:

Calentamiento (25 min): Correr sin el balón en grupos de dos a lo ancho del campo
- Pases laterales sobre la marcha
- Pases verticales alternativos: los jugadores se pasan alternativamente el balón con pases verticales
- El jugador 1 con el balón acosa al jugador 2 y utiliza fintas. El jugador 2 permanece pasivo.
- El jugador 1 lleva el balón y tras una finta con una salida rápida supera al jugador 2.
- El jugador 1 le sirve el balón con la mano al jugador 2 y éste lo devuelve a medida que recula de un cabezazo
- El jugador 1 le sirve el balón con la mano al jugador 2 y éste lo devuelve a medida que recula con el interior del pie.
Finalmente ejercicios de estiramiento

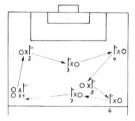

Fig. 372: Relevos sin fin

Condición física (25 min): Mejora de la velocidad mediante el relevo sin fin (Fig. 372)
Señalar en una MDC un trayecto con tramos de diferentes distancias. Se forman 2 equipos. Cada zona representa una marca de cambio y está ocupada por un jugador de cada equipo, a excepción de la marca de salida, que está ocupada por 2 parejas. La salida de la siguiente pareja se indica cada vez con un golpe en la espalda.
Vence el equipo que logra cubrir primero todas las marcas.

Ejercicio: 4 series con salidas desde diferentes posiciones, 2 min de pausa después de cada serie.

Fig. 373: Mejora del contraataque mediante un partido 5:3

Recorrido 1: De pie
Recorrido 2: Estirado en posición de flexión
Recorrido 3: Estirado boca abajo
Recorrido 4: Sentado

Táctica (30 min): Mejora del contraataque
mediante un partido 5:3 (Fig. 373)
5 delanteros contra 3 defensas en un espacio
de juego de 20 x 20 m junto a la línea de medio campo. La defensa en inferioridad numérica
tiene la posesión del balón. Cuando el equipo
en superioridad numérica se hace con el balón
los 5 delanteros contraatacan inmediatamente
hacia la portería normal en la otra MDC. El
ataque debe concluirse como máximo en 6 pases antes del remate a portería, el jugador
atacante que ha perdido el balón se cambia con
otro jugador de la defensa. Después de un remate a portería el partido continúa con un 3:5.

*Fig. 374: Utilización del
contraataque rápido mediante
un partido 8:8*

Para terminar (20 min): Utilización del contraataque rápido mediante un partido 8:8 sobre
todo el campo (Fig. 374)
En cada MDC juegan 5 delanteros contra 3 defensas. Cada equipo debe haber concluido su ataque
en como máximo 8 pases. El objetivo de las forma-
ciones en inferioridad numérica es realizar pases largos a los 5 delanteros situados en la otra MDC
cuando están en posesión del balón.
Finalmente carrera de recuperación

Semana: 7	SE 2	Nº Corr. SE: 122	Duración: 95 min

Objetivo del entrenamiento: Mejora de las
capacidades técnico-tácticas generales

Material de entrenamiento: 20 balones, 4
banderines, 12 cuerdas para saltar

Contenido del entrenamiento:

Calentamiento (25 min): Formas de pase en grupos de 4
- El grupo se mueve con un trote lento, el balón se juega al primer toque
- Conducir el balón y pasarlo driblando rápidamente a un compañero
- Juego en conjunto sin límite de toques alternando pases cortos y largos
- Después de cada pase se realiza un ejercicio gimnástico
- El jugador que recibe el balón lo pasa directamente a un jugador a medida que éste corre
- Cada jugador realiza 6 paredes consecutivas con sus compañeros
- Rondo 3:1 al primer toque
- Estiramientos

Técnica/Táctica (45 min): Enseñanza de las capacidades técnico-tácticas generales mediante un circuito de entrenamiento en grupos de 4 (10 min/zona; 1 min de pausa antes de cada cambio de zona) (Fig. 375)

Estación 1: Remate de pases atrasados
Un jugador lanza desde el punto de penalti hacia derecha e izquierda pases oblicuos hacia el límite del área de penalti, al jugador que viene corriendo desde una distancia de 25 m.
Los jugadores se cambian después de 6 balones.

Estación 2: Cabezazo con giro
2 jugadores con balón y un tercer jugador en el centro (separados 8 m), mientras que el cuarto jugador se aposta a un lado del jugador central (aprox. a 5 m).
Los dos jugadores exteriores le pican alternativamente en series rápidas balones altos al jugador central, que los desvía hacia el cuarto jugador con la cabeza (giro en el aire de 90 grados).
Éste devuelve el balón a los 2 jugadores.
Cambio después de 20 cabezazos.

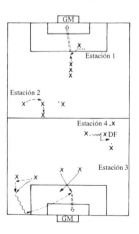

Fig. 375: Enseñanza de las capacidades técnico-tácticas generales en grupos de 4

Estación 3: Tiro a portería después de un centro

2 jugadores con balón en la banda, los otros dos jugadores se encuentran a unos 25 m de distancia de la portería.

El ataque por la banda se inicia con un pase cruzado hacia la banda, sobre un compañero a medida que éste corre. Éste lo centra corriendo a máxima velocidad sobre el área de penalti. Los jugadores situados en el centro se cruzan en el área de penalty y rematan los centros directamente.

Cambio de los papeles después de 6 centros. Realizar el ejercicio por ambas bandas.

Estación 4: Dribling a un defensa

3 jugadores con el balón se colocan en formación de triángulo (separados 15 m), donde el cuarto jugador en el centro hace de defensa.

Los 3 jugadores intentan evitar alternativamente al defensa y llegar al extremo contrario. Cambio del defensa después de 6 driblings.

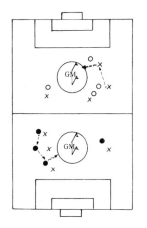

Para terminar (25 min): Partido 4:4 con una portería abierta (5 m de ancho) con PO en una MDC en forma de torneo (Fig. 376)

En las dos mitades del campo se coloca una portería abierta en el centro, donde se marca un círculo de tiro de 20 m de diámetro con las cuerdas de saltar.

Los tiros a portería se permiten desde ambos lados de la portería abierta, pero sólo al primer toque, y sin pisar el círculo de tiro.

Después de 10 min de juego los ganadores juegan entre sí (se sortea cuando existe empate) y los perdedores entre sí (10 min).

Fig. 376: Partido 4:4 con una portería abierta con PO

Para terminar, carrera de recuperación

Semana: 7	SE 3	Nº Corr. SE: 123	Duración: 90 min

Objetivo del entrenamiento: Enseñanza del fútbol-velocidad

Material de entrenamiento: 4 balones, 20 banderines

Contenido del entrenamiento:

Calentamiento (25 min): Pases en grupos de 4 con el balón
- Trote suave con ejercicios de estiramiento
- Pasar sobre la marcha desde la mitad del terreno de juego
- El jugador que recibe pasa directamente al siguiente jugador a medida que éste corre
- Coger el balón (hacia el hombre con el balón)
- Sólo al primer toque
- Después de ceder el balón el jugador esprinta al espacio libre
- El jugador lleva el balón esprintando en dirección al espacio libre
Para finalizar, ejercicios de estiramiento

Táctica (15 min): Enseñanza del fútbol-velocidad

Ejercicio 1: Partido 5:3 con una portería triangular con PO en una mitad del campo (15 min.) (Fig. 377)
Los goles sólo pueden conseguirse con un tiro directo a portería. El trabajo de la defensa deberá dificultarse mediante la utilización de frecuentes cambios de juego por parte del equipo atacante con superioridad numérica.

Ejercicio 2: Partido 5:3 con 2 porterías abiertas (6 m de ancho) con PO en una mitad del campo con bandas marcadas (15 min.) (Fig. 378)
Los goles del equipo con superioridad numé-

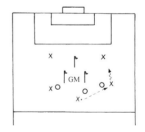

Fig. 377: Partido 5:3 con portería en triángulo

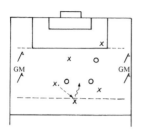

Fig. 378: *Partido 5:3 con 2 porterías abiertas*

Fig. 379: *Partido 8:8 con 4 porterías*

rica sólo cuentan cuando se ha jugado una vez a la zona derecha y a la zona izquierda el balón antes del remate. El equipo con inferioridad numérica contraataca hacia la otra portería, pero el equipo con superioridad numérica sólo puede defenderse con 3 jugadores.

Si se juega sin portero, se estrecharán las porterías abiertas a 3 m.

Ejercicio 3: Partido 8:8 con 4 porterías (2 porterías normales con PO + 2 porterías abiertas de 3 m de ancho en las bandas) en una mitad del campo (15 min) (Fig. 379).

El equipo atacante debe conseguir la superioridad numérica y rematar a una de las dos porterías (portería normal o abierta) mediante cambios rápidos del juego. Un gol después de un cambio de juego vale por dos.

Para finalizar (20 min): Partido 8:8 con 4 porterías

Como en el ejercicio 3, pero el equipo atacante puede marcar en cualquiera de las 4 porterías, con lo que después de cada tanto sólo podrá atacarse una de las 3 porterías restantes.

A continuación carrera de recuperación

Semana: 8	SE 1	Nº Corr. SE: 124	Duración: 95 min

Objetivo del entrenamiento: Mejora del juego de equipo así como del juego sin balón

Material de entrenamiento: 5 balones, 12 banderines, 1 portería normal portátil

Contenido del entrenamiento:
Calentamiento (25 min): Balonmano
- Balonmano 4:4 en un espacio de juego de 20 x 20 m (10 min)
- Balonmano 8:8 en una MDC con 2 porterías (portería normal portátil en la línea de medio campo)

Se obtiene un gol cuando un jugador consigue introducir en la portería el balón de un cabezazo después de recibir un lanzamiento con la mano de un compañero (10 min)
A continuación ejercicios de estiramiento

Táctica (40 min): Mejora del juego de equipo así como del juego sin balón mediante un partido 4:4 (al mismo tiempo entrenamiento de la resistencia) (Fig. 380)
Objetivo: Mientras que 2 jugadores del equipo que está en posesión del balón se ofrecen para el pase en corto, el tercero se desmarca para un pase largo (1 min de pausa con estiramientos entre los ejercicios)

Ejercicio 1 (12 min): Juego sin límite de toques

Ejercicio 2 (12 min): Juego al primer toque con vistas al juego.
En cada equipo se escoge un jugador que durante 3 min podrá jugar sólo al primer toque.

Fig. 380: Partido 4:4 para la mejora del juego de equipo así como del juego sin balón

Ejercicio 3 (12 min): Juego al primer toque
A continuación trote suave con ejercicios de estiramiento.

Para terminar (30 min): Partido sobre todo el campo con 6 porterías abiertas (3 m ancho) (Fig. 381)
El equipo defensor cubre con 3 jugadores el espacio delante de las 3 porterías y ataca al equipo que tiene posesión del balón con una defensa en línea de 5 defensas. La cadena de defensores se desplaza hacia el balón e intenta estrechar allí los espacios.
El equipo atacante intenta crear mediante un rápido cambio del juego una superioridad numérica frente a una portería y concluir con un tiro a portería.
(Variante: Tiro a portería sólo directo)
A continuación carrera de recuperación

Fig. 381: Partido con 6 porterías abiertas

Semana: 8	SE 2	Nº Corr. SE: 125	Duración: 100 min

Objetivo del entrenamiento: Mejora de la velocidad con y sin balón

Material de entrenamiento: Cada 2 jugadores un balón, 4 banderines

Contenido del entrenamiento:

Calentamiento (25 min): Correr individualmente con/sin balón

Cada jugador realiza su programa de calentamiento por separado; él mismo decide su forma de carrera, la dirección y las combinaciones de saltos, al principio sin balón. Después de 15 m se prosigue el trabajo de calentamiento individualmente con el balón.

A continuación ejercicios de estiramiento conjuntamente

Condición física (50 min): Mejora de la velocidad con el balón en grupos de 2

Ejercicio 1: Sprint después de pasar el balón

El jugador 1 lleva el balón y lo envía raso. El jugador 2 debe interceptar el balón a la carrera y devolvérselo al jugador 1. Cambio de papeles después de 5 pases.

Pausa (2 min): Juego de cabeza

Ejercicio 2: Pases en pared

El jugador 1 lleva el balón y efectúa 10 paredes con la máxima intensidad con el jugador 2. Después intercambio de papeles.

Pausa (2 min): Juego de cabeza desde la posición de sentado.

Ejercicio 3: Recogida de un balón parado

El jugador 1 lleva el balón, el 2 le sigue a 10 m de distancia. El jugador 1 para de repente el

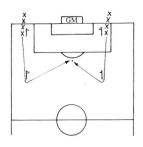

Fig. 382: Competición de tiro

balón con la suela y se aleja. El jugador 2 corre hacia el balón y lo devuelve a 1. Cambio después de 2 min

Pausa (2 min): Juego de cabeza desde la posición de arrodillado.

Ejercicio 4: Esprint por el balón
El jugador 1 se coloca con las piernas ligeramente separadas. El jugador 2 se acerca driblando con el balón y le hace el túnel, para después correr los dos por el balón. Si el jugador 1 alcanza el balón antes que el 2, se cambian los papeles. El jugador 2 dispone de 5 intentos.

Pausa (2 min): Malabarismo con el balón

Ejercicio 5: Dribling con un uno contra uno
El jugador 1 dribla con el balón hacia el jugador 2 que recula y de repente se hace un autopase para que los dos corran por el balón. Si el jugador 2 alcanza el balón antes que el 1, se cambian los papeles. El jugador 1 dispone de 5 intentos.

Pausa (2 min): Saques de banda largos

Ejercicio 6: Carreras tras un pase largo y aéreo
El jugador 1 lleva el balón y lo juega a 2 con un pase largo para correr inmediatamente hacia el balón despejado directamente por 2. Cambio después de 5 pases aéreos.

Pausa (2 min): Los jugadores están espalda contra espalda y se entregan el balón con un giro del tronco.

Ejercicio 7: Competición de tiro (Fig. 382)
2 equipos: Un jugador de cada equipo se dirige al mismo tiempo a la señal del entrenador hacia el balón que se encuentra a 20 m de la portería, debiendo llegar inmediatamente al remate tras el uno contra uno. ¿Qué equipo consigue más goles? 3 series.

Para finalizar, ejercicios de estiramiento y recuperación

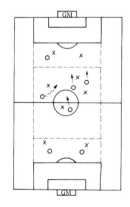

Fig. 383: Juego de posiciones 2 DT:2 DE + 4:4 en el CC + 2 DE:2 DT

Para finalizar (25 m): Juego de posiciones con 2 equipos sobre todo el campo (Fig. 383) 2 DT:2 DE + 4:4 en el CC + 2 DE:2 DT

En las zonas marcadas del campo los jugadores mantienen sus posiciones, por lo que en cada zona se llega a una situación de 1:1. El equipo que tiene el balón intenta —jugando el balón fuera de la zona de defensa— pasar a uno de sus centrocampistas, que en combinación con sus compañeros debe jugar con los dos puntas marcados individualmente. No puede abandonarse la zona asignada a cada uno.

Después de unos 8 minutos se cambian los papeles, para que cada jugador pueda ejercer una vez la posición de un defensa, un centrocampista y un delantero.

A continuación carrera de recuperación

Semana: 8	SE 3	N.º Corr. SE: 126	Duración: 105 min

Objetivo del entrenamiento: Mejora del contraataque

Fig. 384: Contraataque después de un saque de esquina en una situación de defensa

Material de entrenamiento: 10 balones, una portería normal portátil, 8 banderines

Contenido del entrenamiento:

Calentamiento (25 min): Correr sin el balón a lo ancho del campo

- Trote relajado a lo largo de varios anchos de campo
- Trote intercalando saltos a la comba (3 anchos de campo)
- Andar rotando los brazos hacia del./atr. (2 anchos de campo)
- Correr elevando los talones (1 ancho de campo)
- Correr elevando las rodillas (1 ancho de campo)
- Andar 10 m con los brazos extendidos y ponerse cada 10 seg de puntillas (1 ancho de campo)

- Correr lateralmente (1 ancho de campo)
- Correr cruzando (1 ancho de campo)
- Correr dando multisaltos con/sin giro de tronco (2 anchos de campo)
- Correr dando saltos (saltos largos - 1 ancho de campo)
- Trote suave con saltos de cabeza sobre varios anchos de campo
A continuación estiramientos

Táctica (25 min): Enseñanza del cambio de juego y del juego con paredes (al mismo tiempo entrenamiento de la resistencia)

Ejercicio 1 (12 min): Partido 8:8 en una MDC con emparejamientos fijos.
Cada pase conseguido desde 30 m por un equipo supone 1 punto.

Ejercicio 2 (12 min): Partido 8:8 en una MDC con emparejamientos fijos.
Cada pared conseguida por un equipo supone 1 punto.

Táctica (40 min): Enseñanza del contraataque (cambio rápido).

Ejercicio 1 (20 min): Contraataque después del córner en situación de defensa (Fig. 384)
El equipo A (atacante) lanza 10 saques de esquina desde la derecha y 10 desde la izquierda e intenta rematar a portería. Cuando el equipo defensor se hace con la posesión del balón, cambia enseguida al ataque e intenta jugar con los dos puntas marcados al hombre y avanzar líneas (conquista del espacio rápida).

El equipo A puede, a excepción de los dos marcadores, perseguir sólo hasta la línea de medio campo (estorbar); después el equipo B concluye el ataque en superioridad numérica hasta el remate a portería contra la portería normal en el área de penalti contraria.

Fig. 385: Contraataque después de la posesión del balón por la defensa o de una cesión del PO

Cambio de los papeles después de 20 saques de esquina.

Ejercicio 2 (20 min): Enseñanza del contraataque después de posesión del balón por la defensa o por entrega del PO (Fig. 385) (realizar en las dos mitades del campo simultáneamente).
El equipo A intenta convertir los centros desde la banda der./izq. Si el equipo B se hace con el balón, intenta mediante un rápido contraataque conseguir un gol en una de las dos porterías abiertas en la línea de medio campo.
Cambio de los papeles después de 10 min.

Para terminar (15 min): Partido sobre todo el campo con aplicación del contraataque, sobre todo tras saques de esquina y la posesión del balón por parte del portero.
A continuación carrera de recuperación

Semana: 9	SE 1	Nº Corr. SE: 127	Duración: 95 min

Objetivo del entrenamiento: Mejora de la condición física y de la técnica del balón

Material de entrenamiento: 10 balones, 8 balones medicinales, 2 cintas elásticas, 18 banderines

Contenido del entrenamiento:

Calentamiento (25 min): Correr sin balón a lo ancho del campo
- Trote ligero con ejercicios de estiramiento
- Correr dando multisaltos con/sin rotación de ambos brazos hacia del./atr.
- Correr lateralmente; cruzando las piernas
- Saltar a la comba
- Correr elevando las rodillas, sobre los talones
- Sobre la marcha de cuclillas, elevando los talones y salto de cabeza

- Pequeñas carreras con/sin fintas hacia del./atr.
- Ejercicios de estiramiento

Condición física (45 min): Mejora de la condición física y de la técnica del balón mediante un entrenamiento en circuito en grupos de 4 (Fig. 386)
Ejercicio: 45 seg; 60 seg pausa
2 recorridos

Estación 1: Juego de pases entre 2 banderines (separados 15 m)
2 jugadores se pasan el balón entre 2 banderines directamente. Una vez pasado el balón el jugador que lo recibe gira sobre su banderín y se lo pasa a su compañero.

Estación 2: Ejercicio con el balón medicinal
Los jugadores con las piernas muy separadas aguantan el balón medicinal entre las piernas, con un brazo desde delante y con el otro desde detrás de la misma pierna. Rápido pase del balón cambiando cada vez de lado.

Estación 3: Recorrido al trote en un cuadrado (15 m de lado)
Los jugadores recorren el cuadrado, alternativamente corriendo un lado al trote/paso ligero y otro esprintando.

Estación 4: En la portería: Saltos de cabeza desde la posición de arrodillados hacia el larguero.

Estación 5: Juego de pases con cambio de posición
Los jugadores se colocan por parejas a una distancia de 10 m uno frente a otro, se pasan el balón directamente y corren el recorrido efectuado por éste.

Estación 6: Lanzamiento hacia arriba del balón medicinal desde la posición de arrodillados
Los jugadores lanzan el balón medicinal desde la posición de arrodillados hacia arriba y lo cogen de un salto por encima de la cabeza.

Estación 7: Correr contra la banda elástica
Los jugadores se colocan por parejas una banda elástica alrededor del pecho y se mueven contra la resistencia de ésta.

Estación 8: Juego 1:1 en un espacio de juego de 10 x 10 m.

Estación 9: Juego de cabeza arrodillados sobre el travesaño de la portería abierta.

Estación 10: Trabajo individual con el balón: Conducción rápida del balón (hacia atrás, giro, etc.) con cambios de cuerpo y cambios repentinos de dirección.
A continuación 5 min de trote suave con ejercicios de estiramiento.

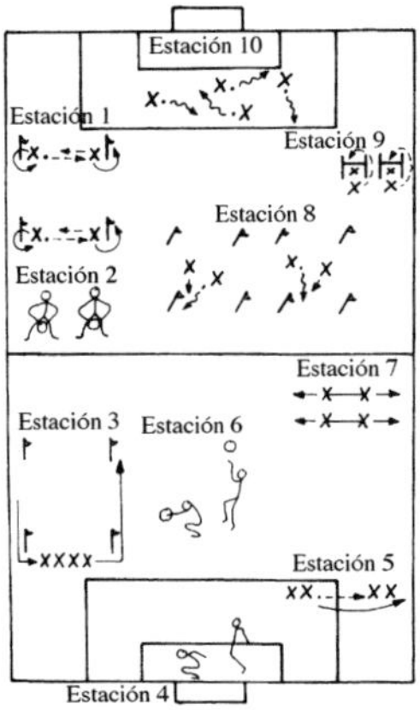

Fig. 386: Mejora de la condición física y de la técnica del balón mediante un entrenamiento en circuito

Para terminar (25 min): Partido en todo el campo con PO.
- 10 min con 2 toques del balón
- 15 min juego libre -en la propia mitad sólo de forma directa
Para terminar, carrera de recuperación.

Semana: 9	SE 2	Nº Corr. SE: 128	Duración: 100 min

Objetivo del entrenamiento: Mejora del dribling y del tiro a portería después de centros

Material de entrenamiento: 20 balones

Contenido del entrenamiento:

Calentamiento (25 min): Correr en grupos de 2 con el balón desde un área de penalti a la otra.
- Pases laterales sobre la marcha

- Vertical-Vertical: Los jugadores se adelantan mutuamente el balón con pases verticales
- El jugador 1 acosa al jugador 2 que recula y utiliza fintas; el jugador 2 permanece en gran medida pasivo
- El jugador 1 conduce el balón junto al jugador 2 tras una finta y una salida rápida
- El jugador 1 sirve con la mano el balón al jugador 2 que reculando avanza brevemente sobre el balón y lo devuelve con el empeine interior
- El jugador 1 sirve con la mano el balón al jugador 2 que reculando avanza brevemente sobre el balón y lo devuelve con el empeine interior der./izq.
- El jugador 1 juega raso y colocado al jugador 2 reculando por la derecha, que avanza brevemente sobre el balón y lo devuelve

A continuación ejercicios de estiramiento en grupos de 2

Técnica (25 min): Fintas y driblings en grupos de 2

Ejercicio: Cada ejercicio 6x/serie; 2 series (2 min pausa con estiramientos después de la primera serie)

Ejercicio 1: El jugador A dribla hacia el jugador B, hace una finta hacia la izquierda (derecha) y rebasa por la derecha (izquierda).

Ejercicio 2: A dribla hacia B, arranca de repente y cambia de dirección.

Ejercicio 3: A dribla hacia B, hace una finta de dribling hacia la izq. (der.), después hacia la der. (izq.) y rebasa al contrario por la izq. (der.).

Ejercicio 4: A dribla en diagonal hacia el interior hacia B, llevando el balón con la parte interior del pie. Paso en falso hacia la izq. (der.), desplazar el balón con el exterior del empeine der. (izq.) al contrario y correr detrás del mismo (truco de Matthew).

Ejercicio 5: A dribla hacia B, simula una entrega hacia la izq. (der.) preparando la pierna y rebasa al contrario por la der. (izq.).

Ejercicio 6: A conduce el balón, hombro con hombro con B, haciendo pantalla con el cuerpo a B. A oscila rápidamente la pierna de tiro hacia atrás y de nuevo hacia delante y se lleva el balón con una breve arrancada.

A continuación 2 min de pausa con estiramientos

Remate a portería (40 min): Mejora de la técnica del centro y del tiro a portería (Fig. 387)

Ejercicio 1 (20 min): Disparos con giro de cadera tras centros desde la der./izq.

A media altura entre la línea de fondo y el límite del área de penalti se sitúan a derecha e izquierda 2 jugadores con balones.

Centran alternativamente balones al punto de penalti, donde el jugador que se encamina hacia el balón e intenta rematarlo directamente con un giro de cadera. El tirador remata siempre dos balones consecutivos, es decir, debe rematar el centro desde la der. con el pie izquierdo y desde la izq. con el pie derecho.

Después de un total de 20 balones se cambian los jugadores en las bandas.

Ejercicio 2 (20 min): Remate de centros después de cruzarse en el área de penalti

Entre la línea lateral y el límite del área de penalti se colocan 2 jugadores a derecha e izquierda a la altura del área pequeña con balones. Los restantes jugadores se colocan a unos 30 m de la portería, 2 jugadores corren al mismo tiempo para cruzarse en el área de penalti, es decir, el jugador más alejado del balón (exterior) corre hacia el palo corto y el jugador más cercano al balón (interior) corre hacia el palo largo.

Fig. 387: Mejora de la técnica del centro y del tiro a portería

Los centros deben ser rematados a ser posible directamente con la cabeza o el pie. Después de 20 balones en total se cambian los jugadores que centran.

Para terminar (10 min): Carrera de recuperación (descanso activo)

Semana: 9	SE 3	Nº Corr. SE: 129	Duración: 105 min

Objetivo del entrenamiento: Mejora de la velocidad y del juego por las bandas

Material de entrenamiento: Cada jugador 1 balón, 12 banderines, una portería normal portátil

Contenido del entrenamiento:

Calentamiento (25 min): Partido de fútbol-balonmano-balón-cabeza con 2 equipos con 2 porterías normales (segunda portería en la línea de medio campo)

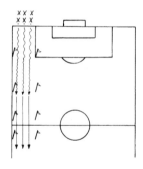

Fig. 388: Mejora de la velocidad con y sin balón

El juego debe sucederse obligatoriamente según la secuencia pie, mano, cabeza y los goles sólo se podrán marcar con la cabeza o el pie.

El jugador 1 conduce el balón con el pie y se lo pasa a un compañero de forma que éste lo pueda coger con las manos. El lanzamiento con la mano debe ser respondido por el siguiente jugador con la cabeza, y entonces se podrá seguir el juego con el pie.

El equipo defensor sólo puede jugar el balón de la misma forma.

A continuación estiramientos.

Condición física (20 min): Mejora de la velocidad con y sin balón en grupos de 3 (Fig. 388)

Ejercicio: 2 series de 8 carreras cada una/1 min de pausa entre los esprints, 2 min de pausa con estiramientos entre las dos series.

Tramo 1: Conducir el balón a un ritmo medio (16 m)

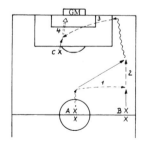

Fig. 389: Pase hacia la banda con cambio de posición

Fig. 390: Pase hacia la banda al jugador que se desdobla por atrás

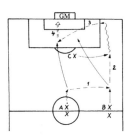

Fig. 391: El punta se cambia a la banda

Fig. 392: Fomento del juego por las bandas mediante espacios prohibidos en las bandas del campo

Tramo 2: Conducir el balón a máxima velocidad (25 m) y dejar el balón

Tramo 3: Ir al trote sin balón (20 m)

Tramo 4: Esprint (10 m) y a continuación correr suavemente hasta la línea de fondo contraria

Táctica (45 min): Enseñanza del juego por las bandas como condición previa para el remate a portería

Ejercicio 1 (15 min): Pase hacia la banda con cambio de posiciones (Fig. 389)

El jugador A abre al jugador B (1), que inmediatamente lo pasa cruzado al jugador A (2). El jugador corre para recibir el pase y centra desde la línea de fondo al jugador C (3), que remata directamente (4)

A se cambia a continuación a la posición de C, C a la de B y B a la de A.

Realizarlo por las dos bandas.

Ejercicio 2 (15 min): Pase hacia la banda al jugador que se desdobla por atrás (Fig. 390)

El jugador A abre hacia B, que conduce el balón hacia el interior y a continuación abre hacia el jugador A, que se desdobla por atrás. A centra desde la línea de fondo a C, que culmina con tiro a portería.

A se cambia a la posición de C, C a la de B y B a la de A. ·

Realizarlo por las dos bandas.

Ejercicio 3 (15 min): El punta se cambia a la banda (Fig. 391)

El jugador A abre hacia B (1), que profundiza (2) hacia el punta C que se desplaza hacia la banda. C conduce el balón hasta la línea de medio campo y lo centra (3) a los jugadores que han venido corriendo con él, colocándose A en el 2º palo y B 1º palo.

A continuación se cambia B con C, C con A y A con B.

Realizarlo por las dos bandas.

Para terminar (20 min): Partido sobre todo el campo poniendo el acento en el juego por las bandas marcando espacios prohibidos en las bandas del campo (Fig. 392)

El jugador que lleva el balón no puede ser atacado en los espacios prohibidos, por lo que puede centrar sin impedimentos. Los goles que se consiguen como resultado de un centro valen por dos.

A continuación carrera de recuperación

Semana: 10	**SE 1**	**Nº Corr. SE: 130**	**Duración: 90 min**

Objetivo del entrenamiento: Mejora de las capacidades técnicas con el balón y del juego en conjunto

Material de entrenamiento: 8 balones, 4 banderines

Contenido del entrenamiento:

Calentamiento (25 min): Correr con balón en grupos de 2 a lo ancho del campo

- Los jugadores se pasan el balón sobre la marcha; primero raso, después a media altura. El pase debe devolverse inmediatamente al compañero que está corriendo (aprox. 5 min)

- El jugador 1 con el balón acosa al jugador 2 utilizando para ello fintas; el jugador 2 se queda pasivo (cambio después de cubrir 2 anchos de campo).

- El jugador 1 dribla con el balón y lo cubre con el cuerpo frente al jugador 1 que le entra con mesura (cambio después de 1 min)

- El jugador 1 juega con el jugador 2 que recula a unos 10 m de distancia. El jugador se acerca en corto sobre el balón y deja que rebote en su pie (cambio después de cubrir 2 anchos de campo)

- El jugador 1 pasa al jugador 2 balones rasos, a media altura y altos y cambia de dirección inmediatamente después de pasar; el jugador 2 de-

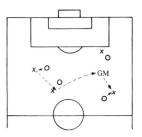

Fig. 393: Partido 4:4 con un PO que se mueve libremente por el campo

vuelve el balón directamente al jugador 1 a medida que éste corre (cambio después de 1 min)
- Los jugadores 1 y 2 se colocan espalda contra espalda y se van pasando el balón mediante un giro del tronco.
- Los jugadores 1 y 2 se colocan espalda contra espalda con las piernas separadas y se van pasando primero el balón por debajo de las piernas devolviéndolo a continuación por encima de la cabeza (flexión de retorno del cuerpo).

A continuación ejercicios conjuntos de estiramiento, en los cuales cada jugador mostrará un ejercicio distinto a los demás.

Técnica/Táctica (40 min): Mejora del juego de equipo con remate a portería

Ejercicio 1 (10 min): Partido 4:4 en una MDC con un PO que se puede mover libremente por el campo (Fig. 393)

El objetivo del equipo que está en posesión del balón es pasar lo más frecuentemente posible al portero que se mueve libremente por el campo, obteniéndose un punto por cada pase correcto. El portero lanza a continuación el balón otra vez al equipo que ha conseguido el punto.

Ejercicio 2 (10 min): Partido 4:4 en una MDC con un PO que se mueve libremente por el campo

Como en el ejercicio 1, pero el balón debe jugarse con 2 toques.

Ejercicio 3 (10 min): Partido 4:4 en una MDC con 1 portería abierta (6 m de ancho) con PO (Fig. 394).

Una línea en la que hay marcada una portería abierta de 6 m de ancho divide el campo de juego en 2 zonas. Un gol subirá al marcador cuando todos los jugadores del equipo atacante

Fig. 394: *Partido 4:4 con una portería abierta con PO*

se encuentren a uno de los dos lados de la línea de división. Es decir, si el balón cruza la línea, todos los atacantes deberán cambiarse a la mitad contraria antes de poder tirar. Después de hacerse con el balón el portero reanuda el juego lanzándolo a la mitad que está libre.

Ejercicio 4 (10 min): Partido 8:8 sobre todo el campo con 2 porterías abiertas (6 m de ancho) con PO (Fig. 395)

Como en el ejercicio 3, pero formando con las dos zonas de juego de cada MDC sendas zonas grandes. La consecución de un gol en una de las dos porterías abiertas sólo es posible cuando todos los jugadores del equipo atacante se encuentran en una de las zonas.

Fig. 395: Partido 8:8 con 2 porterías abiertas con PO

Para terminar (25 min): Partido 8:8 sobre todo el campo con una portería normal con PO

Un gol sólo subirá al marcador cuando todos los jugadores del equipo atacante se encuentren en la mitad contraria del campo.

Objetivo: Avance rápido de la defensa; tranquilizar el juego en el ataque para permitir el avance de la defensa.

Para terminar, carrera de recuperación.

Semana: 10 SE 2 Nº Corr. SE: 131	Duración: 95 min

Objetivo del entrenamiento: Mejora del contraataque y del remate a portería

Material de entrenamiento: 20 balones, portería normal portátil, 16 banderines

Contenido del entrenamiento:

Calentamiento (25 min): Balonmano con remate de cabeza sobre 2 porterías normales en una MDC

Partido según las reglas del balonmano; la consecución del gol sólo es posible con la cabeza a pase de un compañero.

A continuación estiramientos.

Condición física (15 min): Reforzamiento de la velocidad y de la velocidad de reacción
Ejercicio 1: Jugar a coger, 1 cazador y una presa. El resto puestos de cuclillas distribuidos por parejas en una MDC. La presa se salva si es capaz de ponerse en cuclillas al lado de una de las parejas, con lo que el jugador de la pareja que queda más alejado de él se convierte en cazador y el anterior cazador en presa.

Ejercicio 2: Liebres y cazadores: En un espacio delimitado en un cuarto del campo un equipo caza (cada jugador con 1 balón) al otro. Cada diana por debajo de la cintura vale 1 punto. Las liebres no pueden abandonar el espacio acotado.

¿Cuántos puntos consigue un equipo dentro del tiempo establecido? Después cambio de papeles.

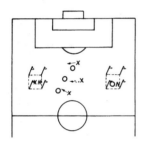

Fig. 396: Partido 1+3:3+1

Táctica (20 min): Mejora del contraataque
Partido 1+3:3+1 (Fig. 396)
Separados 30 m se marcan dos cuadrados de 10 x 10 m, en los que se colocan sendos jugadores neutrales. Entre los dos cuadrados juegan 2 equipos un 3:3. Si un equipo consigue jugar con un neutral, obtendrá 1 punto; el neutral se cambiará inmediatamente con el jugador que le ha pasado y el equipo iniciará inmediatamente un nuevo ataque sobre el otro cuadrado e intentará jugar allí con el otro neutral.

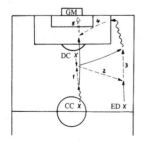

Fig. 397: Tiro a portería después de una combinación en grupos de 3

Tiro a portería (20 min): Tiro a portería después de una combinación (Fig. 397)
EL delantero centro se dirige hacia el centrocampista que lleva el balón, recibe el balón raso de él y lo pasa directamente al extremo que viene en su apoyo. Éste pasa inmediatamente en profundidad al delantero centro que se ha cambiado la banda, que lo centra desde la línea de fondo al centrocampista.

Para terminar (15 min): Partido de atacantes contra defensas en una MDC con portería normal
Los atacantes inician los ataques desde la línea de medio campo hacia la portería normal e intentan conseguir goles incidiendo en el juego por las bandas. En caso de gol se inicia un nuevo ataque desde la línea de medio campo. Cuando la defensa se hace con el balón, ésta intenta mediante un rápido contraataque llegar al círculo central. De hacerlo se considera como gol.
Para terminar carrera de recuperación

Semana: 10	SE 3	Nº Corr. SE: 132	Duración: 95 min

Objetivo del entrenamiento: Mejora del juego de equipo y de la velocidad del juego

Material de entrenamiento: 10 balones, 1 portería normal portátil

Contenido del entrenamiento:

Calentamiento (25 min): Rondo 5:3 a 2 toques de balón en un espacio de juego de 25 x 15 m
Cada jugador completa primero un programa de carreras y estiramientos de 10 min; a continuación se juega un 5:3.

Táctica (40 min): Mejora del juego de equipo y de la velocidad de juego mediante un partido 4:4 o un 5:3 en ambas mitades del campo.

Ejercicio 1 (10 min): Partido 4:4 en una MDC con 2 porterías normales con PO (segunda portería normal en la línea de medio campo)
El equipo atacante tiene que haber concluido su ataque en máx. 20 seg, de lo contrario el balón pasa al otro equipo.
Objetivo: Juego rápido y lo más directo posible.
Después de 10 min se cambian los dos equipos a la otra MDC y completan el ejercicio 2.

Fig. 398: Partido 8:8 con una superioridad numérica 5:3 fija en la mitad del campo contraria

Ejercicio 2 (10 min): Juego 4:4 en una MDC (sin porterías)
Objetivo: Juego sin balón
Después de 10 min se cambian ambos equipos a la otra MDC y realizan el ejercicio 1.

Ejercicio 3 (20 min): Partidos 5:3 en una MDC con 1 portería con PO (en las dos mitades del campo al mismo tiempo).
El equipo en superioridad numérica inicia sus ataques en la línea de medio campo e intenta —con un juego rápido y lo más directo posible— hacer un gol.
Si la defensa se hace con el balón, intentará conservarlo en sus propias líneas y practicar la pérdida de tiempo.
Después de 10 min los equipos en superioridad numérica se cambian de MDC.

Para terminar (30 min): Partido 8:8 sobre todo el campo (Fig. 398)
Sólo pueden permanecer 3 defensas de un equipo en su MDC, a los que se oponen siempre 5 delanteros, de forma que se da una situación de 5:3 en cada mitad. El equipo defensor en inferioridad numérica puede jugar libremente el balón, mientras que el equipo atacante en superioridad numérica, juega a 2 toques, de la forma más rápida y directa posible.
Para terminar carrera de recuperación

| Semana: 11 | SE 1 | Nº Corr. SE: 133 | Duración: 95 min |

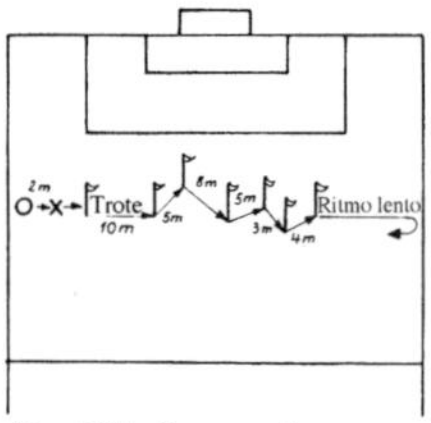

Objetivo del entrenamiento: Mejora de la velocidad y del uno contra uno

Material de entrenamiento: 15 balones, 7 banderines, 1 portería normal portátil

Contenido del entrenamiento:

Calentamiento (25 min): Correr sin balón a lo ancho del campo

Fig. 399: Carrera de persecución sobre 25 m

- Trote suave
- Correr dando multisaltos con/sin rotación de ambos brazos delante/detrás
- Sobre la marcha tocar el suelo con la mano der./izq.
- Correr lateralmente; cruzando las piernas
- Correr saltando a la comba
- Correr elevando las rodillas, elevando los talones
- Ejercicios de estiramiento
- Salidas hacia ade/atr con/sin fintas
- Pequeñas carreras con aceleración

Condición física (25 min): Mejora de la velocidad mediante carreras de persecución (1 min de pausa entre cada carrera)

Primera serie: 10 carreras sobre una distancia de 25 m (Fig. 399). Los jugadores salen por parejas con separaciones de 2 m cada uno. El perseguidor intenta atrapar al perseguido.
A continuación 2 min de pausa con estiramientos.

Fig. 400: Carrera de persecución sobre 18 m

Segunda serie: 10 carreras sobre una distancia de 18 m (Fig. 400). Procedimiento como en la primera serie.
A continuación 2 min de pausa con estiramientos

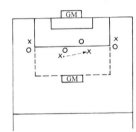

Fig. 401: Partido 2+2:2+2

Táctica (30 min): Mejora del uno contra uno con remate a portería sobre 2 porterías normales con PO en un área de penalti doble (Fig. 401-403).

Ejercicio 1 (4 min): Partido 2+2:2+2
En el campo se juega un 2:2; adicionalmente hay colocados dos jugadores —uno de cada equipo— en las bandas, que pueden ser implicados en el juego, pero que sólo pueden jugar al primer toque.
Cambio de los papeles después de 2 min.

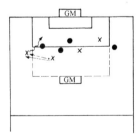

Fig. 402: Partido 1+3:3+1

Los 8 jugadores que no toman parte juegan un 4:4 en la otra MDC.

Ejercicio 2 (4 min): Partido 1+3:3+1

En el campo se juega un 3:3; adicionalmente está apostado en una de las bandas el cuarto jugador de cada equipo. Siempre que uno de los jugadores de un equipo pase a su compañero en la banda, se cambiará con él.

Los 8 jugadores que no toman parte juegan en 2 grupos en la otra MDC un 3:1.

Ejercicio 3 (5 min): Partido 4:4

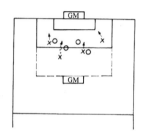

Los 8 jugadores que no toman parte juegan en la otra MDC un 5:3 con 2 toques de balón (cuando hay pérdida de balón por parte del equipo en superioridad numérica se cambia el jugador que ha fallado al equipo en inferioridad numérica).

Para finalizar (15 min): Partido sobre todo el campo.

En su propia mitad el jugador no puede hacer más de 2 toques de balón, sin límite de toques en el terreno contrario.

Finalmente carrera de recuperación

Fig. 403: Partido 4:4

Semana: 11	SE 2	Nº Corr. SE: 134	Duración: 90 min

Objetivo del entrenamiento: Enseñanza del pressing

Material de entrenamiento: 10 balones, 8 banderines

Contenido del entrenamiento:

Calentamiento (25 min): Rondo 4:2 con 2 toques de balón

Los jugadores forman 3 parejas, cuando uno de ellos comete una falta se cambia la pareja de la que forma parte al centro.

Para finalizar, estiramientos

Táctica (25 min): Enseñanza del marcaje en

zona, del uno contra uno y del cambio de juego mediante un partido 5:5 con 2 porterías abiertas (3 m de ancho, separadas 25 m) en una mitad del campo (Fig. 404)

El equipo que defiende cubre con 2 jugadores el espacio por delante de las 2 porterías y ataca con una defensa en línea de 3 hombres al equipo que posee el balón. Para ello presiona siempre cerca del balón e intenta interceptar a los delanteros o evitar los driblings.

El equipo atacante intenta, mediante una rápida viveza del juego, conseguir la superioridad numérica frente a una de las dos porterías y lograr un gol.

(Variante: tiro a portería sólo directamente)

Táctica (30 min): Enseñanza del pressing de ataque y de mediocampo (Fig. 405)

El objetivo es lograr situaciones de pressing en el pressing de ataque y desde el centro del campo y la enseñanza de la consiguiente organización de la defensa

Forma de juego: Partido 3 + 3 contra 4 + 2 con una portería normal y 2 porterías abiertas en la línea de medio campo (pressing de ataque) o 2 porterías abiertas en el área de penalti más alejada (pressing desde el centro del campo).

15 min de pressing de ataque/15 min de pressing desde el centro del campo

La defensa juega en una formación de 3 (libre y 2 defensas) junto con 3 centrocampistas con 2 porterías abiertas contra 2 delanteros y 4 centrocampistas. El equipo que ataca hacia la portería normal (con portero) practica al perder el balón el pressing de ataque, presionando sobre los espacios a lo ancho y a lo largo y llevando al contrario la necesidad de espacio y tiempo. Cuando logra un gol el atacante en la portería normal se empezará un nuevo ataque desde la línea de medio campo.

Fig. 404: *Partido 5:5 con 4 porterías abiertas*

Fig. 405: *Partido 3+3 contra 4+2*

La defensa intenta evitar el pressing y contraataca contra las dos porterías abiertas.

Después del tiempo establecido se quitan las dos porterías abiertas del área de penalti más alejada y se practica el pressing de medio campo, situación de pressing que comienza en la línea de medio campo.

Para terminar (10 min): Correr con ejercicios de estiramiento.

Semana: 11	SE 3	Nº Corr. SE: 135	Duración: 95 min

Objetivo del entrenamiento: Mejora del dribling

Material de entrenamiento: 8 balones, 8 banderines

Contenido del entrenamiento:

Calentamiento (25 min): Trabajo con el balón en grupos de 2 (duración de cada ejercicio aprox. 3 min)

- Los jugadores se pasan el balón sobre la marcha desde una distancia de 8 a 10 m (todo tipo de pases)
- El conductor del balón juega hacia su compañero, que deja rebotar el balón directamente de vuelta a su compañero
- El balón recibido de un compañero es controlado y conducido a un lado y devuelto a la media vuelta
- Jugar el balón hacia derecha e izquierda con el compañero a medida que éste corre. Lo devolverá directamente a la media vuelta.
- El conductor del balón juega hacia su compañero, recibe de vuelta el balón y lo pasa directamente (en pared) al jugador que se desmarca
- Ejercicios de estiramiento

Táctica (40 min): Dribling en combinación con pared así como entrega/recepción

Ejercicio 1 (15 min): Juego 4:4 en un espacio de 40 x 30 m (Fig. 406)

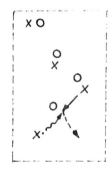

Fig. 406: Juego 4:4

3 partes de 4 min cada una / 1 min de pausa con estiramientos entre cada parte.

Se hacen emparejamientos fijos, es decir, que la defensa juega marcando al hombre. Los atacantes intentan librarse de su marcador

a) haciendo o simulando una pared

b) haciendo o simulando una entrega del balón

c) haciendo posible un pase largo en profundidad mediante una salida para deshacerse del contrario

Ejercicio 2 (25 min): Partido 4:4 en una MDC con portería normal con PO (Fig. 407)

4 partes de 4 min cada una / 1 min de pausa con estiramientos entre cada parte.

El equipo defensor juega marcando al hombre. Los atacantes intentan rematar a portería aplicando los puntos básicos enseñados en el ejercicio 1 (pared, entrega/recepción, pases largos).

Cuando la defensa se hace con el balón debe pasárselo al portero, que lo pondrá de nuevo en juego mediante un servicio a los 4 atacantes colocados cerca de la línea de medio campo. Una vez cumplido el tiempo se cambiarán los papeles, de forma que cada equipo jugará dos veces al ataque y dos veces defendiendo.

Para terminar 3 min de pausa con estiramientos.

Para terminar (30 min): Partido 8:8 sobre todo el campo con PO

Se forman emparejamientos fijos, es decir, que el equipo defensor juega marcando al hombre.

Los atacantes aplican principalmente los elementos enseñados en la táctica de grupo (pase en pared, entrega/recepción del balón, pases largos), para superar el marcaje al hombre y rematar a portería.

Para terminar carrera de recuperación

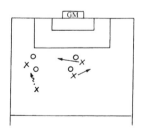

Fig. 407: Partido 4:4 con portería normal con PO

Semana: 12	SE 1	Nº Corr. SE: 136	Duración: 100 min

Objetivo del entrenamiento: Mejora de la velocidad de aceleración y del juego

Material de entrenamiento: Cada jugador 1 balón, 12 banderines

Contenido del entrenamiento:

Calentamiento (25 min): Trabajo con el balón en grupos de 4 en un espacio de juego de 10 x 10 m (cada jugador 1 balón)

- Conducir el balón con la parte interior/exterior del empeine, con la planta, tirarla hacia atrás, girarla, etc.

- Conducir el balón; a una señal frenarlo y sentarse un momento sobre el mismo

- Finta: el jugador balancea el pie derecho (izquierdo) sobre el balón, simulando así un disparo, pero se lleva el balón con el lado exterior del pie izquierdo (derecho) hacia la dirección contraria

- Truco de Matthew: Llevar el balón con la parte interior del pie der. (izq.), adelantar un poco el pie hacia la izq. (der.) y llevar el balón con el exterior del mismo junto al lado der. (izq.) del contrario del jugador

- Malabarismos con el balón, picarla hacia arriba y adelantárselo con un disparo sobre la marcha

- A continuación ejercicios de estiramiento en grupos de 4

Condición física (25 min): Mejora de la velocidad de aceleración en grupos de 4 mediante esprints a partir de diferentes formas de carrera

16 arrancadas (2 repeticiones, 1 min de pausa entre cada esprint tras cada forma de carrera)

- Trote hacia delante desde la línea de fondo sobre 16 m, esprint sobre 15 m, 2x

- Trote hacia atrás desde la línea de fondo sobre 16 m, esprint sobre 15 m, 2x

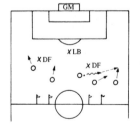

Fig. 408: Partido 5:3 + PO con portería normal, con posibilidad de contraataque sobre 2 porterías abiertas

- Saltar a la comba desde la línea de fondo sobre 16 m, esprint sobre 15 m, 2x
- Carrera con multisaltos desde la línea de fondo sobre 16 m, esprint sobre 15 m, 2x
- Pasos laterales desde la línea de fondos sobre 16 m, esprint sobre 15 m, 2x
- Carrera cruzando las piernas desde la línea de fondo sobre 16 m, esprint sobre 15 m, 2x
- Saltos a lo largo desde la línea de fondo sobre 16 m, esprint sobre 15 m, 2x
- Saltos en zigzag desde la línea de fondo sobre 16 m, esprint sobre 15 m, 2x

Táctica (20 min): Mejora de la velocidad del juego en superioridad numérica y de la pérdida de tiempo en inferioridad numérica mediante un partido 5:3 + PO en una MDC con portería normal y posibilidad de contraataque sobre 2 porterías abiertas en la línea de medio campo (3 m de ancho) (Fig. 408)

El equipo atacante juega con 2 delanteros + 3 defensas contra 2 mediocampistas + libre.

El objetivo de los atacantes es dificultar la tarea de marcaje mediante constantes cambios de posición y conseguir gol con pases inesperados en profundidad y paredes frecuentes. La defensa empieza con una ventaja de 2:0 e intenta mediante la conservación y el aseguramiento del balón practicar la pérdida de tiempo y conseguir gol sobre una de las dos porterías abiertas.

Para terminar (30 min): Utilización del juego rápido en un partido 5:5:5+1 sobre todo el campo con PO (Fig. 409)

El jugador neutral (cambio cada 5 min) juega con el equipo que está en posesión del balón, teniéndose que concluirse cada ataque en máx. 30 seg.

Finalmente carrera de recuperación

Fig. 409: Utilización del contraataque rápido mediante un partido 5:5:5+1 jugador neutral

| Semana: 12 | SE 2 | Nº Corr. SE: 137 | Duración: 100 min |

Objetivo del entrenamiento: Mejora del remate a portería después de combinaciones

Material de entrenamiento: 20 balones, una portería normal portátil, 6 banderines

Contenido del entrenamiento:

Calentamiento (25 min): Jugar a coger en el área de penalti, 10 min de trote suave con ejercicios de estiramiento

Ejercicio 1: 1 jugador hace de cazador. Los jugadores acechados pueden salvarse de ser cazados si son capaces de hacer 4 flexiones.

Ejercicio 2: 1 jugador hace de cazador. Hay 2 balones en juego. Quien está en posesión del balón no puede ser cazado. El objetivo es pasar un balón al jugador que está a punto de ser cazado.

Ejercicio 3: 1 jugador hace de cazador. Todos los demás jugadores —a excepción de uno (el acechado)— están estirados boca abajo repartidos por el área de penalti. El jugador acechado puede salvarse de ser cazado estirándose al lado de uno de sus compañeros. Este último pasa a ser el cazador, el anterior cazador pasa a ser la presa.

A continuación ejercicios de estiramientos en conjunto.

Remate a portería (65 min): Diferentes combinaciones.

Ejercicio 1: Tiro a portería tras driblings rápidos y centro (Fig. 410)

Una mitad del campo con 2 porterías normales, 4 jugadores + 2 porteros. Grupo 1 con 8 jugadores (4 activos). Los porteros pasan el balón con la mano a los jugadores que se lo piden desde la banda. Estos conducen el balón con driblings rápidos hasta la línea de fondo y lo

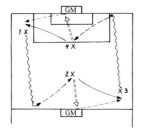

Fig. 410: Tiro a portería tras driblings rápidos y centro

centran al jugador apostado en el centro, que concluye la jugada con un tiro a portería. A continuación cambio de posiciones. Después de 3 min entra el otro grupo de 4 en el campo. Segunda parte: Jugar por la otra banda. El segundo grupo (8 jugadores) juega al mismo tiempo en la otra MDC un 4:4, en el que cada pared vale un punto (12 min). Después se cambia con el grupo 1.

Ejercicio 2: Tiro a portería después de una pared (Fig. 411)

Como en el ejercicio 1, pero después del servicio con la mano del portero el jugador que ha recibido el balón hará una pared con su compañero que se le acerca, centrando después desde la línea de fondo sobre este compañero que remata a portería.

A continuación cambio de posiciones. Después de 3 min entra el otro grupo de 4 en el campo. Segunda parte: Jugar por la otra banda. El segundo grupo juega al mismo tiempo en la otra MDC un 4:4, en el que cada pase de 30 m conseguido vale un punto (12 min). Después se cambia con el grupo 1.

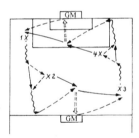

Fig. 411: Tiro a portería después de una pared

Ejercicio 3: Partido 6:6 con 2 extremos por equipo (Fig. 412)

En una mitad del campo con 2 porterías normales y zonas neutrales (5-6 m de ancho) en las bandas

En las dos bandas del campo se marca una zona neutral, donde se coloca 1 jugador de cada equipo. El jugador en esta zona no puede ser atacado, de forma que puede centrar sin impedimentos. Los goles después de un centro valen por dos. A una señal este jugador se cambiará por otro del campo (15 min).

Para terminar (10 min): Carrera de recuperación por todo el campo.

Fig. 412: Partido 6:6 con 2 extremos por equipo

Semana: 12	SE 3	Nº Corr. SE: 138	Duración: 95 min

Objetivo del entrenamiento: Familiarización con el balón y ambientación en el período intermedio

Fig. 413: Partido 4:4 con portería normal con PO

Material de entrenamiento: 10 balones, 10 banderines

Contenido del entrenamiento:

Calentamiento (25 min): Correr sin/con balón en grupos de 2
- Carrera de resistencia por parejas alrededor de todo el campo (10 min) con ejercicios de estiramiento
- Los jugadores se pasan sobre la marcha pases largos desde una distancia de como mínimo 25 m (10 min)
- Ejercicios de estiramiento

Táctica (45 min): Ejercicios para la familiarización con el balón y para adaptar la forma de juego a las condiciones del terreno en invierno (pases largos)

Ejercicio 1 (20 min): Partido 4:4 con portería normal con PO en una MDC (Fig. 413)

En las dos mitades del campo se juega un 4:4 sobre una portería normal con portero. Se colocan todos los balones en el círculo central. Un equipo de 4 jugadores desempeña primero durante 5 min el papel de atacante, intentando marcar el máximo de goles posible.

Tanto si se consigue un gol, como si se lanza un disparo fallido o el portero ataja el balón se reanudará el juego con otro ataque desde la línea de medio campo.

Si el equipo defensor se hace con el balón, entonces deberá lanzarlo inmediatamente con un pase largo al entrenador en el círculo central.

Fig. 414: Partido 2:2+2:2 con portería normal con PO

Cambio de las tareas después de 5 min; 2 partes.

Ejercicio 2 (20 min): Partido 2:2+2:2 con portería normal y PO (Fig. 414)

Delante de las dos porterías se marca una zona de ataque a lo ancho del campo y desde una distancia de 25 m de la línea de fondo.

La zona de mediocampo correspondiente de 25 m x 25 m se encuentra a un lado junto a la línea de medio campo.

Los equipos de 4 jugadores se subdividen en 2 grupos, colocándose 2 jugadores en la zona de ataque y 2 en la zona de mediocampo.

A partir del 2:2 en la zona de mediocampo la pareja en posesión del balón debe intentar pasar 'balones largos a sus compañeros que se desmarcan en la zona de ataque e intentan marcar gol. Se reanudará el juego en la zona de mediocampo, pasando el anterior equipo defensor a atacar.

Cambio de la tarea después de 10 min.

A continuación trote suave combinado con ejercicios de estiramiento.

Para terminar (25 min): Partido 4+4:4+4 sobre todo el campo (Fig. 415)

En ambas bandas del campo se señala un carril de 10 m de ancho, en el que se colocan 2 jugadores de cada equipo.

Sólo puede conseguirse un gol si un equipo ha involucrado por lo menos a 1 compañero de la banda derecha o izquierda en la jugada, en cuyo caso el jugador del exterior se cambia con el jugador del interior, pero sólo podrá jugar al primer toque. Los jugadores del exterior no pueden ser entrados.

Para terminar, carrera de recuperación

Fig. 415: *Partido 4+4:4+4*

Semana: 13	SE 1	Nº Corr. SE: 139	Duración: 100 min

Objetivo del entrenamiento: Mejora de la resistencia mediante ejercicios adaptados al juego

Material de entrenamiento: 10 balones, 20 banderines, 2 papeleras

Contenido del entrenamiento:

Calentamiento (25 min): Balonmano 4:4 en un cuarto del campo con una portería móvil

Un jugador del equipo que posee el balón lleva una papelera e intenta cazar, recoger con ella los lanzamientos de los jugadores. Cada "canasta" supone un punto. En caso de pérdida del balón se pasa la papelera al otro equipo.

A continuación ejercicios de estiramiento.

Tiro a portería (20 min): Persecución con remate a portería en grupos de 2

Ejercicio 1 (10 min): El poseedor del balón dribla desde la banda hacia el interior en dirección al área de penalti y pasa en diagonal al jugador que viene por detrás, que remata a portería. Realizarlo por las dos bandas (Fig. 416).

Ejercicio 2 (10 min): 1 delantero se sitúa en el área de penalti y remata los centros (cambio después de 5 balones). Los jugadores se colocan por parejas en la línea de medio campo (ocupando la posición central y exterior). El jugador colocado en el círculo central hace un pase lateral hacia la banda y sigue a continuación al jugador que va driblando hacia el interior. Este último pasa al compañero que le sigue por fuera, quien lleva el balón hasta la línea de fondo y centra sobre el delantero. Realizarlo en las dos bandas (Fig. 417).

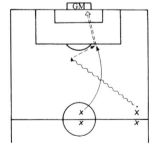

Fig. 416: *Doblar por atrás, remate a portería*

Condición física (48 min): Reforzamiento de la resistencia mediante ejercicios adaptados al juego

Ejercicio 1 (10 min): Partido 4:4 + 1 PO en una MDC

El portero se mueve libremente por la MDC. Cada pase largo que el portero ataja significa un punto para el equipo que tiene la posesión del balón. El juego se reanuda mediante un lanzamiento del portero al equipo que antes había realizado el trabajo de defensa. Antes de cada pase hacia el portero el equipo que lleva el balón debe realizar 3 pases.

2 min de pausa con estiramientos

Ejercicio 2 (10 min): Partido 4:4 con cambio en una MDC

Se forman 4 equipos (2 rojos y 2 verdes) con 4 jugadores cada uno, donde siempre habrá 2 equipos en activo y que juegan un 4:4 en una MDC. Los restantes 8 jugadores corren mientras tanto alrededor del campo. Si el equipo rojo tiene el balón, los 4 jugadores de verde fuera del campo deberán acelerar el ritmo; si el equipo verde tiene el balón, serán los 4 jugadores de rojo los que deberán acelerar el ritmo. Cambio después de 3 m.

2 partes
2 min de pausa con estiramientos

Ejercicio 3 (10 min): Partido 4:4 + 1 PO con varias porterías abiertas en una MDC

En la MDC se encuentran distribuidas 5 porterías abiertas (4 m de ancho). Los goles puede marcarlos el equipo que tiene la posesión del balón desde delante y desde detrás. El portero tiene que proteger siempre la portería en peligro y cambiar a otra portería según se desplace el juego. No está permitido disparar dos veces seguidas a la misma portería. Si el portero coge el balón, lo entrega al equipo que antes defendía.

2 min de pausa con estiramientos

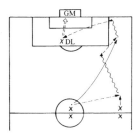

Fig. 417: Doblar por atrás, centro, tiro a portería

Ejercicio 4 (10 min): Partido 5:3 en una MDC con 3 porterías abiertas (3 m de ancho). El equipo en superioridad numérica juega el balón con 2 toques y defiende 2 porterías abiertas. El equipo en inferioridad numérica juega libremente defiende 1 portería abierta. Los goles pueden marcarse desde delante y desde atrás.
2 min de pausa con estiramientos.

Semana: 13	SE 2	Nº Corr. SE: 140	Duración: 95 min

Objetivo del entrenamiento: Enseñanza de las capacidades técnico-tácticas generales

Material de entrenamiento: 20 balones, 8 banderines, 1 portería normal portátil

Contenido del entrenamiento:

Calentamiento (25 min): Balonmano
Balonmano 8:8 en una MDC con 2 porterías normales (portería normal portátil en la línea de medio campo).
Se obtiene un tanto cuando un jugador mete un gol de cabeza en la portería contraria a pase de un compañero.
A continuación ejercicios de estiramiento.

Técnica/Táctica (45 min): Enseñanza de las capacidades técnico-tácticas generales mediante un circuito de entrenamiento en grupos de 4 (10 min/zona; 1 min cambio de zona) (Fig. 418)

Estación 1: Tiro a portería después de una pared frente a un defensa
En la frontera del área de penalti hay colocados 1 delantero y 1 defensa. Los jugadores corren uno a uno con el balón desde una distancia de 30 m, el delantero se libera del defensa y se dirige hacia el jugador que lleva el balón para realizar una pared, que remata directamente. El portero se cambia a continuación con el delantero, mientras que el anterior delantero se convierte en defensa.

Estación 2: Juego de cabeza
2 jugadores con balón y los otros dos jugadores se sitúan en el centro (separados aprox. 8 m). El lanzamiento desde fuera se dirige al jugador central trasero, que devuelve con la cabeza elevándose sobre el compañero que lo dificulta ligeramente. A continuación los dos jugadores se giran de inmediato y esperan el siguiente lanzamiento desde el lado contrario, pero esta vez es el otro jugador central quien tiene que cabecear el balón.
Cambio después de 20 cabezazos.

Estación 3: Tiro a portería después de un centro
1 jugador (el segundo está preparado) centra balones largos sobre el compañero colocado en el 2º palo en el área de penalti, que con la cabeza o el pie se la coloca al jugador que viene corriendo desde atrás y que directamente remata.
A continuación se cambia el lanzador al área de penalti, mientras que el jugador colocado hasta entonces allí se desplaza hacia atrás y el portero se sitúa en la banda. A continuación centra el segundo jugador.
Ejercicio a realizar por las dos bandas.

Estación 4: Partido 2:2 con 2 porterías abiertas (3 m de ancho) en un espacio de juego de 20 x 15 m

Para terminar (25 min): Partido 4:4 con 2 porterías abiertas (3 m de ancho) en una MDC en forma de torneo
En las dos mitades del campo con 2 porterías abiertas se juegan simultáneamente dos 4:4, donde los goles sólo pueden conseguirse de disparo directo. Después de 10 min, los dos equipos ganadores y los dos equipos perdedores se enfrentan entre sí (por sorteo si existe empate) (10 min)
Finalmente, carrera de recuperación

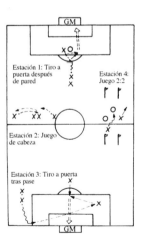

Fig. 418: Enseñanza de las capacidades técnico-tácticas generales en grupos de 4

Semana: 13	SE 3	Nº Corr. SE: 141	Duración: 100 min

Objetivo del entrenamiento: Enseñanza del juego en equipo, el remate a portería y del marcaje en zona

Material de entrenamiento: 16 balones, 12 banderines

Contenido del entrenamiento:

Calentamiento (25 min):
- Trote suave combinado con ejercicios de estiramiento (10 min)
- Rondo 6:2 al primer toque (campo 15 x 15 m): los jugadores forman parejas de marcadores; cuando el compañero comete un error se cambia la pareja en cuestión al centro (15 min)

Táctica (40 min): Enseñanza del juego en equipo en grupos de 4

Ejercicio 1 (10 min): Juego libre 4:4, 2 jugadores se ofrecen al poseedor del balón para el juego en corto (directamente al hombre), el tercer jugador para un pase largo (cambio de juego)

Ejercicio 2 (12 min): 4:4. En cada equipo se elige 1 jugador que sólo puede jugar al primer toque (4 x 3 min)

Ejercicio 3 (8 min): 4:4. Sólo se permite el juego al primer toque

Ejercicio 4 (10 min): 1 + 3 : 3 + 1. Un jugador de cada equipo se coloca en una banda del campo. Si le pasan el balón, cambia al centro en lugar de quien le ha cedido el balón

Tiro a portería (20 min): Remate de centros después de persecución, cambio de juego y pared (Fig. 420)

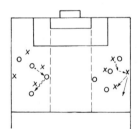

Fig. 419: Partido 1+3:3+1

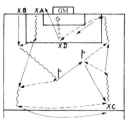

Fig. 420: Remate de centros después de persecución, cambio de juego y pared

El jugador A lleva el balón desde la línea de fondo y lo pasa lateralmente al jugador B que le acompaña, llevando éste el balón hacia el interior. Antes de la marca, B pasa hacia el exterior al jugador A, que le sigue y quien desde la línea de medio campo lanza un pase largo al jugador C. C dribla con el balón, hace una pared con B y centra desde la línea de fondo a D, que remata directamente. C se cambia después con D. Realizar el ejercicio por la derecha y la izquierda.

Para finalizar (15 min): Enseñanza del marcaje en zona mediante un partido 8:8 en una MDC con 6 porterías abiertas (3 m de ancho) (Fig. 421)

Los equipos juegan con una disposición 3-4-1, es decir 3 jugadores cubren las porterías, una cadena de 4 hombres forman el centro del campo, un jugador en la punta. El punta dificulta la construcción del juego por parte del contrario, la cadena de 4 hombres se desplaza hasta donde el contrario construye su ataque.

Finalmente, carrera de recuperación

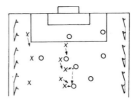

Fig. 421: Enseñanza del marcaje en zona mediante un partido 8:8

Semana: 14	SE 1	Nº Corr. SE: 142	Duración: 95 min

Objetivo del entrenamiento: Mejora del juego de equipo, del contraataque y del tiro a portería

Material de entrenamiento: 20 balones, 4 banderines

Contenido del entrenamiento:

Calentamiento (25 min): Balonmano 4:4 en un cuarto del campo con pases de cabeza

Se juega según las reglas del balonmano, pero cada pase de un compañero que pueda combinarse de cabeza con otro compañero vale un punto.

A continuación ejercicios de estiramiento

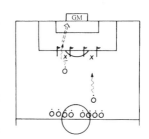

Fig. 422: Tiro a portería después de una situación de 1:1

Remate a portería (25 min): Tiro a portería después de un uno contra uno

Ejercicio 1: Tiro a portería después de una situación de 1:1 (Fig. 422)

A unos 5 metros de la línea del área de penalti se marcan a derecha e izquierda sendas porterías abiertas de 5 m de ancho, que deben ser protegidas cada una por un defensa.

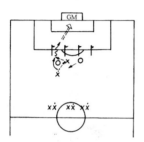

Los atacantes forman 2 grupos y conducen el balón alternativamente desde el lado derecho e izquierdo hacia el defensa en cuestión para driblarlo, cruzar la portería abierta y a continuación dispara inmediatamente sobre la portería normal. El defensa sólo puede entrar al contrario delante de la portería abierta, pero detrás no.

Cambio de los defensas después de 5 ataques.

Ejercicio 2: Tiro a portería después de una situación de 2:2 (Fig. 423)

Fig. 423: Tiro a portería después de una situación de 2:2

Como el ejercicio 1, pero en este caso son 2 delanteros que intentan cruzar con el balón una de las porterías abiertas con la oposición de 2 defensas (utilización del dribling, la pared, el apoyo desde atrás, la cesión del balón).

Cambio de los defensas después de 4 ataques.

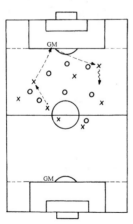

Táctica (25 min): Mejora del juego conjunto del contraataque mediante un partido 8:8 en el espacio que hay de un área de penalti a la otra (Fig. 424)

Se obtiene un punto cuando el equipo atacante consigue pasar al portero que se desplaza a lo largo de la línea del área de penalti, de tal manera que éste pueda atrapar el balón. En este caso el balón no puede tocar el suelo.

El portero devuelve a continuación con la mano el balón al equipo que estaba en posesión del mismo y que había conseguido el punto. Este equipo atacará ahora contra la otra portería.

Fig. 424: Partido 8:8 desde un área de penalti a la otra, con PO

Objetivo: Transición rápida mediante el cambio de la dirección del juego
Ejercicio: 2 partes de 12 min cada una, 1 min pausa

Para terminar (20 min): Partido 8:8 sobre todo el campo con situación 5:3 en la respectiva MDC (Fig. 425)
Únicamente está permitida la presencia de 3 defensas de un equipo en su MDC, a los que se enfrentarán siempre 5 delanteros, de tal manera que en cada MDC se produzca siempre una situación de superioridad/inferioridad numérica.
El equipo defensor en inferioridad numérica puede jugar libremente, mientras que el equipo atacante, en superioridad numérica, juega a 2 toques de balón, por lo que debe jugar rápido y lo más directamente posible.
Para terminar, carrera de recuperación

Fig. 425: *Partido 8:8 sobre todo el campo con situación 5:3 en la respectiva mitad del campo*

Semana: 14	**SE 2**	**Nº Corr. SE: 143**	**Duración: 100 min**

Objetivo del entrenamiento: Mejora de la velocidad con y sin balón

Material de entrenamiento: 20 balones, 4 banderines

Contenido del entrenamiento:

Calentamiento (25 min): Rondo 5:3 a 2 toques de balón en un espacio de juego de 25 x 25 m.
A continuación carreras individuales con ejercicios de estiramiento.

Condición física (25 min): Mejora de la velocidad con y sin balón en grupos de 2 (Fig. 426-429)
Ejercicio: 20 esprints de 15 m (5 carreras/ejercicio), 1 min de pausa después de cada serie

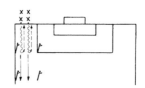

Fig.426: *Esprint depués de pasar el balón*

Ejercicio 1: Los jugadores llevan el balón desde la línea de fondo hasta el límite del área de penalti, lo retrasa otra vez hacia la línea de fondo e inician un sprint detrás del balón seguido de reducción gradual del ritmo.

Ejercicio 2: Los jugadores reculan lentamente sin balón desde la línea de fondo hasta el límite del área de penalti. Allí reciben un balón colocado y raso desde la línea de fondo, que dejan rebotar en el pie, tras lo que se giran y esprintan hacia delante.

Ejercicio 3: Los jugadores reculan lentamente desde la línea de fondo hasta el límite del área de penalti, llevándose el balón bajo la suela derecha/izquierda. En el límite del área de penalti se giran, corren con el balón hacia delante y frenan la marcha y lanzan un pase largo hacia la línea de fondo.

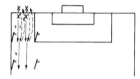

Fig. 427: Esprint después de jugar al primer toque

Ejercicio 4: Los jugadores reculan lentamente sin balón desde la línea de fondo hasta el límite del área de penalti. Allí reciben un balón colocado y raso desde la línea de fondo, que dejan rebotar en el pie. A continuación se gira e intentan alcanzar el balón largo lanzado a continuación antes de cubrir el tramo de 15 m para devolverlo.

A continuación trote suave con ejercicios de estiramiento.

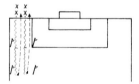

Fig. 428: Esprint conduciendo el balón y pase hacia atrás

Remate a portería (30 min): Tiro a portería después de una combinación en grupos de 4 (Fig. 430)

El jugador A conduce el balón desde la línea de fondo y lo pasa cruzado al jugador B que corre con él. Éste lleva el balón hacia el interior (1), y abre (2) al jugador A, que le apoya desde atrás, que seguidamente lanza un pase largo a C (3).

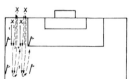

Fig. 429: Esprint después de jugar al primer toque para adelantar el balón

C juega, hace una pared con el jugador B que se encamina hacia él (4, 5), conduce el balón y lo centra (6) desde la línea de fondo a D, que remata directamente (7).

El jugador D se cambia a la posición de A, B; los jugadores A y B cambian a la posición de C y éste ocupa la posición de D. Realizar por las dos bandas.

Para terminar (20 min): Mejora del juego en inferioridad y en superioridad numérica

Partido 7:9 (8:10) sobre todo el campo, en el que el equipo en inferioridad numérica disfruta de una ventaja de 2:0 y tiene asignada la tarea de mantener el resultado o ampliarlo mediante el control y aseguramiento del balón, la pérdida de tiempo y el contraataque rápido. El equipo en superioridad numérica intenta evitarlo mediante el marcaje apresurado, el juego rápido y en equipo así como con múltiples desmarques (juego sin balón), compensando la diferencia de goles y consiguiendo una ventaja.

Para terminar, correr

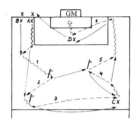

Fig. 430: *Tiro a portería después de una combinación en grupos de 4*

Semana: 14	SE 3	Nº Corr. SE: 144	Duración: 100 min

Objetivo del entrenamiento: Enseñanza del juego de equipo y del remate a portería

Material de entrenamiento: 16 balones, 20 banderines

Contenido del entrenamiento:

Calentamiento (25 min):
- Cada jugador completa su propio programa de calentamiento con diversas formas de carrera y ejercicios de estiramiento (10 min)
- Rondo 6:2 al primer toque en un espacio de juego de 15 x 15 m: Los jugadores forman parejas fijas; cuando un compañero comete un error la pareja en cuestión se cambia al centro (15 min)

Tiro a portería (30 min): Combinación de ataque por la banda como condición previa para el remate a portería (Fig. 431)

El jugador A conduce el balón desde el círculo central y juega raso con el punta C que se encamina hacia él. C cede directamente el balón al jugador B que viene en su apoyo por el exterior. Éste se desplaza hacia el interior y abre de repente haciendo un quiebro hacia el jugador A que viene en su apoyo por la banda.

A centra desde la línea de fondo al área de penalti, donde B corre hacia el primer palo y C el segundo palo. El jugador que no ha tirado a portería se queda en la punta para el siguiente ataque.

Realizar el ejercicio por las dos bandas.

Táctica (20 min): Enseñanza del juego y del cambio del juego mediante un partido 8:8 en una MDC con múltiples porterías abiertas (3 m de ancho) (Fig. 432)

En una MDC se distribuyen uniformemente 8-10 porterías abiertas. El entrenador forma en ambos equipos parejas de marcaje fijas siguiendo determinados criterios (defensa contra delantero, aspirantes a una misma posición en el equipo, etc.). Se consigue un gol cuando un jugador le pasa el balón a un compañero a través de una de las porterías y éste se hace a continuación con el dominio del balón. En una misma portería abierta no pueden hacerse 2 goles, de forma que después de cada gol debe producirse un cambio del juego.

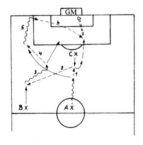

Fig. 431: Tiro a portería tras combinación con apoyo por atrás

Fig. 432: Partido 8:8 con múltiples porterías abiertas

Para terminar (25 min): Partido sobre todo el campo

Hay 2 balones en juego. Un equipo empieza teniendo la posesión de los 2 balones. Si pierde un balón, deberá entregar también el segundo. Si, en cambio, logra hacer un gol con el primer balón o por lo menos un tiro a portería, se le permite iniciar otro ataque con el segundo balón.

Objetivo: Aseguramiento del balón, aguantar uno de los balones en la defensa y en el mediocampo, mientras que los delanteros intentan concluir con éxito un ataque con el segundo balón.

Para terminar, carrera de recuperación

EJERCICIOS DE ENTRENAMIENTO PARA EL PORTERO

En el conjunto del entrenamiento de las diferentes posiciones del equipo, el entrenamiento del portero cobra una importancia destacada, puesto que se trata del jugador del que a fin de cuentas depende todo y cuyos errores conducen en la mayoría de casos a goles.

Velocidad de reacción, potencia de salto, movilidad y habilidad son junto a un buen juego de posiciones y a la capacidad de prever por donde puede venir el balón las características más importantes de un portero.

Los siguientes ejercicios pueden realizarse antes y durante (por parte del segundo portero con el segundo entrenador) el entrenamiento y vienen a ser un complemento ideal de los entrenamientos, en los que el entrenamiento del portero se integra en el entrenamiento del equipo.

El programa de calentamiento específico de un portero abarca: trote relajado, diferentes combinaciones de carrera (correr dando multisaltos, cruzando las piernas, sobre los talones, elevando las rodillas, etc.), ejercicios de salto con una y ambas piernas (sobre la marcha, desde la posición de agachado, sentado, tumbado boca arriba/boca abajo), gimnasia (rotaciones y flexiones del tronco, rotación de brazos, flexiones, etc.) y un programa intensivo de estiramientos.

Ejercicio 1: Ejercicio de reforzamiento

El portero está estirado sobre la espalda y apoyándose sobre los brazos estirados. A continuación descender la pelvis, impulsarse hacia arriba con ayuda de los brazos volver a elevarla.

10 veces

Ejercicio 2: Ejercicio de reforzamiento

El portero lanza hacia arriba un balón, se deja caer inmediatamente sobre el suelo, hace una flexión, salta hacia arriba y recoge el balón en el aire.

2 series de 8 balones cada una

Ejercicio 3: Ejercicio de reforzamiento

El portero estirado boca abajo sostiene el balón con las dos manos. Impulsa hacia arriba la parte superior de su cuerpo, botando fuertemente el balón contra el suelo, y eleva un poco los brazos y recoge el balón.

2 series de 8 balones cada una

Ejercicio 4: Ejercicio de reforzamiento

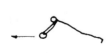

El portero se estira boca abajo apoyándose sobre el suelo con ambas manos. El balón se sitúa a un lado de los brazos. Con un fuerte impulso de la parte superior del cuerpo pasar ambos brazos al otro lado del balón. Los pies fijos en el suelo.

2 series de 8 movimientos rápidos cada una

Ejercicio 5: Ejercicio de reforzamiento

El portero se estira boca abajo apoyándose con ambos manos sobre un balón. El cuerpo estirado, los brazos extendidos. En esta posición hace rodar el balón alejándolo de él.

3 series de 20 seg cada una

Ejercicio 6: Ejercicio de reforzamiento

El portero se estira boca abajo apoyándose con ambas manos sobre un balón. Con un impulso hacia arriba (resorte) con la parte superior del cuerpo intenta avanzar.

2 series de 8 movimientos rápidos cada una

Ejercicio 7: Ejercicio de reforzamiento

El portero se estira boca abajo apoyándose con ambas manos sobre un balón. El entrenador se coloca frente a él con otro balón, que lanza al portero. El portero se eleva con un impulso hacia arriba de la parte superior del cuerpo y golpea con su balón el balón que le ha lanzado el entrenador.

2 series de 8 balones cada una

Ejercicio 8: Ejercicio de reforzamiento

El portero 1 y el portero 2 se estiran boca abajo uno frente al otro. El portero 1 tiene a cada lado 2 balones, que va pasando sucesivamente al portero 2 con un giro del tronco. El portero 2 recoge los balones con las dos manos y los deposita, también con un giro del tronco, a un lado.

Después es el portero 2 el que sirve balones.

2 series de 8 balones cada una

Ejercicio 9: Movilidad

El portero se sienta con las piernas extendidas. El entrenador deja caer el balón, que el portero debe recoger con las dos manos. El entrenador aumenta progresivamente la separación de lanzamiento desde las rodillas hasta la punta de los pies.

20 balones

Ejercicio 10: Velocidad de reacción

El entrenador se coloca a 2 m del portero y sujeta un balón en cada brazo extendido. De forma desacompasada el entrenador deja caer el balón una vez de la mano derecha, otra de la izquierda. El portero tiene que atrapar el balón antes de que toque el suelo.

20 balones

Ejercicio 11: Velocidad de reacción y coordinación

El portero se coloca con las piernas separadas, se lanza hacia atrás entre las piernas, se gira rápidamente y atrapa el balón antes de que éste toque el suelo.

2 series de 10 balones cada una

Ejercicio 12: Velocidad de reacción y coordinación

El portero se coloca con las piernas separadas, se lanza el balón hacia atrás entre las piernas, se gira rápidamente y rechaza el balón todavía en el aire con los puños.

2 series de 10 balones cada una

Ejercicio 13: Velocidad de reacción y movilidad

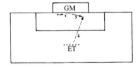

El portero colocado en el centro de la portería, agarra un balón parado situado a medio metro del poste dando un paso (1). Después se incorpora inmediatamente y reacciona (3) frente al balón disparado por el entrenador a la esquina contraria (2).

10 balones a cada esquina

Ejercicio 14: Velocidad de reacción y movilidad

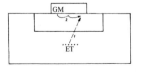

El portero se coloca en un poste y atrapa efectuando un fuerte salto tras dar unos pasos (2) el balón que le ha lanzado el entrenador desde 10 m a la esquina contraria (1).

10 balones por cada esquina

Ejercicio 15: Velocidad de reacción y movilidad

El portero corre desde un poste al centro de la portería (1). Cuando lo alcanza, el entrenador lanza el balón a la esquina opuesta a la buscada por el contrario (2). El portero debe girarse inmediatamente y atrapar el balón (3).

10 balones por cada esquina

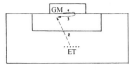

Ejercicio 16: Velocidad de reacción y movilidad

El portero da una voltereta hacia delante sobre el suelo (1) y reacciona tan pronto como se ha vuelto a incorporar (3) ante el balón lanzado por el entrenador (2).

10 balones

Ejercicio 17: Velocidad de reacción y movilidad

El portero se coloca aprox. a 3 m de la portería dando la espalda al entrenador. A una indicación de éste (der./izq.) el portero se gira inmediatamente hacia el lado solicitado por el entrenador (1) y reacciona ante el disparo lanzado a continuación (2).

2 series de 10 balones cada una

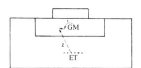

Ejercicio 18: Velocidad de reacción y potencia de salto

El portero atrapa con ambas manos desde el centro de la portería dando un paso el balón parado a medio metro del poste (1). A continuación se incorpora inmediatamente otra vez y atrapa el balón lanzado por el entrenador (2) a la mayor altura posible en el aire (3).

10 balones por cada esquina

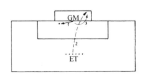

Ejercicio 19: Velocidad de reacción y potencia de salto

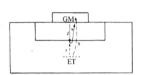

El portero va al encuentro (2) de un balón (1) pasado por el entrenador, para después recular inmediatamente hacia un lado (4) y rechazar por encima de la portería el segundo balón lanzado por el entrenador (3) alto en dirección al larguero.

2 series de 10 balones cada una

Ejercicio 20: Velocidad de reacción y fuerza de salto

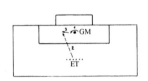

El portero se coloca en cuclillas junto a un balón medicinal a 3 m de la portería. A una indicación del entrenador salta por encima del balón medicinal (1) y reacciona (3) inmediatamente al consiguiente disparo (2).

2 series de 10 balones, alternando el lado

Ejercicio 21: Velocidad de reacción y potencia de salto

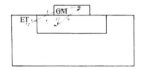

El entrenador pasa desde la línea de fondo balones rasos hacia el interior (1), que el portero debe atrapar (2). A continuación el portero debe atrapar con un salto (4) el balón bombeado por el entrenador al palo largo (3).

10 balones por cada lado

Ejercicio 22: Velocidad de reacción y potencia de salto

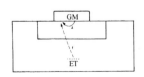

El portero se sienta con las piernas separadas bajo la portería. El entrenador lanza el balón sobre el portero (1), que se levanta rápidamente y atrapa el balón con un movimiento hacia atrás o lo rechaza hacia un lado (2).

2 series de 10 balones cada una

Ejercicio 23: Velocidad de reacción y potencia de salto

El portero atrapa el centro desde la izquierda (1) y reacciona a continuación inmediatamente al disparo al vértice izquierdo (2). Le sigue otro centro desde la derecha (3) y un disparo al vértice derecho (4).

2 series de 10 balones cada una

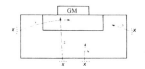

Ejercicio 24: Velocidad de reacción y potencia de salto

El portero se coloca en una portería abierta de 4 m de ancho a la altura del punto de penalti y rechaza primero el disparo (1) del entrenador desde 20 m de distancia (2) e intenta reculando inmediatamente (4) atajar o desviar por encima del travesaño el balón lanzado alto hacia la portería (3).

2 series de 10 balones cada una

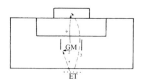

Ejercicio 25: Movilidad y potencia de salto

En el área pequeña se coloca perpendicularmente a la portería una valla. El portero se arrastra por debajo de ella (1) y atrapa de un salto (3) el balón lanzado por el entrenador (2).

2 series de 10 balones cada una

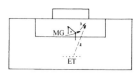

Ejercicio 26: Potencia de salto

En el área pequeña se coloca perpendicularmente a la portería una valla. El portero salta por encima de ella (1) y atrapa a continuación de un salto (3) el balón lanzado por el entrenador (2).

2 series de 10 balones cada una

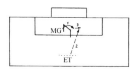

Ejercicio 27: Velocidad de reacción y estabilidad

El portero se coloca en el centro de la portería y rodea alternativamente una de las marcas situadas a 3 m del poste reaccionando a continuación inmediatamente (1) frente el balón disparado por el entrenador desde 10 m (2).

2 series de 10 balones cada una

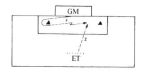

Ejercicio 28: Velocidad de reacción y coordinación

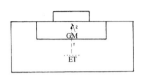

El portero se coloca aprox. a 5 m de la portería con las piernas separadas y mirando hacia el marco. El entrenador dispara el balón (1) por entre las piernas del portero inmediatamente, reaccionando éste al oír el disparo y debiendo atrapar el balón inmediatamente antes de que alcance la línea de meta (2).

2 series de 10 balones cada una

Ejercicio 29: Velocidad de reacción y coordinación

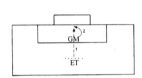

El portero se coloca aprox. a 5 m de la portería con las piernas separadas y mirando hacia el entrenador. Éste dispara el balón (1) entre las piernas del portero, girándose inmediatamente el portero y atrapando el balón (2).

2 series de 10 balones cada una

Ejercicio 30: Velocidad de reacción y coordinación

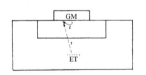

El portero se estira hacia un lado en el centro de la portería. El entrenador lanza el balón hacia los pies (1) del portero, que debe impulsarse hacia arriba y atrapar el balón (2).

10 balones a cada lado

Ejercicio 31: Velocidad de reacción y coordinación

El portero se coloca con un balón a unos 3 m del entrenador, lanza el balón hacia arriba (1) y atrapa a continuación inmediatamente el balón lanzado por el entrenador (2). Devuelve enseguida el balón al entrenador (3) y recoge en el aire el propio balón. Ir reduciendo lentamente la altura del propio balón.

30 balones

Ejercicio 32: Velocidad de reacción y habilidad

El portero se coloca en la portería con las piernas separadas y de espaldas al entrenador. Lanza el balón con las dos manos entre las piernas al entrenador (1), se gira rápidamente y atrapa (3) el disparo del entrenador (2).

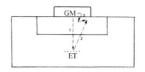

10 balones a cada lado
2 series de 10 balones cada una

Ejercicio 33: Intercepción de centros

El entrenador lanza centros altos desde la banda al área de penalti, que el portero 1 debe interceptar. El portero 2 estorba al portero 1 e intenta introducir el balón con la palma de la mano en la portería.

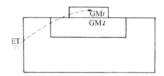

15 balones a cada lado

Ejercicio 34: Velocidad de reacción y habilidad

El portero 2 se coloca con las piernas separadas delante de la portería, el portero 1 se sitúa detrás de él. A la indicación del entrenador el portero 1 se arrastra hacia delante entre las piernas del portero 2 (1) y rechaza (3) el disparo (2) del entrenador.

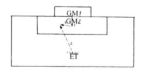

10 balones para cada portero

Ejercicio 35: Velocidad de reacción y habilidad

El portero 1 se coloca con las piernas separadas en una portería abierta de 5 m de ancho mirando al entrenador. El entrenador se sitúa aprox. a 5 m del portero 1 y pasa entre las piernas (1) del portero el balón al portero 2 colocado 3 m detrás del primero, desviando el balón con el pie hacia un lado. El portero 1 se gira rápidamente y reacciona (3) frente a este rebote.

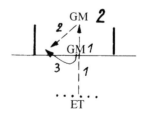

2 series de 10 balones cada una

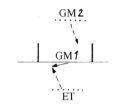

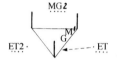

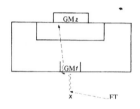

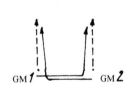

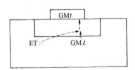

Ejercicio 36: Velocidad de reacción y habilidad

El portero 1 se coloca en una portería abierta de 6 m de ancho y reacciona frente a los balones lanzados alternativamente en rápida sucesión desde ambos lados (entrenador y portero 2).

Ejercicio 37: Velocidad de reacción y posicionamiento

El portero se coloca en una portería en forma de triángulo (6 m de lado) y es sometido en rápida sucesión a un "bombardeo" alternativo desde las tres bandas.

2 series de 15 balones cada una

Ejercicio 38: Velocidad de reacción, posicionamiento y salida

El portero 1 se coloca en una portería abierta de 6 m de ancho en el límite del área de penalty. El entrenador pasa desde 25 m de distancia el balón a un jugador, que debe driblar al portero 1 y a continuación disparar a la portería normal defendida por el portero 2.

15 balones (a continuación cambio de porteros)

Ejercicio 39: Coordinación y potencia de salto

2 porteros se colocan enfrentados con una separación de 5 m y un balón cada uno. A una llamada cada uno lanza su balón verticalmente hacia arriba, corre para situarse bajo el balón de su compañero y lo atrapa en el aire a la mayor altura posible.

20 balones

Ejercicio 40: Potencia de salto y rechace con los puños

El portero se sitúa en la portería, el portero 2 aprox. 10 m por delante. El entrenador lanza el balón desde un lado de forma que el portero 2 pueda rechazarlo con los puños de un salto en plancha hacia la portería. El portero 1 intenta atrapar el balón. ¿Qué portero consigue más goles?

2 series de 10 balones cada una (realizar desde derecha e izquierda)

PROPUESTAS DE ENTRENAMIENTO PARA MEJORAR CIERTAS CARENCIAS ESPECÍFICAS DE RENDIMIENTO

Si a lo largo de la temporada surgieran en el equipo carencias notables en el ámbito de la condición física, la técnica y/o la táctica, el entrenador no tendrá más remedio que fijar otros objetivos prioritarios frente al plan de entrenamiento inicial.

Las indicaciones siguientes han de facilitar la selección de ejemplos de ejercicios de los ámbitos técnico-tácticos de entre la gran cantidad de sesiones de entrenamiento, y que podrán ser combinados y variados para subsanar las carencias de nivel.

Propuestas para determinadas formas de entrenamiento — Ejercicio (s)

		SE N.º: 004 Saque de banda largo	004 Fútbol-Tenis	004 Saque de esquina en el ataque	005 Partido con 3 equipos sobre todo el campo	007 Contraataque tras un saque de esquina en situación defensiva	007 Contraataque tras hacerse la defensa con el balón o tras una cesión del portero	008 Balonmano 4:4 con pases de cabeza	008 Saque de esquina en situación defensiva/ofensiva	009 Juego en superioridad/inferioridad numérica mediante un partido 6:3 en las dos mitades del campo	010 Juego por las bandas como condición previa para el remate a portería	010 Partido sobre todo el campo poniendo el acento en el juego por las bandas mediante zonas prohibidas	011 Uno contra uno y marcaje rápido en 4 zonas
Táctica individual/de grupo/de equipo	Cambio del juego												
	Contraataque					X	X		X				
	Marcaje en zona												
	Pressing, marcaje rápido				X	X							X
	Saque de esquina en la defensa/ataque			X					X				
	Combinaciones para el remate a portería										X		
	Inferioridad, superioridad, igualdad numérica									X			
	Juego de equipo									X		X	
	Uno contra uno												X
	Tiro a portería											X	X
	Balón de cabeza												
	Centros												
	Paredes							X			X	X	
	Pases, apoyo, desmarque, recepción, entrega												
	Dribling												X
Técnica	Saque de banda	X											
	Balón de cabeza							X					
	Tiro a portería												
	Centro												
	Pases, control del balón, control y conducción				X								
	Fintas												
	Dribling												

Columnas:

- 011 — Partido sobre todo el campo con incidencia en el pressing de ataque (marcaje rápido)
- 012 — Comportamiento de la defensa en el marcaje en zona, el uno contra uno y el contraataque
- 012 — Partido 6+6 atacantes contra 4 DF+GM
- 013 — Mejora del uno contra uno mediante un partido 4:4
- 015 — Remate de centros
- 016 — Cambio del juego
- 017 — Juego de posiciones con 2 equipos sobre todo el campo
- 018 — Marcaje en zona, uno contra uno y cambio del juego mediante un partido 5:5 con 4 porterías abiertas
- 018 — Pressing de ataque y de mediocampo
- 019 — Remate a portería después de diferentes combinaciones
- 020 — Juego amplio
- 020 — Tiro a portería tras centro
- 020 — Tiro a portería después de una pared
- 022 — Apoyo desde atrás con remate en grupos de 2
- 023 — Remate a portería después de combinaciones
- 023 — Partido 4:4:4 con 2 zonas de juego por equipo
- 023 — Competición de tiro a portería
- 024 — Partido 4:4 sobre 2 líneas

011	012	012	013	015	016	017	018	018	019	020	020	020	022	023	023	023	024
					X		X										
	X																X
	X	X					X										
X								X									
									X				X	X			
X					X	X											
X		X				X	X								X		X
	X	X					X										X
			X									X	X	X	X	X	
			X						X	X	X		X	X			
			X						X			X					
																X	
				X							X	X			X		
				X							X						

Propuestas para determinadas formas de entrenamiento	Ejercicio (s) SE N.º	Remate a portería mediante un partido 6:4 + PO con portería normal (024)	Partido sobre todo el campo con 2 porterías con incidencia en el pressing (024)	Contraataque en el ancho del campo mediante un partido 7:7 + 2 neutrales (025)	Aplicación del contraataque rápido mediante un partido 5:5:5 + 1 neutral (025)	Trabajo con el balón en grupos de 4 (026)	Juego conjunto, juego sin balón y uno contra uno en una mitad del campo con 10 porterías abiertas (026)	Partido 5:3 + PO en una mitad del campo con portería normal con posibilidad de contraataque sobre 2 porterías abiertas (026)	Juego de equipo en grupos de 4 (027)	Remate de centros después de un apoyo por atrás, un cambio del juego y una pared (027)	Marcaje en zona mediante un partido 8:8 en una mitad del campo con 6 porterías abiertas (027)	Trabajo con el balón en grupos de 2 (028)
Táctica individual/de grupo/de equipo	Cambio del juego									X	X	
	Contraataque			X	X			X				
	Marcaje en zona										X	
	Pressing, marcaje rápido	X	X									
	Saque de esquina en la defensa/ataque											
	Combinaciones para el remate a portería									X		
	Inferioridad, superioridad, igualdad numérica			X	X			X			X	
	Juego de equipo	X	X	X	X		X		X		X	
	Uno contra uno	X	X				X					
	Tiro a portería									X		
	Balón de cabeza											
	Centros											
	Paredes								X	X		
	Pases, apoyo, desmarque, recepción, entrega						X	X	X			
	Dribling						X		X			
Técnica	Saque de banda											
	Balón de cabeza											X
	Tiro a portería											
	Centro											
	Pases, control del balón, control y conducción											X
	Fintas					X						X
	Dribling					X						X

028 Contraataque de 5 atacantes contra 3 defensas	028 Aplicación del contraataque rápido 8:8 sobre todo el campo	029 Técnica del pase en grupos de 3	029 Combinación de ataque con apoyo por atrás y remate a portería	029 Torneo de minifútbol con porterías abiertas en forma de triángulo	030 Partido 3:1 con remate a portería normal	030 Técnica del balón	030 Uno contra uno	030 Tiro a portería después de un dribling	030 Partido contra 3 porterías cruzando 2 sobre todo el campo, con portero	031 Conducción del balón	031 Mejora del juego de equipo y del uno contra uno en grupos de 2, 3 y 4	033 Formas de pase en grupos de 3	033 Centros a la carrera	033 Balones de cabeza, balones de cabeza en plancha	033 Tiro a portería después de una pared	033 Partido 1:1:1 con 3 porterías abiertas	033 Pase atrasado y cabezazo	033 Tiro a portería después de combinación con apoyo por atrás
								X										
X	X																	
			X															X
X	X									X								
	X			X	X					X		X						
				X			X			X					X			
X			X		X										X			
			X															X
		X													X			
X	X				X	X										X		
														X		X		
					X							X						
												X						
		X				X		X		X		X					X	
												X						

Propuestas para determinadas formas de entrenamiento

Ejercicio (s)

Categoría	037 Uno contra uno con remate a portería con 2 porterías normales con portero en un área de penalti doble	038 Formas de pase en grupos de 4	038 Remate de pases atrasados	038 Balón de cabeza con giro	038 Tiro a portería tras un centro	038 Dribling contra un defensa	040 Partido 4:4 con portería triangular con portero en una mitad del campo	040 Tiro a portería después de un cambio del juego	042 Fintas y driblings en grupos de 2	042 Técnica del centro y remate	043 Juego de equipo y juego sin balón en grupos de 4	043 Partido sobre todo el campo con 6 porterías abiertas	044 Contraataque desde la defensa
Táctica individual/de grupo/de equipo													
Cambio del juego								X			X		
Contraataque													X
Marcaje en zona											X		
Pressing, marcaje rápido													
Saque de esquina en la defensa/ataque													
Combinaciones para el remate a portería											X		
Inferioridad, superioridad, igualdad numérica													
Juego de equipo							X				X		X
Uno contra uno	X					X	X				X		X
Tiro a portería	X						X	X					X
Balón de cabeza													
Centros										X			
Paredes		X											
Pases, apoyo, desmarque, recepción, entrega													
Dribling								X					
Técnica													
Saque de banda													
Balón de cabeza				X									
Tiro a portería			X		X					X			
Centro					X					X			
Pases, control del balón, control y conducción	X	X											
Fintas									X				
Dribling									X				

Código	Ejercicio
044	Partido 4:4+8 con 2 porterías normales con portero en un área de penalti doble
045	Ataque contra una defensa en superioridad numérica
046	Trabajo con el balón en grupos de 3
049	Partido 4:4+4 con 2 porterías normales con portero en una mitad del campo
050	Tiro a portería después de una pared frente a un defensa
050	Juego de cabeza
050	Tiro a portería después de una cesión
050	Partido 2:2 con 2 porterías abiertas
052	Juego de equipo con remate a portería
054	Creación de ocasiones de gol en combinación con pases largos
057	Partido 8:8 sobre todo el campo con una situación 5:3 en el ataque
060	Tiro a portería después de un uno contra uno
060	Juego de equipo/contraataque 8:8 con portero desde un área de penalti a la otra
061	Uno contra uno en las bandas y en el área de penalti
061	Juego de equipo y dribling en un espacio de juego 20 x 30 m
061	Uno contra uno en el área de penalti mediante un partido 1+2:2
061	Comportamiento en el uno contra uno y juego en conjunto mediante un partido 2:2+1 con 3 porterías abiertas

Propuestas para determinadas formas de entrenamiento

Ejercicio (s)

SE N.º	061	063	063	063	063	067	068	068	069	070	070
	Partido 8:8 sobre todo el campo con incidencia en el juego por las bandas	Partido 3:3+1 ó 4:4+1 poniendo el acento en las paredes, los cambios del juego y las entregas de balón	Partido 1+2:2+1 en un área de penalti doble con porterías normales con portero (delantero)	Partido 3:3 con 4 porterías abiertas (mediocampista)	Partido 2:2 con 2 porterías abiertas (defensa)	Juego por las bandas 4:4+4 en una mitad del campo con 2 porterías normales con portero	Tiro a portería después de una combinación	Partido de atacantes contra defensas en una mitad del campo con portería normal	Juego conjunto y cambio del juego mediante un partido 8:8 con múltiples porterías abiertas	Defensa frente a centros (jugador defensivo)	Tiro directo a portería tras un centro (jugador ofensivo)

Táctica individual/de grupo/de equipo

	061	063	063	063	063	067	068	068	069	070	070
Cambio del juego	X								X		
Contraataque											
Marcaje en zona											
Pressing, marcaje rápido											
Saque de esquina en la defensa/ataque											
Combinaciones para el remate a portería							X				
Inferioridad, superioridad, igualdad numérica	X							X			
Juego de equipo	X								X		
Uno contra uno			X	X	X				X		
Tiro a portería			X			X					X
Balón de cabeza										X	
Centros	X					X				X	X
Paredes		X	X								
Pases, apoyo, desmarque, recepción, entrega							X				
Dribling											

Técnica

	061	063	063	063	063	067	068	068	069	070	070
Saque de banda											
Balón de cabeza											
Tiro a portería											
Centro											
Pases, control del balón, control y conducción											
Fintas											
Dribling											

071 Tiro a portería después de una combinación en grupos de 4	071 Juego en inferioridad/superioridad numérica 7:9 sobre todo el campo	074 Uno contra uno mediante un partido 2:2+4	075 Juego en inferioridad numérica 2:3	075 Juego en superioridad numérica 4:3	075 Juego en superioridad numérica 2+7:7 sobre todo el campo con portería normal con portero	076 Juego conjunto 10:6, 9:7, 6:6 en una mitad del campo	077 Tiro a portería después de una combinación directa	101 Dribling en combinación con una pared así como entrega/recepción
X								
	X		X	X	X			
				X	X			
		X	X					X
						X	X	
								X
					X		X	X
			X					X

PRIMEROS AUXILIOS EN LA BANDA

Una parte del atractivo del fútbol como deporte de competición proviene seguramente del gran número de unos contra uno, pero que al mismo tiempo conllevan un gran riesgo de lesiones. A esto se añade lo relativamente larga que es la temporada, con condiciones meteorológicas y del terreno con cierta frecuencia desfavorables, los muchos partidos y entrenamientos, muchas veces sin tiempo suficiente para la recuperación, que traen consigo situaciones de cansancio y desgaste y en consecuencia conducen a un creciente número de lesiones.

Si se da el caso de una lesión durante el entrenamiento o en un partido, el masajista o el médico no están siempre a nuestra inmediata disposición, por lo que el entrenador se ve obligado a aplicar los primeros auxilios al lesionado. Aquí son indispensables los conocimientos básicos acerca de los diferentes tipos de lesiones, sobre las medidas a adoptar, así como la disponibilidad de un botiquín de primeros auxilios.

En la mayoría de las lesiones que se producen en el fútbol (especialmente en los músculos y en las articulaciones), **la medida de aplicación inmediata más importante** es **colocar en postura relajada, aplicar hielo o frío, vendar con una venda compresora** y **poner en alto** la parte del cuerpo afectada.

Una fórmula sencilla para recordar esta secuencia de operaciones es el acrónimo:

P = pausa (postura descansada)
I = hielo
C = vendaje compresor
A = posición alta

Tipo de lesión	Motivo frecuente	Tratamiento inmediato
Lesiones en la piel, heridas erosivas	Especialmente en partidos sobre terrenos duros, debido a caídas y entradas.	Limpiar cuidadosamente con agua limpia las heridas muy sucias. Después desinfectarlas con una solución antiséptica o un spray para heridas y cubrirlas con una tirita, venda o compresa.
Contusiones	En el uno contra uno: un golpe seco sobre la piel (por ejemplo una patada), que muchas veces provoca hematomas.	Poner en alto el miembro afectado y dejarlo reposar, de forma que se reduzca el flujo sanguíneo y se acelere el drenaje del derrame. Enfriamiento inmediato (durante las primeras 24 horas) con agua fría, hielo o alcohol y aplicación de un compresivo.
Distensiones	Sobreextensión repentina de un músculo, muchas veces debido a un calentamiento deficiente y a unos estiramientos insuficientes. Se manifiesta con un dolor agudo repentino.	Las depresiones en el punto lesionado son indicativas incluso de un desgarro de las fibras musculares o de un músculo. Aquí también deberá ponerse en reposo el miembro afectado, aplicar frío (compresas, vendaje compresivo) y poner en alto.
Distensión de los abductores	Por ejemplo debido a un calentamiento insuficiente, apertura excesiva de las piernas o en las salidas.	Se manifiesta mediante un dolor tirante en la región inguinal. Enfriamiento y aplicación de un vendaje compresor.
Distensión de ligamentos	Distensión no natural de los ligamentos afectados como consecuencia de un uno contra uno o de irregularidades en el terreno de juego.	Provoca a menudo molestias pasajeras. Enfriar y aplicar un vendaje compresor.
Rotura de ligamentos	Rotura parcial o total de los ligamentos de las articulaciones como consecuencia de un uno contra uno o de irregularidades en el terreno de juego.	Hinchazón repentina de la articulación afectada. Enfriamiento y vendaje compresor.

Tipo de lesión	Motivo frecuente	Tratamiento inmediato
Fractura de huesos	Uno contra uno, caídas.	Mantener quieto el miembro en la posición en la que se produjo la lesión con vendajes entablillados. Enfriar. Ir rápidamente al médico.
Hemorragias nasales	Uno contra uno.	Si el jugador quiere seguir jugando deberá proceder con cuidado. Compresa fría sobre la nuca.
Ampollas	Zonas presionadas por unas botas y calcetines mal puestos.	No abrir las ampollas pequeñas, dejar que se sequen. Por lo demás desinfectar y proteger por ejemplo con un suplemento de espuma las zonas afectadas.
Calambres	Sobrecarga y contenido de sales minerales descompensado.	Estiramiento inmediato del músculo durante 10-20 seg (por ejemplo, en el caso de un calambre en la pantorrilla: presionar las puntas de los pies hacia las rodillas). Masaje ligero y frotar con un líquido frío o agua helada.

El diagnóstico definitivo y la terapia a seguir es competencia del médico.

El **enfriamiento** provoca que se contraigan los vasos sanguíneos, con lo que se reducen o impiden las hemorragias internas. Esto va unido a un efecto calmante del dolor. El enfriamiento debería prolongarse durante un buen rato (en total 4-6 horas, por ejemplo 4-5 veces al día durante 15-20 minutos), y sería conveniente que el hielo, las compresas frías, los sprays fríos, etc. no estuvieran en contacto directo con la piel (peligro de que las capas externas de la piel se congelen). El vendaje compresor tiene como objetivo evitar la hinchazón de los tejidos.

El tratamiento con calor se inicia en las lesiones deportivas agudas, por regla general después del cuarto día, aplicando cojines calientes, cojines muy calientes, rayos infrarrojos, baños, sauna entre otros, que contribuyen al aceleramiento de la curación de la lesión al provocar una dilatación de los vasos sanguíneos y el consiguiente aumento del flujo sanguíneo.

La fase postratamiento con las correspondientes medidas de rehabilitación (en dependencia de la gravedad de la lesión) debería planearse y seguirse siempre por el jugador y el entrenador conjuntamente, de acuerdo con el médico, determinándose mediante revisiones periódicas la progresión de curación.

A continuación ofrecemos una tabla con los tipos de lesión más frecuentes, así como su tratamiento más inmediato:

¿QUÉ DEBE CONTENER EL BOTIQUÍN DE PRIMEROS AUXILIOS?

Cualquier médico o farmacéutico se prestará con placer a decidir el equipamiento básico de un botiquín de primeros auxilios. Pero esto no es suficiente:

El contenido debe ser repuesto a medida que se utilice y todo el material así como los instrumentos deben estar siempre en perfecto estado higiénico.

- Los contenedores aislantes con un cierre grande para conservar los cubitos de hielo
- Spray frío
- Pinzas
- Tijeras
- Espátula (para aplicar las pomadas)
- Tiritas de diferentes tamaños
- Algodón medicinal para limpiar y acolchar
- Esponja
- Gomaespuma (aprox. 5 ml de grueso)
- Desinfectante, spray para heridas
- Vendas elásticas (para preparar vendajes de compresión y enfriamiento)
- Pomada contra contusiones
- Aceite para masajes

BIBLIOGRAFÍA

Entrenamiento del fútbol/Técnica y táctica del jugador de fútbol

BAUER, G. *Lehrbuch Fußball. Erfolgreiches Training von Technik, Taktik und Kondition.* München-Wien-Zürich 1990.
BAUER, G. *Richtig Fußballspielen.* München-Wien-Zürich 1990[5].
BENEDEK, E./PALFAI, J. *Fußball - 600 Übungen.* Berlin 1989[3].
BISANZ, G./GERISCH, G. *Mini-Fußball.* Berlin 1979.
BISANZ, G./GERISCH, G. *Fußball.* Reinbek bei Hamburg 1988[2].
BISHOPS, G./GERARDSA, K. *Tips für Spiele mit dem Fußball.* Aachen 1989.
BRÜGGEMANN, D. *Fußball-Hanbuch 2 - Kinder - und Jugendtraining.* Schorndorf 1989.
BRÜGGEMANN, D./ALBRECHT, D. *Fußball-Hanbuch 1 - Modernes Fußballtraining.* Schorndorf 1988[2].
BRUGGMANN, B. (red.) *1009 Spiel- und Übungsformen im Fußball.* Schorndorf 1990[3].
BRUGGMANN, B. *766 Spiel- und Übungsformen für den Fußball-Torhüter.* Schorndorf 1988.
COERVER, W. *Fußballtechnik.* München-Wien- Zürich 1984.
DEUTSCHER FUSSBALL-BUND (Hg.) *Fußball-Lehrplan 1: Fußball-Training mit der Nationalmannshaft.* München-Wien-Zürich 1984.

DEUTSCHER FUSSBALL-BUND (Hg.) *Fußball-Lehrplan 2: Kinder und Jugendtraining. Grunlagen.* München-Wien-Zürich 1985.
DEUTSCHER FUSSBALL-BUND (Hg.) *Fußball-Lehrplan 3: Jugendtraining. Aufbau und Leistung.* München-Wien-Zürich 1987.
DIETRICH, K. *Fußball - spielgemäß lerner - spielgemäß üben.* Schorndorf 1984[6].
HAMSEN, G./DANIEL, J. *Fußball-Jugendtraining.* Reinbek bei Hamburg 1990.
HARGITAY, G. *Modernes Torwarttraining Fußball.* Berlin 1985[2].
HOEK, F. *Torwarttraining.* München-Wien-Zurich 1990.
KOLLATH, E. *Fußballtechnik in der Praxis.* Aachen 1991.
LAMMICH, G./KADOW, H. *Spiele für das Fußballtraining.* Berlin 1982[2].
MAIER, S. *Super-Torwart-Training.* Nierdernhausen, 1990.
SNEYERS, J. *Fußballtraining - Das Jahre programm.* Aachen 1990.
THISSEN, G/RÖLLGEN, K. *Torwartspiel im Fußball. 204 Traininsformen zur Schulung der Technik, Taktik und Kondition.* Böblingen 1984.
WENZLAFF, F. *100 Spiele mit Fußball und Medizinball Fußballtraining.* Bad Homburg 1986.
WÜRTTEMBERGISCHER FUSSBALLVERBAND (Hg). *Fußball-Praxis 1. Teil: Technik und Taktik.* Stuttgart 1984[16].

Fútbol juvenil e infantil

BISHOPS, G./GERARDS, K. *Tips für Sportspiele.* Aachen 1987.
BISHOPS, G./GERARDS, K. *Tips für neue Wettkampfspiele.* Aachen 1990.
BRINCKMANN, A./TREESS, U. *Bewegungsspiele.* Reinbek bei Hamburg 1980.
DÖBLER, E./DÖBLER, H. *Kleine Spiele.* Berlin 1987[16].
KERKMANN, K/KOCH, K. (Mitarb.). *Kleine Parteispiele.* Schorndorf 1979[2].
KOCH, K. *Kleine Sportspiele.* Schorndorf 1982[6].
KONZAG, I./KONZAG, G. *Übungsformen für die Sportspiele.* Berlin 1979.
LÖSCHER, A. *Kleine Spiele für viele.* Berlin 1989[6].
RAMMLER, H./ZÖLLER, H. *Kleine Spiele - wozu?* Wiesbaden 1988[2].

STEMPER, TH./SCHÖTTLER, B/LAGERSTRØM, d. *Fit durch* Bewegungsspiele 1983.

Calentamiento/Gimnasia/Estiramientos

ANDERSON, B. *Stretching.* Waldeck-Dehringshausen 1982.
BLUM, B./WÖLLZENMÜLLER, F. *Stretching. Bessere Leistungen in allen Sportarten.* Oberhaching 1990⁵.
BRUGGER, L./SCHMID, A./BUCHER, W. (Red.): *1000 Spielund Übungsformen zum Aufwärmen.* Schorndorf 1988.
FREIWALD, J. *Aufwärmen im Sport.* Reinbek bie Hamburg 1991.
GROOS, E./ROTHMAIER, D. *Ausdauergymnastik.* Reinbek bei Hamburg 1991.
KNEBEL, K.-P. *Funktionsgymnastik.* Reinbek bei Hamburg 1990.
KNEBEL, K.-P./HERBECK, B./HAMSEN, G. *Fußball-Funktionsgymnastik.* Reinbek bei Hamburg 1988.
LENHART, P./SEIBERT, W. *Funktionelles Bewegungstraining. Muskuläre Dysbalancen erkennen, beseitigen und vermeiden.* Oberhaching 1991.
MAEHL, O./HÖHNKE, O. *Beweglichkeitstraining.* Ahrensburg 1986.
MAEHL, O./HÖHNKE, O. *Aufwärmen.* Ahrensburg 1988.
PREIBSCH, M./REICHARDT, H. *Schongymnastik.* München-Wien-Zürich 1989.
SÖLVEBORN, S. A. *Das Buch vom Stretching.* München 1983.
SPRING, H. *u.a.: Dehn- und Kräftigungsgymnastik.* Stuttgart 1986.

Preparación física

AUSTE, N. *Konditionstraining Fußball.* Reinbek bei Hamburg 1990
EHLENZ, H./GROSSER, M./ZIMMERMANN, E. *Krafttraining. Grundlagen - Methoden - Übungen - Trainingsprogramme.* München-Wien-Zürich 1991⁴.
GROSSER, M. *Schnelligkeitstraining. Grunlagen - Methoden - Leistungssteuerung - Programme.* München-Wien-Zürich 1990.
GROSSER, M./EHLENZ, H./ZIMMERMANN, E. *Richtiges Muskeltraining. Grundlagen und Trainingsprogramme.* München-Wien-Zürich 1990⁴.
GROSSER, M./STARISCHKA, ST./ZIMMERMANN, E.

Konditionstraining. Theorie und Praxis aller Sportarten. München-Wien-Zürich 1989[5].
GROSSER, M./STARISCHKA, ST./ZIMMERMANN, E. *Konditionstests. Theorie und Praxis aller Sportarten.* München-Wien-Zürich 1987[4].
HOLLMANN, W./HETTINGER, TH. *Sportmedizin - Arbeits und Trainingsgrundlagen.* Stuttgart-New York 1990[3].
JONATH, U. *Lexikon Trainingslehre.* Reinbek bei Hamburg 1988.
JONATH, U./KREMPEL, R. *Konditionstraining.* Reinbek bei Hamburg 1980.
MÜHLFRIEDEL, B. *Traininslehre.* Frankfurt a. M. - Aarau 1987[3].
NEUMAIER, A./ZIMMERMANN, E. *Richtig konditionsgymnastik.* München-Wien-Zürich 1989[3].
WEINECK, J. *Optimales Training.* Erlangen 1990[7].
WÜRTTEMBERGISCHER FUSSBALLVERBAND (Hg). *Fußball-Praxis. 2. Teil: Konditionstraining.* Stuttgart 1984[12].
ZINTL, F. *Ausdauertraining. Grundlagen, Methoden, Trainingssteuerung.* München-Wien-Zürich 1990[2].

Medicina deportiva/Rehabilitación

BIENER, K. *Sportunfälle.* Bern-Stuttgart 1978.
BÖHMER, D. *Sportverletzungen - Sportschäden.* Stuttgart-New York 1986.
FEUERSTAKE, G./ZELL, J. *Sportverletzungen. Theorie und Praxis.* Stuttgart-Jena-New York 1990.
FREIWALD, J. *Prävention und Rehabilitation im Sport* Reinbek bei Hamburg 1989.
GRAY, M. *Verletzungen im Fußballsport.* Köln 1986.
KUPRIAN, W. (Hg.) *Sport-Physiotherapie.* Stuttgart-Jena-New York 1990[2].
PETERSON, L./RENSTRÖM, P. *Verletzungen im Sport.* Köln 1987[2].
PFÖRRINGER, W./ROSEMEYER, B./BÄR, H.-W. (Hg.) *SportTrauma und Belastung.* Erlangen 1985.
PROKOP, L. *Sportschäden.* Stuttgart-New York 1980.
TRAGESER, K.-H. *Unfallursachen und Undfallverhütung im Sport.* Erlangen 1987[2].

Deporte y salud

BIENER, K. *Sport un Ernährung in Training und Wettkampf.* Derendingen-Solothurn 1985[4].
HAMM, M. *Fitneßernährung.* Reinbek bei Hamburg 1990.
HAMM, M./GEISS, K.-R. *Handbuch Sportlerernährung.* Hamburg 1990.
KONOPA, P. *Sporternährung. Leistungsförderung durch vollwertige und bedarfsangepaßte Ernährung.* Müncen-Wien-Zürich 1988[3].
NÖCKER, J. *Die Ernährung des Sportlers.* Schorndorf 1987[4].

Planificación y periodización

BULLETIN. Hg. *Union Scheweizer Fußball-Trainer*
DER FUSBALL-TRAINER. *Zeitschrift für alle Trainings-und Wettkampffragen. Hg. Valdo Lehari. Achalm Verlag, Reutlingen.*
FUSSBALLTRAINING. *Zeitschrift für Trainer, Sportleher und Schiedsriichter. Hg. Gero Bisanz. Phillipka-Verlag, Münster.*
LEISTUNGSSPORT. *Zeitschrift für die Fortbildung von Trainern, Übungsleitern und Sportlehrern. Hg. Geutscher Sportbund (Bundesausschuß Leistungssport). Phillipka-Verlag, Münster.*